古岭新　编著

四两拨千斤

——写作老师教你如何提起笔

版权所有　翻印必究

图书在版编目（CIP）数据

四两拨千斤：写作老师教你如何提起笔/古岭新编著. —广州：中山大学出版社，2016.4

ISBN 978-7-306-05617-7

Ⅰ.①四… Ⅱ.①古… Ⅲ.①汉语—应用文—写作 Ⅳ.①H152.3

中国版本图书馆 CIP 数据核字（2016）第 033248 号

出 版 人：	徐　劲
策划编辑：	潘　隆
责任编辑：	杨文泉
封面设计：	林绵华
责任校对：	王　璞
责任技编：	何雅涛
出版发行：	中山大学出版社
电　　话：	编辑部 020 - 84110283，84113349，84111996，84110779
	发行部 020 - 84111998，84111981，84111160
地　　址：	广州市新港西路 135 号
邮　　编：	510275　传真：020 - 84036565
网　　址：	http://www.zsup.com.cn　E-mail：zdcbs@mail.sysu.edu.cn
印　　刷 者：	广州家联印刷有限公司
规　　格：	850mm×1168mm　1/32　9.25 印张　248 千字
版次印次：	2016 年 4 月第 1 版　2017 年 4 月第 2 次印刷
定　　价：	35.00 元

如发现本书因印装质量影响阅读，请与出版社发行部联系调换

序

　　写作是用有组织的书面语言、写作目的与要求去表现客观事物与思想感情的活动，亦即用语言文字等符号把来自外界事物形成的模糊、飘移、无序的主观存在的"意"，变为明晰、确定、有序的客观存在的"文"的过程。在这种"物、意、文"的转化过程中，不仅需要作者良好的思想修养和文学素养，而且需要多种写作技能、技巧。《四两拨千斤——写作老师教你如何提起笔》这本著作，正反映了这种转化过程与写作特点。

　　作者长期在大学从事写作教学与研究。1973年于中山大学中文系毕业至今，给大学生开设过基础写作、新闻写作、公文写作及秘书学等课程，积累了较丰富的教学经验与写作知识。他任广东省写作学会副会长后，经常与高校同行切磋教学，开展学术研究，总结教学经验，公开出版了《秘书学》、《经济应用写作》、《公文写作新规范》等著作。对写作学科与写作教学中的许多学术问题，他能不适时宜地进行深入的探讨与分析。这本著作，是他多年进行写作研究与教学总结的结晶，是写作者学习与提高写作难得的指导用书。

　　通读此书，有很突出的四方面特点：

　　一是用材典型，实践感强。本书选了许多谈论写作的文章。为了加强说理与写作启示，作者用了许多有说服力的典型事例，这些事例许多来自写作实践，读完给人具体可感，印象深刻，颇有启发。如《写作需要触发》一文，作者选用了一幅漫画触动一位学生写作的例子，漫画中的人仰着头，对路边流着水的水龙头置之不理地说"我最讨厌浪费"，画意刺激了这位学生，他想起了生活中常有这种言行不一的人，于是他得到了写作触发，很快写出了《从一幅漫画说起》的文章。这个例子典型，具体生动地说明了生活触发的重要，它像一把"钥匙"，能帮助写作者思考、悟理、立意、成文，是学习写作的主要途径之一。生活中有大量可供写作的典型材料，关键是作者是否深入实践，调动思维，善于联想，勤于动笔。类似这样的写作启示，在《写作与灵感》、《出新要先知旧》、《写好文章的情理》、《文章主题思考法》等文中，同样可以获得。

二是针对现实，强调应用。由于作者长期担任写作教学，对各类学生的写作实际与今后需求非常了解，所以本书的许多篇章能有的放矢，从应用的角度，切中要害地分析与探讨写作问题，传授写作知识与经验。比如，不少学生由于对党政机关工作缺乏了解，对应用性强，讲究科学与规范的公文写作理论知识、操作技能缺乏了解，写作公文，对公文文种用途与使用范围、行文规则、行文关系、行文方向、行文方式等没搞清楚就匆匆下笔，结果出现许多写作不规范、不合公文写作要求的毛病。作者根据新颁布的《党政机关公文处理工作条例》、公文处理工作的法规文件及有关要求，结合自己对公文处理工作的认识，撰写了《把握好公文行文"三要素"》、《规范公文正确行文的九大规则》、《正确行文要选好公文文种》、《要严格把握公文处理程序》等文章。这些文章既能结合党政机关公文处理要求、公文写作特点谈见解，又能针对学生写作实际纠毛病，读后颇有启发，对提高学生公文写作与处理能力有很大帮助。

三是注重基础，突出规范。学习与提高写作要从扎实的写作基础抓起。以语言运用为例，学写作需要了解语言基础知识，设法掌握一定的语言表达能力，否则，不可能用语言文字去表现丰富多彩的客观世界，写好文章。为此，本书第一部分谈写作基础的重要后，第二部分列举不少文章强调语言运用。比如《怎样提高语言运用能力》、《要写出新鲜的语言》、《认真锤炼简洁的语言》、《重视使用统一的、规范化词语》、《要正确使用专门化的

序

业务术语》等，这些文章有理有据，既深入浅出地介绍了语言基础知识，又传授了使用语言的方法与要求，读后让人感到有说服力，更加重视语言训练与提高的问题。写作规范同样重要，《写作要明辨文体》、《把握好公文行文的理由与依据》、《决定与规定写作的异同点》、《通知与通报写作特点比较》、《科普说明文的特点与写作要求》等文章，分析了许多应用文章的写作异同、特点与要求，目的就是要启发写作者，写作既要创新，亦要讲究严格的文体规范，不能随心所欲，不讲标准。

　　四是科学阐述，异中求新。本书谈写作理论知识与写作实践，能求真务实，科学、客观、辩证地分析问题，不虚美、不造作，抓重点、讲要害，力求突出科学性。如《从新媒体写作中的"三失"现象看写作教学改革》一文说道：社会上广为流行的写作随意、追求趣味、安于消遣、只顾功利、滥用语言、写作失范等写作怪象，在大学生中时有发生。作者认为：写作教师应有高度的政治责任感、事业心与职业道德，以及业务水平去引导与教育他们……让他们在课堂与社会实践中提高思想认识，提高分析与解决问题的能力，提高写作素质与水平，尽快纠正新媒体写作中的问题。这样分析，既客观又全面。因为大学生中的写作问题，始终与教师有关。教师要完成教书育人的任务，提高他们的写作水平，需要诸多因素的配合与参与。《同写寒山寺，背景各不同》、《为"战争车轮碾过巴格达门槛"点赞》、《值得一读的散文式新闻》等文章，虽然谈的是新闻写作中的基础理论知识，但作者能从异中求新的角度，从许多不同的新闻范文中找出其写作的新手法，再结合例文加以分析，读后让人感到有新意。

　　写好文章离不开生活、思想、语言和能力这四大要素，如果把这四大要素比作写作不可或缺的"四两"，那么作者紧紧抓住它就能拨动丰富多彩的"千斤重"的文章，写好形式与内容相统一的、符合实际且有生活意义的杰作。此书虽然不是系统地论述写作问题，但作者做了一件有益于写作学科发展，有益于传播写作理论知识，有益于提高写作者写作能力的好事。本书值得一读，特向喜爱写作的广大读者推介。

是为序。

陈子典（广东省写作学会原会长、广州市秘书学原会长、广州大学教授，享受国务院特殊津贴专家）

目 录

一、写作基础

写作需要触发 …………………………… 1
写作与灵感 ……………………………… 3
写作需要意念 …………………………… 5
如何选好写作角度 ……………………… 7
文章主题思考法 ………………………… 11
出新要先知旧 …………………………… 13
漫谈文章的选材立意 …………………… 15
怎样突出作文中心 ……………………… 23
写好文章的情理 ………………………… 25
在比较中抓住新的写作角度 …………… 27
注意运用普通材料 ……………………… 28
确立论点常用的两种方法 ……………… 30
要学会界说论题 ………………………… 34
如何拟好议论文的标题 ………………… 36
从三方面去考虑议论文的标题 ………… 40
"文不对题"种种 ………………………… 42
漫谈命题作文中的审题 ………………… 44
要写出文章的节奏 ……………………… 48
变难为易，写好文章 …………………… 50
文以质取胜 ……………………………… 52
怎样使段落衔接紧 ……………………… 54
怎样整理散乱文章 ……………………… 56
修改文章三例 …………………………… 58

重视标点符号的使用 …………………… 60

二、语言应用

怎样提高语言运用能力 …………………… 62
要写出新鲜语言 …………………………… 69
认真锤炼简洁的语言 ……………………… 70
要正确使用专门化的业务术语 …………… 72
重视使用统一的、规范化词语 …………… 74
规范使用合适文体需要的句式 …………… 76
注意使用介词结构句式 …………………… 79
谈特定条件下的模糊句式 ………………… 81
巧用简化、紧缩的句式 …………………… 83
要注意语言文字的修改 …………………… 85

三、写作应用

从新媒体写作中的"三失"现象看写作
教学改革 …………………………………… 87
写作要明辨文体 …………………………… 92
提高学生的应用写作能力 ………………… 94
怎样搞好应用文写作教学 ………………… 96
要优化写作教例 …………………………… 98
说明文有哪些特点与类型 ………………… 103
浅谈说明书的写作与应用 ………………… 107

目录

科普说明文的特点与写作要求 …………… 113
浅谈科学小品的使用与写作 ……………… 118
认真写好竞聘（选）演说稿 ……………… 124
竞聘（选）演说稿的写作要求 …………… 128
值得一读的散文式新闻 …………………… 132
同写寒山寺，背景各不同 ………………… 135
为"战争车轮碾过巴格达门槛"点赞 …… 138
谈散文的想象 ……………………………… 143
小说中的环境描写 ………………………… 146
郭沫若如何写广东名胜 …………………… 149
曹靖华谈散文创作 ………………………… 152
理由谈报告文学创作 ……………………… 155

四、公文写作

从公文文种名称看写作启示 ……………… 159
把握好公文正确行文的"三要素" ……… 161
把握好公文行文的理由与依据 …………… 163
正确行文要选好公文文种 ………………… 164
规范公文正确行文的九大规则 …………… 167
要严格把握公文处理程序 ………………… 175
公文写作有常用的习惯用语 ……………… 179
公文的语言要求及常见的语病 …………… 181
公文写作需要模糊语言 …………………… 194
模糊语言在公文中的三种表现 …………… 199

公文运用模糊语言要注意分寸 …… 203
违反公文处理科学化的表现 …… 206
从大学生哑言法规文件说起 …… 212
要重视建议书的写作 …… 214
关于报告的撰写 …… 216
把握好决定与决议的写作 …… 218
决定与规定写作的异同点 …… 220
通知与通报写作特点比较 …… 222
从写作异同看建议与议案的写作频率 …… 224
谈公告、布告与通告的写作特点 …… 226
从三个不同看指示与批示的使用 …… 228
辨清公报与公告的写作异同 …… 229
通告与通知写作比较 …… 231
简述通报与通告写作 …… 233
谈批复与批示写作异同 …… 234
公文主旨的表现方法 …… 236
从直述不曲看公文写作 …… 241

五、论文撷要

情暖大众是搞好平安建设的重要前提 …… 244
试论丘逢甲的教育思想 …… 252
游览山水情犹在，春秋笔铸爱国心 …… 271

一、写作基础

写作需要触发

触发是写作的重要环节,也是初学写作者要锻炼的功夫。所谓触发,按叶圣陶的说法,即由一件事感悟到其他事,由此事理感悟到彼事理。也就是我们平常说的"举一反三"、"触类旁通"的意思。

触发之所以重要,首先它是习作者获得写作题材的一条途径。一个人只要有一定的思考能力,他接触客观事物时,总要进行思考与分析,并从中得出一种看法、一种印象、一种体验,平时我们把这些东西积累起来,往往可以派上用场。尤其是当人们从体验着的事物中发现新的意义,它就会帮助作者激起写作的欲望。举个例子来说,一个学生偶然从一份杂志上看到这样一幅漫画:一个人昂着头,对着路旁未关的水龙头,把手插在口袋里,边走边说:"我最讨厌浪费。"画的寓意刺激了这位学生,他想起了生活中也常有这种言行不一的人,从中得到了一种触发,于是很快写出了《从一幅漫画说起》的文章。看,正是触发帮助他获得了写作材料。

其次,触发还是"悟理"的一把钥匙,它能帮助习作者在实践中感悟新的事理,进而写出立意新颖的文章。触发不管是触景而发,还是触物而发,它都是客观事物作用于人的主观感觉后所产生的一种触悟。这种触悟只要立场观点正确,思维方法对头,符合客观事物的性质,在很多情况下往往会发现某种新的事理。正如叶圣陶说:"作文有新味,最主要的是触发得来的事理。"譬如一位学生读过《劝学》这篇课文,知道蚯蚓与螃蟹,一个没有锋利的爪牙、强硬的筋骨,但能上吃黄土,下饮泉水,使泥土松软;一个长着八条腿与两只钳夹,却要借蛇与鳝的穴洞安身。由此他悟出一个事理"关键要一心一意,锲而不舍"。联想到一个人在社会主义现代化建设中,也要像蚯蚓那样,选择好正确的道路,然后一心一意,坚持不懈地努力,才容易获得成功。他用这个事理孕育出《蚯蚓拱洞的启示》一文,由于见解独特,得到老师的好评。

初学写作者应由此得到启示:面对一件事,为什么有的人感到文思枯竭,没东西好写,这除了生活不足、知识浅薄的原因外,其中很主要的一点恐怕与平时没有好好训练触发功夫有关。还是叶圣陶说得对:"触发是每个学写作的同志必须练的功夫","要写好文章,就要在包罗万象的客观事物中训练触发,获得触发!"这个看法是十分正确的。

一、写作基础

写作与灵感

　　写作往往需要灵感。所谓灵感实际上是一种顿悟，是人们思考问题时将两个或两个以上互不相关的观念连在一起而迸发出的思想火花，它通常以外界的偶遇事物为触发，并以一刹那间的感受形式出现，许多作家在创作中都会自觉或不自觉地运用灵感去解决具体问题，贯通写作思路。

　　列夫·托尔斯泰就是这样，1873年，当他正准备写作一年前就已构思好的《安娜·卡列尼娜》时，写作的思路被作品的开头卡住了，不知如何去写开头的第一句话，才能更好地表现人物与情节。他反复思考了几天，仍未有所获。一次，他来到儿子的书房，顺手翻阅摆在桌面上的普希金的《别尔金小说集》，无意中他看到后面一章的第一句话："在节日的前夕，客人们开始到了。"他眼前一亮，像有什么新发现似的大喊起来："对！我的小说就应该这样开头！"喊完立即回到自己的房间，飞快地写下了小说开头的第一句话："奥布朗基家里一切都乱了。"

　　托尔斯泰从看书中得到灵感，表面看来似乎很偶然，其实这是作家反复思考生活和琢磨艺术构思的必然结果。假如作家没有对作品的通盘考虑及开头第一句话的冥思苦想，即使碰到能触发灵感的外借物，也产生不了灵感，更谈不上借助灵感去创作。正如钱学森所说："得灵感的人，总是要经过一长段其他两种思维（抽象和形象思维）的苦苦追求来准备的。"

　　类似的例子，我国作家叶辛也曾遇到过。1982年，他根据自己插队落户当知青的生活体验和经过多年来的构思，正准备动笔写那本反映十年动乱时期两位知青因为出身悬殊，恋爱酿成悲剧的小说《蹉跎岁月》时，刚拿起笔，就被作品的开头难住了。一直苦思冥想。一次，他和一位医生随便闲聊，医生无意中说了一句话："一个人同另一个人的关系，往往是从他们认识的第一

四两拨千斤 ——写作老师教你如何提起笔

天就开始了的。"他听后得到启发,悟出自己的小说应该这样开头——从男女主角的第一次相识写起。这样可以表现人物的心灵颤动及感情基础,使开头更加引人入胜。后来他按这句话的意思去开头,小说很顺畅地写了出来。事后他感慨地说:没想到医生无意中的一句话,竟使我获得了灵感,把我的思维提高到一个新的境界,解决了我一段时间以来搜索枯肠仍未解决的问题。

这就是灵感的作用。它告诉我们:写作一般离不开灵感。实践中我们要重视和捕捉它,切不可让辛勤思考和难得的机遇相结合而产生的灵感随便消失。

一、写作基础

写作需要意念

写作者在现实生活中,通过接触各种人和事,感到有些问题值得探讨,产生了写作的大致意向,这种意向就是意念。意念不但是写作过程中不可缺失的环节,而且是引导写作和提炼主题的媒介。

许多作家的写作实践充分证明了这点。一次,列夫·托尔斯泰在一块犁过的黑土地上发现一株牛蒡与成百万棵草芥不同,经犁翻车碾后仍生机勃勃,长在那里,不禁想起毅力问题:"人用犁和车毁灭了成百万棵草芥,而这一株却不屈服,并顽强地生长,这需要多大的毅力!"为此他看到了牛蒡所蕴藏的本质意义。后来他把这一发现,用他的艺术敏感和掌握到的生活事件,写出了具有牛蒡性格的人物,这就是《哈吉·穆拉特》。

如果说《哈吉·穆拉特》是托尔斯泰在生活中用正确的认知去获得意念,并用它去提炼作品主题的话,那么,朱自清的《背影》则是用情感调动意念,并用它去引导和帮助写作的。他在《答编者问》中说:"我之所以写《背影》,其中最主要的因素是看了父亲信中的那句话:我身体平安,惟膀子疼痛利害,举箸提笔,诸多不便,大约大去之期不远也。当时读完,我泪如泉涌,一股怜爱父亲的感情难于控制,很想立即把父亲过去如何爱惜儿子的往事写下来。"在这种意念的驱使下,作者很快写出了《背影》,并"用它去表现父亲爱惜儿子的一段深情,以及作者对造成骨肉颠沛流离的黑暗时代的愤怒"。(叶圣陶语)

意念有很大的功能,但要使意念在文章中发挥作用,任何时候都离不开写作实践。否则,它只是浮泛的、不具体的东西。正如孙犁所说:有了写作念头,不付诸实践,再好也没用。孙犁有一个写作习惯:一有写作念头便抓住不放,直到把它写成文章为止。这方面巴金也谈过类似的体会,他说他的《爱尔克灯光》,

写作的意念始于抗日战争时期看到成都故居的照壁上写的"长宜子孙"4个大字。当时他就想写篇东西提醒下一代不能光享父辈的福,应该自己去奋斗。有了这种念头,他便着手写作。至下笔时,他一想到自己所处的封建家族的腐败、衰落以及姐姐的死,更感到原来想法的重要性。这就是《爱尔克灯光》的思想。要是他不写,上述的想法就不能具体地表现出来。

这些例子说明,有了写作意念,还必须付诸实践,这样才能检查意念是否正确,进而写好文章。可是有些初学写作者却不是这样,他们有了写作意念,却不去结合生活,认真思考,反复提炼,而是停留在口头上,不去实践,这样是很难提高写作水平的。

如何选好写作角度

文章要写好,很重要的一条是要选好写作角度,因为,客观事物的内涵非常丰富,有着多方面的意义,从不同角度看可以得出不同的结论。作者要反映好客观事物,一方面要根据自己对事物的某方面认识,结合写作需要去命意作文;另一方面又不能重复别人写过的东西,否则,立意不新,选材陈旧,对读者是没有吸引力的。尤其是对待相同的题材,更应从新的角度去开掘其意义,提炼新意,这样,才能写出深受读者欢迎的、内容不雷同的文章。

许多初学写作者,都是从这方面入手去学习写作的。据说,法国作家莫泊桑未成名时向福楼拜学写作,福楼拜给他上的"第一课"就是如何选好角度去作文。有一天,他俩一起在街上散步,看到迎面驶来一辆牛车,福楼拜就要莫泊桑以牛车为题材,写出7篇内容各异的文章来。并启发他:"每一头拉车的牛,早上和晚上的神态不一样,饱肚和饿肚不一样,走平路和上斜坡不一样。再说,赶车的人,喝醉了酒和没喝酒不一样,饥饿时与吃饱时不一样……只要你肯动脑筋,又能在文字上细细斟酌,不要说7篇,就是写上100篇也不难。"这里,福楼拜实际上是提出了作家如何在观察事物、多动脑筋的基础上,去把握反映社会生活的立脚点与出发点,即选好写作角度的问题。

要选好写作角度,首先要像福楼拜所说的那样,站在不同的立足点上去观察与把握事物的特征。客观事物都有个性不同的特征,并且会随着观察点的不同而显现出不同的形态。"横看成岭侧成峰,远近高低各不同。"写作就要尽力捕捉客观事物在不同的观察点下形成的个性特征,这样,才能获得新的表现内容,形成新的写作角度与文意。

以海上观日出为例。作家巴金与峻青都写过日出景象,但由

四两拨千斤——写作老师教你如何提起笔

于巴金是在行驶着的船上，即游动的海平面去看日出的，所以其《海上日出》便看到了这样的奇观，写下这样的感受：

"朝着日出的方向，船越往前行，日出时的光亮特征就越显著……一刹那，这深红的东西，忽然发出夺目的光亮，射得人眼睛发痛，同时附近的云也添了光采。……这时候，光亮的不仅是太阳，云和海水，连我自己也成了光亮的了。"

文章抓住日出时的光亮特征，情景交融、物我双会，表现了作者向往光明、憧憬美好的思想感情。而峻青由于伫立海岸，是在一个固定点上看日出，所以其看到的日出景象便与巴金不同，写作的角度与抒发出来的感情也不一样：

"日出前，这广阔无垠的天空和大海完全被粉红的霞光融合在一起了，分不清它们的界限，也看不见它们的轮廓。然而不久，粉红的颜色，渐渐变成桔红，而后又变成鲜红了。……后来，太阳猛地一跳，蹦出了海面。霎时间，那辽阔无垠的天空和大海，一下子就布满了耀眼的金光。"

文章抓住日出前后所看到的倏忽千度、眩目壮观的景色，表现了作者热爱生机勃勃的大自然的欢快之情。这就是不同的观察点上看事物所带来的写作内容与角度，精彩的差别。

其次，要大胆打破一般的思维方式，适当采用"逆向思维"去思考问题。人们对待客观事物，一般总是喜欢从正面去考虑它的性质和意义，很少从反面去思考它的问题，这样，有时会限制我们的思路，使我们很难从新的角度去反映事物。如果我们在正面思维的同时，能适当运用"逆向思维"方式，即朝着事物的相反方向去考虑它的意义，在许多情况下，能帮助我们找到新的

一、写作基础

写作角度，获得新的写作内容。许多议论文的写作就是这样。

以《愚公移山》为例。人们一谈起它的内容就会从正面得出结论：愚公具有不怕困难、艰苦奋斗的精神，许多人还从学习愚公与干四化的角度，谈了不少道理。正当大家都这么说，文章很难从新的角度去议论这件事时，《移山不如搬家》的作者采用"逆向思维"的方式，找到了新的写作角度与内容。作者在为愚公移山算了一笔时间与经济账后，认为：愚公一家用一万年的时间，以肩挑手提方式去搬太行、王屋两座大山，其精神是可佳的。但为了一家交通的便利，所付出的代价很大，如果用搬家的方式，事情就简单多了，从而得出一个结论：移山不如搬家，更能体现经济效益。此文的观点是否全面，我们暂且不论，但作者在开掘题材本身的意义时能大胆运用逆向思维方式，敢于选取与常人不同的写作角度与内容，使人看后耳目一新，这点还是值得我们参考的。

最后，要了解别人所未谈的问题，对反映对象多作深入的研究。作家菡子写《黄山小记》的体会足以说明此问题。古往今来，以黄山为题材的作品很多，但菡子所写，角度与立意却与众人不同。正如许多评论所说："作者写出了别人未曾发现的画面与意境。"这是什么原因呢？作者说道："我之所以能写出角度与立意与人不同的作品，除了我看黄山，进一步认识了祖国河山外，也与我看了不少别人所写的黄山有关。……假如我没有认真观察过活的黄山，没有对别人笔下的黄山之态作过调查，没有对祖国河山的认识，想通过黄山的日出、彩云、飞瀑、流泉、有趣的动物以及平凡的树与花去炼出新意，写出新的角度，是不可能的。"作家秦牧也是这样。头几年，他曾写过两篇角度与立意完全不同的赞美蜜蜂的作品。《蜜蜂的赞美》以一只蜜蜂酿造一公斤蜂蜜，必须在100万朵花上采集原料、来回飞行45公里，然后把搜集来的东西经较长时间的提炼与酿造等事实，开掘出这样的主题：要想在工作中取得成就，就必须像蜜蜂那样锲而不舍、

四两拨千斤 ——写作老师教你如何提起笔

博采众长、善于创造。《花蜜和蜂刺》从蜜蜂有锋利无比的刺这个角度,去赞扬蜜蜂既能辛勤劳动又能挺身战斗的品质。倘若秦牧对所写对象——蜜蜂未作深入的调查研究,对曾经赞美过蜜蜂,并把蜜蜂"鞠躬尽瘁、死而后已"地为人民酿造新的生活的高贵品质视为学习对象的杨朔及其所写的《荔枝蜜》毫无了解,他就很难从新的角度去歌颂蜜蜂。正如他自己所说:了解别人的作品与深入研究反映对象很重要。

选好写作角度是搞好写作的前提、是必须认真学习的技巧。要获得这一技巧需要从各方面去努力。高尔基说过:"技巧是一种才能,但它绝不是没有一切方面的广博知识也行的。必须去体验生活,去寻求真理,并经过许多锻炼和执拗地工作才能获得。"只要我们认真学习写作知识,坚持在实践中去体验生活、探求真理、摸索方法,多写多练,就一定能掌握这一技巧,进而写出角度和立意与众不同的佳作。

一、写作基础

文章主题思考法

从生活中获得了写作的材料,要把它提炼成准确、集中而深刻的主题,任何时候都离不开作者的深入思考。然而,要考虑好主题,并不是一件易事。这里除了提高思想水平外,注意思考方法也很重要。

一般来说,不同的作者对待不同的事物,其思考方法是不一样的。

托尔斯泰就常用"凝神苦思法",直到想出一个满意的主题为止。"正如牛顿思索问题那样,第一天坐在桌旁思考,直到第二天早晨,他仍坐在原地构想,自己竟不知道时间已过了一天。"托尔斯泰写《安娜·卡列尼娜》就是这样。他在给一位朋友的信中说:"我非常艰苦地忘掉世间的一切在思考着作品的主题,一刻也不放松。这情景简直不能想象。尽管这一工作很痛苦,但我始终要这样做。""不考虑好满意的人物与主题,我决不罢休。"正是由于托尔斯泰废寝忘食地凝神苦想,他才能写出深切同情劳动人民、无情揭露与批判贵族上层社会的名作来。

魏巍思考主题又有自己的特点,他常采用"认识深入法"。当作者对事物有一定的认识,但还不深刻的时候,就采用边深入生活、边琢磨问题的方法,去进一步提炼文章的主题。魏巍写《谁是最可爱的人》就是如此。据作者说,他在部队时间较长,对人民子弟兵较了解,觉得他们是最可爱的人。到了朝鲜战场,他写了一篇歌颂子弟兵的文章。但是,我们的战士为何那么勇敢、那么可爱呢?他总觉得自己的理解还不够深。为了找到答案,他深入生活,观察体验,反复思考,终于找到了子弟兵可爱的本质:那就是热爱祖国、热爱朝鲜人民、有着崇高的革命英雄主义与国际主义精神。抓住这个本质,作者更加集中与深刻地提炼出《谁是最可爱的人》的主题。

这方面,作家冰心又不一样。比如《一只木屐》,她是用"触发沉思法"去提炼主题的。1948年的一天,她坐船由日本回国。在海上她发现一只木屐紧跟航船飘浮。此事给她印象很深。几次她想把那天所见写成文章,一拿起笔又不知写什么好。直到1963年延安召开纪念《讲话》发表20周年大会,她通过学习有关知识分子成长的理论,进一步触发了15年来想写《一只木屐》而一直写不出的原因。原来作者未把木屐与自己的成长过程联系起来:"在日本,正是由于经常听到劳动人民穿着木屐从自己窗前走过的声音,才使自己产生了同情劳动人民的思想感情,进而促使自己走上光明的道路。这不正是海上飘浮的木屐给自己印象深刻,长期以来未想到……的主题吗?"于是,她抓住这点,较快地写出了具有深刻思想意义的散文《一只木屐》。

一、写作基础

出新要先知旧

要写出内容新颖之作，很重要的一条，是在熟悉写作对象的同时，注意了解别人在这方面的立意。"善知能触类，可借颖脱手。"（杜甫）善于了解和掌握别人的写作，就能触类旁通，推陈出新。

生活中有许多这样的例子。有个中学生想以拔河比赛为题材写篇与众不同的议论文。写作前他认真观察了拔河比赛的场面，调查了这方面所写的文章。结果发现同是写拔河比赛，各篇文章的立意不同：有的从拔河比赛要有一个高明的指挥人入手定题；有的从参加者要团结协作，或要有一支善于鼓动的啦啦队呐喊助威去取材立意；有的从处于劣势应沉着应战，一有机会便迅猛克敌……立论不同，内容各异。掌握了这些情况，结合对生活的认识，他想起了别人还未写过的比赛输者。他认为：拔河之所以会输，除了受客观因素影响外，很关键的一点是有些人未能认真总结自身失败的经验教训，比如站稳脚跟、用力一致、一鼓作气等。由此他想到了失败者善于总结经验、扬长避短的重要。他把这些认识，结合改革开放的实际加以提炼，终于写出了立意较新之作。

作家菡子写《黄山小记》的散文，其创作体会也足以证明这一点。长期以来，写黄山者不少，但菡子所写却与众不同。当读者向菡子请教其中原因，作者说，我之所以能写出与别人立意不同的散文，除了我看黄山外，也与我看了不少别人写黄山的文章有关。正因为如此，作者才能从黄山的日出、彩云、飞瀑、流泉、有趣的动物以及平凡的树与花中去提炼新意，写出黄山的独特之态。正如秦牧写《土地》，也认真拜读过《左传》；鲁迅写《狂人日记》，也了解过果戈理的小说那样。假如作者未能了解别人所写，没有一点借鉴，是断然写不出新颖之作的。

一些初学写作者，一旦碰到一种题材，还未了解别人在这方面的写作情况，对事物还未全面认识，头脑空空如也，就想出奇制胜，写出新颖之作，这是不可能的。其结果只能像高尔基所说，写出来的文章，只是运用现成的字句、一般的形式，得出肤浅的意见。我们一定要注意这个问题。

一、写作基础

漫谈文章的选材立意

一

素有"江南第一才子"美称的明朝书画家唐伯虎,一次应某商人之邀,替他写一副对联。唐沉思片刻后,选用眼前茂盛的春草和流动的水泉去比喻商人的生意及财源,挥笔写下了"生意如春草;财源似水泉"的佳句。商人一看,嫌这副对联不好,要唐重写一副。唐一气之下选夏夜蚊虫与冬天虱子为他写下这样的对联:"门前生意,恰似夏夜蚊虫,队进队出;夜里铜钱,宛如冬天虱子,越捉越多。"商人一看十分欢喜,顾客一见对联再也不敢光顾其店了。因为,谁也不愿像夏夜蚊虫那样队进队出,谁都憎恨商人像吸吮人血的虱子那样大赚昧心钱。这虽是对联写作中的一则笑话,但它却揭示了写作中选材立意的问题。我们撇开唐伯虎写对联的技巧不说,亦不去追究商人不懂对联艺术的愚蠢。有一点则是要肯定的,那就是:不管什么人写文章不会原封不动地照搬从生活中直接或间接得来的材料,而要结合自己对生活的感受及文章写作的需要,对材料进行选择和加工,然后再用它去说明从生活中得来的主题,即"意"。选材立意是写作中两个不可分割的重要环节。唐伯虎如果不是对贪得无厌的商人有较深的了解,一气而有"意",就不会在第二次写对联时挑选夏夜蚊虫与冬天虱子这一材料去嘲讽他。材料作为"寄主意之穴所",(叶燮《原诗·内篇》)在帮助作者表情达意方面,的确有很重要的作用,我们千万不能忽视对它的挑选。

二

上述事例绝没有引导作者在选材立意时都像唐伯虎那样去写春草、水泉、蚊虫、虱子之类小题材的意思。选材立意,我们首先还要考虑题材的性质，注重选择重大的、有意义的题材。并不是笔者有意宣传题材决定论，应该承认，生活中的题材是有区别的。由于生活很复杂，客观世界的各种事物及现象不可能意义相同，作者从生活中获得的材料不是所有都具深刻的社会意义，都为人们所关心。比如，亿万人民群众以经济建设为中心，艰苦奋斗干四化，与同志之间因一件微不足道的小事而争吵，两者的意义就不同；坚持四项基本原则，深入改革开放，积极推进社会主义市场经济体制的建立，与百无聊赖的逛大街、斗"围城"、打扑克、玩猫弄狗，两者的性质就不能同日而语。鲁迅说过"作者不可将一点琐屑的没有意思的事故，便填成一篇，以创作丰富自乐"。（《关于小说题材的通信》）凡有志于用文章为社会主义、为人民群众服务的作者，都要注意研究和正确反映现实生活中的重大事件和问题。因为，题材愈重大，与国家和人民的命运关系愈密切，写进文章中就愈感染人、教育人，愈能发挥它在社会上的效用。列宁说过："写文章要选政治上重要的、为大众所注意的、涉及最迫切问题的主题。"（克鲁普斯卡娅：《列宁的编辑工作》）我们必须遵照时代和人民向我们提出的要求，及时提出人民群众最关心的问题，努力去表现现实生活中重大题材。这是选材立意的基本方向，也是时代赋予我们的写作任务。

当然，提倡写作要选重大题材，并不是排斥作者选用其他的小题材。文章的好坏不能仅看作者选了什么题材，更为主要的是看他怎样写。茅盾的《风景谈》、《白杨礼赞》不正是通过谈风景、颂白杨，去表达作者对解放区的热爱与向往，对抗日民族解放斗争神圣事业的必胜信心吗？鲁迅的《一件小事》通过街头一景，提出了令人深思的社会问题。其著名小说《阿Q正传》，则通过王胡与阿Q比捉虱子的小事，去表现旧中国农民在封建桎梏下的落后愚昧。所有这些说明：选材立意关键在作者。"我认为根本问题是在作者可是一个'革命人'，倘是的，则无论写的是什么事件，用的是什么材料，即都是'革命文学'。从喷泉里

一、写作基础

出来的都是水,从血管里出来的都是血。"(鲁迅:《革命文学》)只要作者立场、观点正确,重大题材可以写出好文章,细小题材亦能写出有意义的佳作。有些人对生活的某些方面很熟悉、有感受,所选题材不属"惊天动地",是一木一石、一景一画,同样可以写出有感染力、能教育人的文字。这里,关键是作者选材立意时的善恶是非标准及对事物的认识与方法。

三

强调作者的思想立场、世界观对选材立意有举足轻重的影响,并不是说写作时只要把那些经作者"思想烛照"过的平凡或不平凡的、有意义的材料选进文章中就行了。写作没那么简单。高尔基说过:"为了使平凡或不平凡的事实成为主题,作家还要进行大量和紧张的创造性的工作。"(《论写作》)生活中有意义,且能表现主题的材料很多,作者不可能也不必要把这些材料都写进同一文章中,还要根据立意的需要,对同类材料进行一番认真的选择和取舍工作。

魏巍写《谁是最可爱的人》,据作者称,能表现志愿军是最可爱的人的同类材料经挑选由20多个减为5个,后来他为了更好地烘托和突出文章主题,限于篇幅,只选用了3个骨干材料:松骨峰战斗、马玉祥火中救朝鲜儿童以及志愿军"吃一口炒面就一口雪"的艰苦生活。并通过它们去表现志愿军对敌狠的革命英雄主义精神、对友爱的国际主义精神和对祖国忠诚的革命乐观主义精神。

契诃夫为了讽刺和抨击社会上那些胆小怕事而又竭力扼杀一切生机、老是阻止生活前进,不用动员或施加压力就甘愿充当沙皇政府的奴才和帮凶式的人物——别里科夫,写作《套中人》时,能表现主题的同类题材就有十多个,后来他只选择其中4个题材:①"他喜欢那种不会使他不安的文学,如席勒、荷马等等。"所以他要当希腊文教师教古代语言,借此躲避现实生活。

17

②追求史地教员的妹妹,"差点结了婚",但他却装扮成"正人君子",向人宣传与她没有一点关系。③总是跟别人过不去,谁要一开口,他就要大声喝问,为此,大家都很怕他,不敢在城中大声说话、不敢写信、不敢交朋友、不敢周济穷人等。④什么都喜欢装在套子里……雨伞装在套子里、表装在套子里、小刀装在套子里。大概以后躺在棺材里时,他也会含笑地说:他找到理想的地方。

　　这就是作者根据主题的需要所做的选材工作。莫泊桑说过:"艺术家选定了主题之后,只能在这充满了偶然的、琐碎的事件的生活里,采取对他的主题有用的、具有特征性的细节,而把其余的一切都抛在一边。"(《西方古典作家谈文艺创作》)作者在选材工作中,如不根据立意要求,精心鉴材和剪裁,像魏巍和契诃夫那样,善抛与善留材料,题材就不可能最大限度地表现主题,"意"的鲜明、集中、突出就会受影响。初学写作者尤其容易犯这种毛病。所谓"着意原资妙选材",(袁牧:《随园诗话》)不"着意"何来选材之妙呢?

四

　　主张采集材料要像奸商"贪多务得"的茅盾,认为作者在选材立意时,"要像关卡的税吏似的百般挑剔","面对整整一卡车的'货',全要翻过身来,硬的要敲一敲,软的要扪一把,薄而成片的,还得对着阳光照了又照,——一句话,用尽心力,找个把柄,扣下货物,不让过卡"(《有意为之》)所谓"用尽心力","百般挑剔"。除上面所说的要求外,还要从材料是否真实、典型、新颖这三方面,去从严把关。因为:

　　真实是文章的生命。文章的真实首先要求材料真实。材料真实、令人可信,文章才有价值,否则,就会适得其反。特别是政治论文、科学论著、工作总结、调查报告、人物传记、游记、记叙文、议论文、说明文等文体,它们与现实生活有直接的联系和

一、写作基础

影响,假如作者不注意真实性的问题,对材料随意添枝加叶、无中生有、张冠李戴、任意改变、瞎编虚构,文章写出后就会给实际工作带来损失。即使是不受真人真事限制的文艺作品,在进行艺术加工和再创造时,也要以生活真实作为基础,否则就会失掉艺术本身。

典型材料也是这样。写作一定要选最有特征、最有代表性、最能概括和提炼事物本质的材料。有些人不了解写作要运用典型材料的道理,以为材料越多越好,结果使文章变成大杂烩,没有一个突出的中心。我们要反对这种倾向。俗话说:一叶落而知秋,一燕来而春至。只有选择典型题材,写作时才能以少胜多,集中地突出主题。正如魏巍谈《谁是最可爱的人》的写作体会时所说:"用最能代表一般的典型例子,来说明本质的东西,给人的印象更清楚明白,主题更突出。"虽然不同的文体对典型的要求不尽相同,如议论文要求典型材料要有说服力,不一定要写出具体的情节;记叙文要求典型材料要有一定的情节,既要能说服人,又要具体生动感染人,但用内涵蕴藉、寓意深厚的个别去反映一般,用特殊去表现普遍的要求,则是共同的。《儒林外史》如果不写严监生临死时还要伸出两个指头,嫌油灯里点了两个捻头太费油这一典型事例,严监生的吝啬相就不可能刻画得入木三分。徐迟写周培源在革命的湍流中坚持发展中国的科学事业。如不抓住周培源为贯彻毛主席、周总理关于发展中国科技事业的指示、敢于和江青反革命集团展开斗争的几个典型事例,还是按初稿从20世纪30年代写起的流水账式的写法,周培源那坚韧不拔的崇高思想境界及不屈不挠的斗争精神,便无从表现出来。由此可见典型材料对意的影响作用。

新颖的题材同样重要。李渔说:"人惟求旧,物惟求新。新也者,天下事物之美称也。而文章一道,较之他物,尤加倍焉。"(《闲情偶寄》)写作只有选择一般人没有接触过的、人们从未发现和使用过或熟视无睹而实含深意的、角度使人感到新鲜的题材,才能更好地反映时代精神,弥补"意"在提炼方面的某些不足。因为要求每篇文章的主题都具有独创性不太容易做到,有些道理,如坚持"一个中心、两个基本点",我们要反复宣传,为了使文章更吸引人,写作需要挑选新鲜而不一般化的题材,这样,才能给读者耳目一新的感觉。

1993年《写作》自学考试,我们引用报上登载的山西长治洗衣机厂的一则"退货启事":"凡购买本厂海棠牌洗衣机的顾客,如因质量问题要求退货,经销商店不但照退不误,而且还付给顾客30元赔偿费,以补偿顾客购物时间,运费等损失。"要考生根据上述材料写一篇读后感。许多人从"顾客是上帝"、"工厂要灵活经营","补偿顾客是应该的"等方面去谈感受,有一考生引用武则天贴告示,发动贤人"进谏"的事例,说武则天对当面提意见者偿百金,修书进谏者偿十金。一开始门庭若市,进谏者很多,不久便少了。到后来人们想找毛病进谏也不容易了。文章用这个例子与"退货启事"结合起来分析,认为工厂这一举措是非常高明的,其结果就会像武则天贴告示所起的作用那样,使工作越搞越好,这种把目光投向未来的经营手法,值得提倡。作者运用此例是否真实,我们暂不议论,但文章能把看似寻常而实含深意的事例,按写作要求引用,并结合命题提供的材料认真分析,给人耳目一新的感觉,这种取材方法是值得肯定的。

五

选择了真实、典型、新颖的题材,不是把它们写进文章中就完事。歌德说:"写作的最好标志就在于选择题材之后,能把它加以充分的发挥,从而使得大家承认压根儿想不到会在这个题材里发现那么深的东西。"(《歌德文学语录选》)要使所选的题材能发挥出"更多的东西",使"意"立得更深刻、更有独创性,就要像鲁迅所说的那样:对题材开掘要深。

一、写作基础

头几年，报告文学家柯蓝写作《事情发生在今天》时，就曾挑选过这样的材料：湖南浏阳有的村庄很迷信。一位将军的母亲死了，村里要为她烧纸钱、做道场、办送终酒席请众老乡亲。将军回来一看，认为这是迷信、浪费活动。他耐心说服乡亲，制止了这一活动。这个事例，从题材的真实、典型、新鲜的角度看，都是无可非议的。作者决定用它去反映老一代的革命家带头反铺张浪费和迷信的主题。后来通过分析，作者发现这样写意义不深。为什么将军能制止这一迷信、浪费活动呢？将军的行为说明了什么？难道仅仅是将军个人在反迷信和浪费吗？作者结合从生活中看到的情况：如浏阳农村许多地方讨媳妇要坐花轿、做生日要送人情、生孩子要吃喜酒，更加感到农村旧的习惯势力的影响与危害仍然很大。将军30年前在他的家乡——湖南参加革命，目的就是为了推翻包括旧传统习俗与习惯在内的旧社会的恶势力，今天反迷信和浪费不也是这个目的吗？至此，作者的思想烛光一下子全照亮了：将军制止吃酒、做道场，不仅仅是个人的行为，而是作为无产阶级优秀代表所采取的阶级行动。它充分体现了一个无产阶级老战士对旧的阶级、旧的习惯势力敢于冲击的大无畏精神。抓住这一点，作者升华了文章的主题，拓深了题材的内涵。

列宁指出："人的思想由现象到本质，由所谓初级的本质到二级的本质，这样不断地加深下去，以至于无穷。"（黑格尔：《哲学史演讲录》）深入开掘文意，不同的作家面对不同的题材可以有不同的写法。如柯蓝善于抓住题材的内蕴去"聚焦显旨"，想法捕捉更深的主题；鲁迅擅长通过极小的生活场景去透视社会的本质（如《风波》等）；茅盾经常通过对某一事物的比附去表现深广的思想（如《白杨礼赞》等）；秦牧喜欢在谈天说地的题材中去揭示启人的感受（如《社稷坛抒情》）；理由则把回答情理之中的意外，作为挖掘主题的焦点（如《扬眉剑出鞘》等）。凡此种种，都是不断加深对题材认识的结果。一些人在写作中之所以会犯主题直、浅、露的毛病,与他认识水平低,未深入开掘事物本质意义有关。古人说得好:"见人之所未见,发人之所未发","要靠识高于众","人高则诗亦高,人俗则诗亦俗"(徐增:《而庵诗话》)。在选材立意中,我们千万不能忽视这个问题。

一、写作基础

怎样突出作文中心

有一年高考作文就学校污染问题要考生给《光明日报》写一封信,借此反映情况,呼吁解决。从阅卷情况看,许多考生只在作文中照抄原文,就事论事;补充材料,无的放矢;开展议论,没针对性。结果造成文章中心不突出,即使格式符合,也因缺乏说服力而评不上高分。因此注意突出文章的中心,实在是今年高考作文的关键。

应该怎样突出文章中心呢?我认为有两点必须注意:

首先要全力突出环境污染这一主要事件。一般来说,文章的中心是通过事件来体现的。根据原文提供的事件,我们可以看出其内容包括三方面:①学校被污染的情况;②污染的后果;③对污染的不同认识和采取的态度。假如作文能从这三个方面去适当补充材料,不但是作文要求允许的,而且还可以进一步突出事件,达到突出中心的目的。有的考生对此很明确。比如有篇作文把工厂排放的有毒气体说成硫化氢,说"东风一吹,带有硫化氢的黑烟飘到学校,使校园一片乌烟瘴气。为了避免污染,全校关门闭户,时间一长,空气不流通,师生就像在封闭的罐头中一样难受。而充满了硫化氢味的废水不加处理流入学校湖中,又使校园充满了臭鸡蛋味,大家只得掩鼻过日子。为此,90%的人因污染患上各种疾病"。这么严重的污染问题,工厂却不想办法去解决。联系党中央关于要重视教育的指示,文章认为这件事的实质是工厂领导不重视教育、不重视培养人才……这些材料的补充与分析,不仅充实了上面所说的三方面的内容,而且还有力地突出了事件本身,从而使人们看到了澄溪中学写的信,更加感到他们的申诉与呼吁是非常正确的,简直到了非解决不可的地步。像这样去突出事件,其中心也就更加明确。

可是有些考生却与此相反,他们不但不突出事件,反而大谈题外话。比如一个考生说:"工厂生产时不但排出毒气和废水,而且发出震耳欲聋的机器声。这些声音传到学校,使教师无法上课。因经常受噪音的影响,不少人患上了精神分裂症。"这些内容离开了原文污染问题,根本谈不上突出中心。

其次是叙述事件之后,要对事物进行针对性的议论。关于这点,一些考生也不够注意。比如有篇文章前面写了学校污染的情况及其后果,意思表达很好,可是到了后面却来这样一段议论:"人们都把我们喻为祖国的花朵,花朵没有雨露阳光怎能含苞待放?……"很显然,这段言论比较缺乏针对性的。究竟"雨露阳光"指的是什么?指党的关怀吗?联系全文内容又不像;指工厂解决污染问题吗?更是风马牛不相及。像这样的议论,怎么能使文章的中心突出呢?所以议论应有针对性,否则是很难突出中心的。

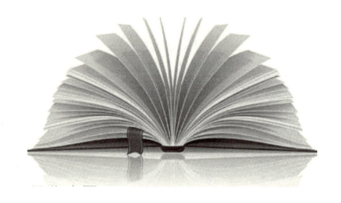

一、写作基础

写好文章的情理

写作时,面对写作题材,作者总要把他的思想见解表现出来。这种通过一定的情感表达出来的生活基调及人生哲理,就是文章的情理。

情理在文章中有很重要的作用。按刘勰所说,它是"立文之本源"。文章不可能不写情理,也不可能不讲写作技巧。正确的做法应该是:一切从客观实际出发,注意揭示事物的本质规律,掌握分寸,顺情合理。

鲁迅逝世前写过一篇《死》的散文,内有7条遗嘱。其中第一条原来是这样的:"不得因为丧事,收受任何人一文钱。"后来鲁迅听了冯雪峰的建议,在这句话后面作了补充:"——但老朋友的不在此例。"这一补充,就把事物的情理写出来了。为什么?因为初稿里的那种说法,句子虽然没错,但忽视了实际情况:鲁迅一旦逝世,革命的同志怀着对他无限崇敬的感情,借此悼念鲁迅,这是合乎情理的。假如连这点都不准,那就与情理有悖了。为此,鲁迅对这句话作了补充,于情于理都很必要。

关于情理,列夫·托尔斯泰说过:"艺术只要稍微说得不够一点、过分一点,那就没有感染力了。"清·刘熙载也强调:辞患"最怕过与不及"。写情理也是如此:"不及"不行,"过了"也不行。

通讯《县委书记的好榜样——焦裕禄》,原文写焦裕禄逝世后,有许多社员哭坟:"人们盯着坟头,跌跌撞撞,凄惨地扑了上去……泪水浸润了坟头的黄土、浸润了坟头的青草,田野寂然无声,连过路人都伤心掉泪,悄悄的走开了。"这样写行不行呢?不行。因为它把情理写"过了"。情理既要服从客观真实,更要注意揭示生活本质。焦裕禄逝世后,人们需要的是化悲痛为力量,振作精神,向焦裕禄学习,搞好革命与生产。按原文所写,

四两拨千斤 ——写作老师教你如何提起笔

情理上说不过去。后来,作者把这些低沉、凄惨的语句统统删掉,用"他没有死,他还活在人们心里"这一铿锵振奋的音符去代替原文。这样做,文章的格调高了,情理更真切感人了。不善于情理者,应该从以上事例中得到启发。

一、写作基础

在比较中抓住新的写作角度

　　文章最忌百家衣。写作需要创新，要创新就要注意从新的角度去反映事物。王蒙说过："从事写作的人，能力有大有小，写出来的东西可大可小，但有一条是共同的，那就是创新。别人创造一座山，我本事小，就创造一粒沙。如果是因循守旧，跟着别人的行情拥上去，即使弄出来的是一座大山，也没有什么意义。"任何事物都可以从不同角度去表现，包括一粒沙，关键是作者对所要表现的事物有无全面的了解，有没有从不同角度去比较、发现新的东西。如果有，作者是可以从中取材立意的。尤其是面对同类型写作题材，更加如此。

　　如同样以日本樱花为写作题材，杨朔的《樱花雨》，用樱花象征日本人民。文章通过一名日本侍女君子的悲惨身世和听到日本工人罢工的反应："那对柔和的眼睛立即跳出"两点火花"，让人看到了"风雨中开放的樱花，才真正是日本人民的象征"。文章以小见大，寓意幽深。冰心的《樱花赞》从另一角度，通过反映日本汽车司机因送中国作家代表团回国而推迟罢工时间，抒发了作者对日本樱花的看法：日本樱花就象征中日两国人民的深厚友谊那样珍贵。刘白羽的《樱花漫记》，从另一侧面通过写日本东京的社会风俗、自然风光以及日本友人与中国文化界人士的密切交往，认为美丽的樱花就是日本的未来。日本东京"有一条铺满樱花的道路伸展向明天……把整个日本的未来带来希望"。三篇文章，三种立意，给人耳目一新的感觉。要是写作者有机会去日本参观、游览，同样以樱花为写作对象，如不了解与学习这三位作家的访日之作，很难从新的角度去确立文章的中心。这也是我国文坛有许多作品之所以出现内容雷同、题材撞车的原因。不少人对所写的对象缺乏比较研究，找不到事物的独特之处或别人未写过的角度，写出来的东西雷同、重复、模仿也就不奇怪了。

四两拨千斤——写作老师教你如何提起笔

注意运用普通材料

初写议论文,在没有新鲜的、有代表性的材料去证明观点时,如何用好一般的、普通的材料?这是写作中常常碰到的问题。

一般来说,从生活中摄取的材料,只要能证明论点、帮助正确立论,我们都可以运用。对待普通材料也是这样。如果它能紧扣论题,在内容上与论点紧密相联,那么这个材料是可以运用的,也一定能达到说理的目的。例如,有篇《谈夸大》的文章,作者为了证明过分夸大成绩始终干不好工作这一观点,在没有新鲜材料的情况下,运用了日常生活中人们用放大镜看字的普通事例,结果给人印象很深,感到文章的说服力较强。这是什么原因呢?这里很重要的一条是作者善于运用普通材料。我们知道,用放大镜看字,在一定的距离下可以把字看得大而清楚,倘若随意拉大放大镜与字的距离,所得效果往往相反。作者用这个材料去分析那些喜欢夸大成绩的人:工作做出一点成绩时就随意夸大,结果终于导致工作的失败,就像有意拉大放大镜与字的距离,最后看不清字一样。作者所用的材料与观点是扣得很紧的,它确实发挥了事例论证的作用。

运用普通材料,去论证一个观点,还要选好恰当的角度。任何材料都有多方面的思想意义,普通材料也是如此。就拿陈景润以前在6平方米的小房子里攻克数学难题,用过的草稿纸足有两麻袋这一事例来说,它既能表现陈景润勤奋搞科研的精神,也能反映数学难关的不易攻破,更能说明当时知识分子生活待遇的低微。同一个事例可以从三个方面去理解它的思想内涵。假如我们要写《论生活待遇》的文章,上面所说的事例要用到的话,显然第三方面的思想内涵是证明论点所需要的。其他两方面的内涵虽然与第三点有联系,但不是最重要的。如果我们不注意这个问

一、写作基础

题,把例子本身所包含的全部内涵都写进去,其结果一定会妨碍论点的集中表达。初写议论文者,往往容易疏忽这一点。他们一旦碰到内涵丰富的材料,运用起来就抓不准与论点相通的重要方面,有的甚至远离论题去阐述材料的其他内容,这样做是难以写好论文的。

确立论点常用的两种方法

论点是议论文选择材料和组织论证的依据。在一定的议论对象面前,作者如何从中分析、概括、提炼出正确、鲜明、新鲜而有现实意义的论点,并用它去组织论据,开展论证,进行说理,这一写作环节,非常重要。

许多初学写议论文者,针对需要议论的事物,不善于进行分析,提不出自己的看法,即使把意见与看法提出来了,也因未抓住所议事物的主要思想内涵及意义,而使看法或意见一般化,直接影响了文章的写作。要克服这种现象,除熟悉所议事物,注意提高分析水平,了解议论文写作要求外,还必须掌握确立论点的基本方法。

确立议论文论点的方法很多,其中比较常见的是多角度比较所议事物内涵法。

所谓多角度比较事物内涵,实际上是从不同的角度去分析和感受事物,然后把这些感受或体会用明确、严谨、简洁的判断句式表达出来,在这个基础上再进行比较,看看哪种感受或体会较符合所议事物的主要思想内涵,较有利于开展议论,说深道理。

举个例来说,报上曾登载这样一件事:湖北作家胡士华早年在《农民日报》发表的《不能同农民开"白条"》的新闻,荣获"全国好新闻作品一等奖",最近他决定拍卖证书。在谈到拍卖动机时他说:"运动员可以拍卖金牌,作家为什么不能拍卖自己的奖证?高敏的金牌开价是 20 万元,我只开价 5 万元。高敏拍卖金牌是为我国申办奥运会作贡献,我拍卖奖证是为了创造条件在创作上作更大的贡献。这两年我自费采访《中国流水兵》已花去 4000 多元,由于工资低、稿酬低。到书店买书买不起,到出版社出书出不起。"假如把这件事作为定向议论的材料,要写作者通过阅读、分析,从中确立论点,然后开展议论,用多角度

一、写作基础

比较法,我们就会发现,这件事至少可从4个角度去谈感受:①在荣誉面前不停步(从作家获奖后仍然想在创作上作贡献的角度);②不能给作家"打白条"(从新闻界奖励作家的方式——只奖证书,没有奖金,做法如同"开白条"的角度);③同是拍卖,效果不一(从高敏卖金牌是为奥运会作贡献,作家卖奖证虽然想在创作上作贡献,但却暴露了创作和出版界的不少问题,与高敏拍卖金牌的效果不大相同的角度);④出路在于提高待遇(从想法解决作家工资低,尽快提高作家的生活、工作待遇的角度)。这4方面的内容各有重点。仔细分析、比较,第四方面的内容与论点揭示得较深。因为它既紧扣了材料的主要内涵,又跳出了材料本身,联系现实,供作者开掘,发挥的思想内容较多、较全面。作家获奖后仍积极创作,争取贡献,这种精神是应该提倡和宣传的;新闻界要改变奖励方式,文章说出这样的道理能引起有关部门的重视;作家拍卖证书暴露了一些问题,对有关方面改进工作也有好处。这些无疑是对的,把它写成文章在现实生活中能发挥一定的作用。但是,当前最迫切、最需要解决和宣传的是知识分子(包括作家)的待遇问题。江泽民总书记在党的十四大报告中指出:"当前,要努力创造更加有利于知识分子施展聪明才智的良好环境。下决心采取重大政策和措施,积极改善知识分子的工作、学习和生活条件,想法提高知识分子的待遇……"并把它作为加速改革开放、推动经济发展和社会全面进步的、90年代须努力实现的十大任务之一。作家获奖后要在创作上作出贡献,任何时候都离不开必要的生活和工作条件,正因为生活待遇低,作家才要卖证书。假如有关部门或单位为作家的创作创造了良好的生活和工作环境,作家获奖后不向他颁发奖金,对他的创作亦无影响。作家之所以会由高敏拍卖金牌而想到自己的拍卖行为,乃至出现动机与效果不大统一的情况,主要是在采访、出版等方面碰到困扰……所有这些,都离不开作家的待遇问题。如这个问题切实解决了,其他问题是不难解决的。所以,"出路在于提高待遇"。这个内容和论点与前面三个相比,显然提炼得较深、较好,用它去开展议论说理,较有现实意义。

运用多角度比较法去确立论点,除比较论点的深浅、意义的大小外,还可比较议论的范围。一般说来,初写议论文者不要把文章的议论范围弄得太大,要结合自己手头掌握的材料、写作水平、论述的篇幅及作文时间,否则,写作会受到一定的影响。

有些议论对象从正面确立论点后可能有这样的情况:许多内容都被人谈过。作者如再议论,感到很难出新。怎么办呢?还有一种常用的方法,即设疑式求异法可以帮作者另辟蹊径。

以议论"愚公移山"这件事为例。许多人已从正面谈过这样的内容:从愚公带领全家坚持挖山,决心子子孙孙干下去的角度,谈坚持不懈的精神;从愚公一家在移山时不怕艰难险阻,提出要向愚公学习艰苦奋斗的精神;从愚公移山以一锄一铲做起,重视一点一滴的角度,议论凡事要从一点一滴做起的道理;从愚公看准目标后,不怕智叟议论取笑,坚定自己信念的角度,谈今天看准目标、坚定信念的重要性。假如作者再谈这些内容,又没有新的体会的话,就很可能人云亦云。碰到这种情况,不妨用设疑式求异法,即从怀疑的角度去反思这件事,看看能否从中发现和确立与人不同的论点。有人就曾经对"愚公移山"这件事表示过怀疑,认为愚公一家人为了自己的便利,用肩挑手提的方式去搬太行、王屋两座大山,照他们这种做法与速度,至少要一万年。我们干什么事情都要考虑经济效益,愚公如采取搬家的方法,事情就简单得多,经济效益可能更明显。因而提出这样的看法:移山不如搬家更合算。此论点是否正确,我们姑且不论,但作者敢于从怀疑的角度去反思材料的内容,提出了非同一般的看法,并从新的角度去开展议论,把人们的认识引向深层,这种思维方式和提炼论点的做法还是值得肯定和提倡的。

古人云:"论贵有异。"议论文的认识价值在保证论点正确的前提下,很大程度取决于论点的新鲜。假如我们在议论说理时

一、写作基础

老是人云亦云,不敢出新,写出来的文章是很难给人以新的启发的。从这个角度看,设疑式求异法对帮助作者确立论点,考虑写作内容作用很大。

要学会界说论题

一些同志写议论文,碰到较宽的论题,往往不知从何入手,写出的文章不是笼统浮泛,就是大而无当。造成这种现象的原因很多,其中,不善于联系实际,不会对论题进行界说,恐怕是一个重要的方面。

我们知道,任何论题不管它的类型如何,其确定的内涵及关键的词语是可以通过分析而找到的。所谓界说论题,就是在通晓论题内涵的前提下,抓住论题中带关键性的词语,用一定的语言形式标明自己对论题的理解及言论的范围,按照列宁的说法,就是给事物的本质找到表现形式的界线(原文是"本质是有形式的,而形式是本质的")。

举个例来说,假如我们要写《时间的重要性》这篇论题较宽的文章,按照界说论题的要求,首先要弄清论题的内涵包括哪些方面,然后再看它的关键性的词语是什么。经过分析,我们看到此题的关键词语是"时间"。时间既是衡量历史的依据,也是体现社会财富的重要标志,同时还是一种宝贵的社会生命。假如从这三方面去理解时间的重要性,我们在论述时又不想三方面都谈,而只是想议论后者的话,论题就可以这样界说:"在漫长的历史长河中,时间是非常重要的。它不仅是社会财富的直接体现,而且还是一种宝贵的社会生命。"这样就给立论划定个范围,即从社会生命的角度来谈时间的重要性。

这种方法在议论文写作中称作论题界说的"限延法"。使用这种方法一般先从大的方面肯定或否定论题,在保证不延申的情况下,再根据自己对论题的理解及写作重点,从一个方面去界说言论的范围。这种方法不仅可以帮助作者更好地立论,而且还能加强文章论证的针对性和集中性,防止论述过宽或离题。

除限延法外,界说论题还有"释义法"。所谓释义法,即根据论题含义及自己的感受,从具体方面去强调、补充与理解论题的内涵,以达到把论题自然引到自己所要论述的范围。例如《理想论》这篇议论文,范围较宽,既可谈个人理想,也可谈共产主义理想,但按释义法的要求也可以把理想具体解释为:"什么是理想?当前我们所说的理想就是:坚决执行党的十八大代表大会以来的路线、方针与政策,积极地开展各项改革,为实现祖国的繁荣、人民的富裕而努力奋斗。"这段话,作者对理想的解释就限定在一定范围之内,实际上就是论证的具体化。

在议论文写作中,界说论题的方法不止这些,也不一定在文章的开头才使用。这里列举两例的目的主要在于说明:学会界说论题,对初学者是有很大帮助的。

四两拨千斤——写作老师教你如何提起笔

如何拟好议论文的标题

这几年考试的作文题都有自拟题目的要求，应试者如何根据试题提供的材料，在认真阅读与全面思考的基础上，拟出合乎要求的文章题目，写好文章。这是衡量考生阅读、分析、表达与写作能力高下的重要方面。不少考生由于不了解作文拟题的特点与要求，写文章时，不是拟出句式生硬、念不顺口，或文白夹杂、意不和谐的标题，就是写出拖沓冗长、大而不当、与内文不符的题目，直接或间接地影响了文章的写作。

俗话说：相亲先相面，读文先读题。标题是作者对文章思想内容最准确、最集中、最精练的概括，是给文章起的名字。它冠于文章之首，犹如人传神的眼睛，是最先吸引人注意之处。写文章如不会拟题，或拟出不合要求的题目，不但会妨碍自己的写作，而且会影响别人的阅读。"题好一半文"，既道出了文章标题的重要，也向作者提出了拟题的要求。

一

根据提供的材料写议论文，首先要确立论题。论题是从所供材料中悉心研究与精当分析概括出来的，因此，要确立论题，就要对材料的内涵与精神实质进行认真的阅读与思考。否则，论题不明确，与论题紧密联系的标题就很难定好。

以几年前某省高考作文为例。命题者提供了报上刊登的一则材料："前些日子，某地领导由于短期行为严重，不重视防洪基础设施的建设，在洪涝灾害的袭击下，尽管广大干部群众奋力抗灾，但损失仍十分惨重，群众对此意见纷纷，要求追究领导人的责任，但结果阴差阳错，他们不仅被上级评为抗洪救灾先进单位，还得到了一笔救灾款物，理由是灾情严重。而邻近地区几年来投入了大量的人力、物力兴修水利，有效抗御了洪涝灾害的袭

一、写作基础

击,本该受到表扬奖励,但因受灾损失少,不仅分到手的救灾款物寥寥无几,连先进单位评比也榜上无名。"这则材料,运用对比手法,通过抗洪救灾这件事,揭示了这样一个道理:领导干部不能用主观主义、官僚主义的态度处理工作,凡事要深入调查研究,实事求是。不然,会贻误工作,给党和国家的事业带来损失。面对这一材料,应试者如能认真分析、反复琢磨,是一定可以找到切合材料内旨的论题,并拟好议论文标题的。但是,有些考生不是这样,他们对材料未花工夫阅读、思考,需要论证的论题还未明确,就做起了《团结防洪力量大》、《灾情面前走一回》、《人定胜天,天灾低头》等题目的文章,这样做,即使题文相符,也是不符合命题要求的。因为文章远离了材料所蕴含的思想意义,不是命题者所要的理想文章。

上述试题只提供了一个材料,但有些试题会提供两三个材料给应试者思考。如碰上此类情况,就要认真分析材料的性质,看它是同类材料还是对立材料。如果是同类材料要想法找出它们的共同点:属正确的思想、主张,还是属错误的观念、做法。如属前者,作者可以采取正面立论的方法,抓住思想内容上闪光的共性,准确地确立论题,拟好议论说理的题目。如属后者,可以采用驳论的方法,从中确立与材料含义相反的论点。假如是对立的材料,则要认真判定它们的对立程度,属正反分明的,作者可以从两相对比中去分析和提炼论题。有的材料观点虽然有差异,但却不属非此即彼的对立,那就要用辩证的观点进行全面审视,在分析的基础上确定文章的题目。这个过程,实际是审题立意的过程,考生在拟题过程中不要忽视这一环节。

二

审察作文提示也很重要。供材料作文,命题者一般都会向考生提出文体要求、写作范围、书写格式等。拟题时,要把它们结合起来考虑。

如前面所说的例子，命题者在提供材料的同时，要求考生针对所说的事件写一篇800字左右的议论文，并做到论点明确、论据充足、结构严谨、文句通顺。有些考生对这些作文提示审察不够，加上未认真分析材料，于是便给自己的文章写上这样的题目：《齐心协力，抗洪救灾传捷报》，并详细记叙他平时看到的抗洪救灾的有关事迹，把议论说理变成了写人记事。文章尽管写得不错，也是不符合作文要求的，因为作者写错了文体。有的则把文章的标题定得又大又长，如《论中国的官僚主义》、《从阴差阳错到先进的评定再看领导干部办事的作风》，前者不是800字左右的文章能够论及的，后者语意复杂，句式冗长，不是应试作文恰当的题目。所有这些拟题上的毛病，除分析材料不够、思路不清、缺乏拟题常识外，未仔细琢磨作文揭示也是一个因素。

三

文章的题目与所用的文体有联系，就像演员的衣着打扮要体现出剧种的艺术特色那样，供材料作文的题目，任何时候都不能忽视文体特点。

以议论文为例，这种文体由于它着重议论说理，强调以理服人，文章的标题就有特定的用途，或是用它直接揭示中心，如：《反对自由主义》、《要做改革的促进派》；或是用它去概括文章的写作范围与主要内容，如：《中国社会各阶级的分析》、《关于反对资产阶级自由化》；或是用它去提出问题，引导人们思考，如：《青年人应如何看待学历》、《怎样看待外貌美》。

给议论文定标题，不能像记叙文那样，可以用人物（如《刘胡兰》）、事件（如《××××年劫机事件始末》）、时间（如《深夜十二点》）、地点（如《鼎湖山》）等叙事要素作为题目，既是同属一种类型的文体，如议论文中的新闻评论与思想评论，其标题制作的重点亦有区别。考生如不了解这方面的知识，把议论文的标题方式与记叙文混同，即使文章写得不错，也是违

一、写作基础

背命题要求的。所以,给文章定标题,一定要有文体感,要让读者一看标题就知道作者是写什么文体的文章,像前面说的提供材料的作文:《官僚主义要不得》、《我们需要怎样的奖惩尺度》、《注重调查很重要》、《凡事要实事求是》等题目,就拟得很好,文体感很强,论题较集中。

四

标题的类型很多,从标题构成的角度看,有用某种修辞手法构成的(如《星星之火,可以燎原》);有用某种逻辑关系组合的(如《树木·森林·气候》);有用某些固定词组建构的(如《"小节无害"吗?》、《议卡拉OK》);有用某些生活哲理提炼的(如《人生到处有青山》、《早入熔炉早成钢》);有用古诗词、流行歌曲替代的(如《为有源头活水来》、《明天会更好》)……不管作者通过什么方式制定的标题,好标题都要符合4个方面的标准,供材料写议论文的标题也不例外。

哪4条标准呢?①正确贴切。主要指标题与文章内容要吻合。具体到写供材料的议论文,就是要使标题能概括材料的内涵与本质,并做到题文相符。②简洁深刻。即用简明扼要的语言去表达丰富、深刻的内容。正如恩格斯所说:"简单的意味深长的句子,易于为人理解,深印在意识中变成口号。"给文章定标题,应力求简洁与高度概括,这样,读者才记得住,留下深刻的印象。③醒目突出。和要指作者所拟的标题倾向鲜明、引人注目。一般来说,凡确切简洁的标题都是醒目突出的,因它反映了文章的内容,句式简短,意思明显,读后令人经久难忘。④新颖生动。主要指标题不落俗套,阅读后能给人产生新鲜活泼、生动有趣的感受。这4方面互相联系,又各有不同的要求,拟题时,要把它们结合起来考虑,文章的题目才定得更好。

从三方面去考虑议论文的标题

题目是文章的"眉目",是一篇文章的有机组成部分。题目拟得好坏与否,直接关系到文章主题表达的优劣。

究竟应该怎样拟好议论文章的题目?我认为有三个方面是必须考虑到的。

首先要明确文章的主题。因为标题是反映文章主题的,如主题模糊,拟好题就是一句空话,更谈不上题文相符。1905年,列宁写了一篇为《社会民主党与农民革命运动》的文章,后来他把标题改为《无产阶级与农民》。什么原因?据列宁说,主要是明确了文章的主题。因为这篇文章是说明马克思主义关于工农联盟这一思想的,所以用修改后的标题更适合文章的内容。毛泽东同志也说过:标题要有内容,意思就是要从主题出发,做到题文一致。这些都说明,明确文章的主题,是拟好标题的关键。

其次要掌握议论文的拟题特点。一般来说,标题与文体本身特点是有联系的。如新闻报道是用事实说话,拟题时就要摆事实,让人一目了然。议论文章一般是讲道理,标题就要直接揭示主题思想,直接提出问题。当然用形象的语言去暗示主题,也是需要的,但也要用得适当。

最后要研究标题艺术。文章的标题虽然种类多,各种文体的标题又各有特点,但它们也有共同的要求,那就是:恰切、鲜明、简洁、新颖。比如要论述办一件事必须有坚持到底的精神,文章拟出两种标题:一是《贵在坚持》,一是《没有坚持到底的恒心去指导实践,难以办成任何一件事》。你说那一条标题好?当然是前一条。因为它恰切、鲜明、简洁,后一条就不够简练。同是这样的内容,假如写出《做什么事都要有恒心》和《世上无难事,只怕有心人》这两种标题,那么后者就要比前者新颖一些。所以拟题要讲究艺术性。当然强调标题艺术,并不是要求每道题都要四者兼备。事实上恰切是前提，起决定作用，在恰切的基础上，力求把标题拟得鲜明、简洁、新颖一些。一条标题好不好，应该拿这个标准来衡量。

"文不对题"种种

有一年高考,作文是自拟题目写一篇议论文。从阅卷情况看,大部分考生能按命题要求,针对试题中提示的两段话的内容,拟出与中心紧密相联的题目,写出题文一致的文章。但也有一些考生未能这样做,写的文章"文不对题"。

究其原因,与学生未吃透试题中两段话的含义就匆忙拟题作文有关。我们知道,题目是反映文章中心的,如对试题提供的两段话没有真正理解,想确立论点,拟出反映文章主题的题目,就是一句空话。例如,一个考生认为作文方面出现的问题主要是学生和老师双方"懒怠"造成;另一个考生则认为是"曲折"不够的缘故,为此他们给文章分别起了"要克服懒怠情绪"及"不要怕曲折"的标题。虽然,文章内容与题目相符,但因为它偏离了试题中两段话的真正含义与命题要求,所以写出来的文章仍然文不对题。

另一方面,不会扣题作文也是造成文不对题的一个原因。有些考生虽然能理解到试题中的两段话,拟的题目也很好,但写作时却逐渐偏离题目,结果文章内容与题目对不上号。如《观察生活是作文之本》,这个标题角度小,抓准了两段话的内容,可是作者没有围绕观察生活、积累材料与作文的关系去分析论述,在文章中大谈审题与评改的重要性,这样就使文章内容与题目脱节,犯了文不对题的毛病。

缺乏拟题知识也是造成文不对题的一个因素。议论文的拟题与文体本身特点相联系,特别是篇幅较短的议论文,往往一事一议,决定了它的标题要直接揭示中心,论题要准确、鲜明。有的考生却相反,拟的题目含糊、空泛、架子大、含义多,这就很难做到文题相符。比如:《欲速不达》、《精华》、《二叹》,从题目看不出作者的鲜明观点,难于使题目与论述结合。《小议两位师生这两段话》、《作文》、《纸上的话》,此类标题的弊端在于不具体,较空泛,不容易做到题文一致。《论中学生的作文》、《论怎样写好文章》、《谈内因与外因的结合》,题目完全是大文章的架势,叫短文章怎样去论证好题旨?《加强积累,勤于读书,认真总结》、《仔细观察,重视缺点,勇于改革》、《打好基础与改革教学》这类题目,不但论述的角度大,题目不简洁,而且因为它是多层论题,行文稍不留意,就会造成不对题。这样的题目也是不足取的。

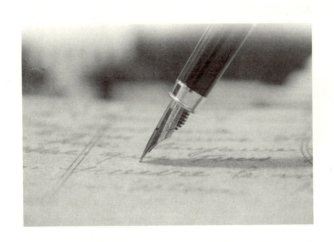

四两拨千斤——写作老师教你如何提起笔

漫谈命题作文中的审题

命题作文是常见的一种考试形式。它要求考生在规定的时间内，根据命题所规定的范围、内容及体裁去立意、选材、行文，绝不能随便越"雷池"一步。由于这种作文方式对考生限制严格，考生只能在命题者所供条件及划定的框框内被动写作，为此，有人把命题作文方式称为"戴镣写作"。

"戴镣写作"是件苦差事。考生既要遵守一定的写作规范，又要想法写出符合要求且有新意之作，并非易事。它需要在各方面作出努力。其中，掌握审题要领，善于审题是一个关键环节。

所谓审题，顾名思义是审辨和考察命题的写作范围，内容重点及体裁等。它是命题作文开始的重要一步，是作文成败的重要因素。一个人如不会审题或审题不当，就会在写作中造成偏题或离题，使作文失败。

审题牵涉的内容和方法很多。大体说来，有5个方面是必须注意的。

首先，要善于抓住写作的"重心"，想法弄清限制范围。有许多命题的题目，特别是直言其事的，其写作"重心"往往通过一个关键性的词或词组体现出来，其余的词组围绕着它，起修饰或限制作用。审题时如能认真分析命题的词语结构，抓住这个关键性的词或词组，然后再弄清楚它的修饰、限制成分，就能明确文章的重心及限制范围。

比如《新时期的弄潮儿》一题，其关键性的词是"弄潮儿"，是命题的重心。因为，题目由偏正词语结构组成，前面的"新时期"是用来修饰、限制"弄潮儿"的，没有前面的词，"弄潮儿"失去了表述对象。它们之间，既互相联系，又体现重点。假如我们在审题时能充分认识"弄潮儿"的象征比喻意义及内涵，又能抓住"新时期"去考虑问题，挑选材料，则文章

一、写作基础

的写作"重心"及取材范围也就明确了。

其次,要认真分析命题的比喻象征意义,深入了解命题的要求。有些命题,只有一个词或词组。如《路》、《爱》、《浪花》、《脚印》、《航标》、《窗口》、《钟声》等,但却蕴含着深刻的比喻象征意义,暗示着命题旨在考查学生审题能力的要求。碰到此情况,审题时一定要结合现实抓住命题的比喻象征意义,大胆联想,用实际生活中的具体、典型的事例去引申和发挥命题的内蕴,这样,才能符合命题的要求,不至于偏离命题的方向。

以《喜雨》为例。审题时如光从字面上去解释,就会得出"喜逢降雨"的简单结论。若用它去命意作文,就有可能就事论事,把文章写成一种常见的自然现象。这样写当然也可以,但是命题的含义和范围显然不囿于自然现象而广及社会生活的。如果抓住"喜雨"的比喻象征意义,联系现实社会现象去思考想象,我们就会发现许多可供"喜雨"引申和发挥其意义的事例。如有的考生把党的十一届三中全会以来的农村政策在农村的贯彻,比作下了一场及时雨,给广大农村带来了蓬勃生机,使广大农民欢天喜地。这样审题立意,就准确抓住了命题的要求,而和命题者"心有灵犀一点通"了。尽管"喜雨"这个词的比喻象征意义很多,现实中可供它引申和发挥、联想与想象的事例不少,但这位考生能结合实际及命题要求去分析和引申其内蕴,并做到"切至为贵"(刘勰语)这样审题,是非常难得和值得我们参考的。

再次,要深入体察材料或漫画的内涵,设法寻找与命题的沟通点。有的作文试题,既有命题题目,又有文字材料或漫画,要求考生针对所供材料的内容及漫画的意思去扣题写作。面对这种形式,审题时除认真阅读材料,详细观察漫画,结合现实积极思考命题意图外,很重要的一点是要找出材料或漫画展的内涵,并用它去作为沟通题意、提炼中心的依据。

头几年,某省考试提供了一则文字材料(大意是:随着改革

四两拨千斤——写作老师教你如何提起笔

开放的展开,不少单位和个人出现了滥用观点更新的现象)与5幅漫画(漫画的题目是"更新观念",5幅漫画的文字说明分别是:①一个和尚挑水吃;②两个和尚扛水吃;③三个和尚……④聘用退休工人;⑤……照样有水吃)要考生以《简评观念更新》为题写篇议论文。按材料与漫画的内容,一些人趁改革开放,搞的所谓观念更新是应该抨击和加以划清界限的。因为"他们把政治学习的时间用来游山玩水;以大工业分工较细为由去扩大机构,增加科室与干部",还美其名曰:观念更新。甚至"将平时的生活、娱乐习惯的变化也说成观念更新"。其实质与漫画所讽刺的三个和尚宁可坐在那里等水喝,也要"更新理念"、"聘个退休工人来挑水"是一样的。材料与漫画的内涵互相补充,显而易见。用它去思考命题,就能找到沟通点,并理解题意。可是,不少考生作文时由于没认真阅读材料,观察漫画,对其中的内涵与命题缺乏深入思考与分析,结果造成文章的说理完全脱离了材料及漫画的内涵,有的甚至把材料与漫画中应讽刺和抨击的内容当成正确的东西来加以肯定。这些,都是在审题时未把材料与漫画的内涵与命题结合起来思考、沟通、提炼造成的。以后,凡是碰到这样的作文形式,审题时要十分注意。

又次,要仔细辨析命题的标记,把握好体裁特点。有不少命题,本身含有明显的标记,许多以特征词的形式出现。审题时,如能结合起来考虑,可帮助我们明确所写内容及文章体裁。

例如:《秋色赋》、《木棉赞》、《记一次难忘的活动》、《北京访古》、《秋游白云山》等,题目本身就含有赋、赞、记、访、游等特征词,此类命题显然是要人们去写记人叙事的文章。因为命题的字面义与一定的人物、事件、场景和物体相联,直接或间接地说明了"做什么"和"怎么做",这些内容,只能用记叙的体裁去写。

有些命题,如《"精神文明"论》、《说"勤"》、《淡"风气"》、《"不拘小节"》、《析"美"》、《驳"亡国论"》、《看影片

一、写作基础

"焦裕禄"有感》等,常常带有论、说、谈、评、析、想、驳、感等字眼,此类命题显然是要人们去谈论问题、评论事非、阐明事理、表明态度的,一般要用议论文的体裁去写。

还有一些命题,如《个人和集体》、《我们不能向钱看》、《为中华之崛起而读书》、《苦与乐》、《要做改革家》等,尽管题目没有前面所说的标记,但它向作者暗示了两方面的写作内容:一是涉及了抽象的道理,二是表明了一种思想观点。按议论文写作的范围及文章中心与标题的关系去分析,此类命题一般要用议论性的体裁去写。

最后,要结合作文的特定要求,进行全面的思考和审度。命题作文除题目外,一般还会规定具体的作文要求或条件,比如写作范围、内容重点、文章体裁、篇幅字数、文章格式等,审题时都要把它们结合起来进行总体思考,否则,容易出现失误。

比如某省有一年考试,要求写篇《步步高》的记叙文,作文要求说得很清楚:"要反映改革开放的现实。"不少人由于对这一特定要求不留意,结果使所写内容有出入,比如:家庭生活日益改善、工作效率不断提高、个人进步逐渐加快等,尽管文字组织得很好,但却违反了命题所规定的取材范围——改革开放的现实,仍然是不足取的。

几年前某省作文考试,用间接命题方式提供了古人说的一句话:"君子之交淡若水,小人之交甘如醴",要考生根据这句话,联系现实,自拟题目写篇议论文,着重谈人际关系问题。不少考生对作文重点及写作范围视而不见,所选材料不是围绕现实中的人际关系,而是在文章中考证此话的来源、古时君子与小人的标准、什么是醴,等等。这样写,即使论据充分,论证严密,立论在理,也不是命题要求所需要的,因它偏离了作文的特定条件。所有这些,都要引起我们的充分注意。

四两拨千斤——写作老师教你如何提起笔

要写出文章的节奏

清人刘大櫆在《论文偶记》中说:"文章最要节奏。"现代美学家朱光潜也指出:"阅读节奏极强的文章可以给人以美感享受。"因为语言表达上的轻重缓急、句式的长短变化,乃至语调的选择安排,也是作家们追求的形式美之一。举例来说,邓小平同志在《坚持党的路线,改进工作方法》一文中有这样一段话:

开会要开小会、开短会,不开无准备的会。会上讲短话,话不离题。议这个问题,你就对这个问题发表意见,赞成或反对,讲理由扼要一点,没有话就把嘴巴一闭,不开空话连篇的会……总之,开会讲话都要解决问题。

这段话围绕开短会来阐述不但句子短,口语化,而且读起来朗朗上口,语调有力、节奏感强,像这样的文字在文章中大量涌现,是充分表现了语言上的节奏美的。

文章可以通过语言声音去构成节奏,这是外在的美,但文章还存在着一种更为重要的内在节奏——内在美。正如散文家曹靖华所说:"文章章节内容的巧妙组织与安排,即运用结构上的起承转合、疏密缓急去造成文章的起伏变化,布局上和回环曲折,这种内在的节奏才是最好的。"杨朔的散文《荔枝蜜》就是如此。作者为了使文章层次显露、跌宕起伏,在布局上采用了欲扬先抑的手法,把感情起伏变化过程表现得很有节奏。文章先是"每逢看见蜜蜂,感情上疙疙瘩瘩,总不怎么舒服",过后是"不觉动了情,想去看看自己一向不大喜欢的蜜蜂"。当他了解到蜜蜂的可贵品格后,"心里又不禁一颤",情不自禁地赞叹起小蜜蜂来,最后竟梦见自己变成一只小蜜蜂。文章由远及近,由物及人,由感性到理性,张弛开阖、抑扬顿挫,定于变化,很有节奏,使人读后感到特殊的魅力。像这种节奏单靠声音是代替不了的,它必须通过一定的方式去安排,要么体现作者感情的起伏

一、写作基础

变化、要么再现事态的发展波澜。总之，在结构布局上形成一种整齐而有变化的美。初学写作的人往往不太注意这一问题，因此所写的文章总是非常单调平淡，不但在语言运用上不能形成，就是在结构布局上也因缺乏巧妙安排而使文章失去节奏，从而影响了文章的艺术效力。所以我们要重视节奏问题，想办法写出文章的节奏来。

四两拨千斤——写作老师教你如何提起笔

变难为易,写好文章

任何人写文章都会碰到有难于下笔的时候,特别是在材料不足或立意不明的情况下,更是这样。

郭沫若是创作经验丰富的戏剧大师。1936年他曾打算把高渐离筑击秦始皇的故事写成历史剧,通过反映秦国人民对秦始皇统治的反抗,去表达当时广大群众对蒋介石法西斯统治的强烈不满。当他把剧中的事件、场景,以及各种人物关系构思好,准备动笔写作时,却被材料不足的问题难住了:高渐离用来击秦王的筑究竟是什么样子?在当时有什么作用?作者还是不甚了了。正如他所说:"当时因筑的形制无法考定而难以下赋。"后来为了按历史真实写好剧本,他用了7年的时间去调查,研究历史文献与古画。当明确了筑的形制,对剧中人物所使用的物件有据可依了,到1942年他才把《高渐离》(原名《筑》)剧本创作出来。

诗人刘章写《香溪》诗也是这样。香溪是昭君的故里,因昭君而出名。前人曾写过不少歌咏昭君的香溪诗。杜甫早就有"群山万壑荆门,生长明妃尚有村……画图省识春风面、环佩归空月夜魂"的诗句。刘章敬仰昭君,喜欢香溪,曾想写篇香溪诗。可是当他提笔作诗时,却犯难了,原来作者对香溪没有获得新鲜的诗意,所构想的都是他不愿写的与人诗意雷同的句子,加上有许多类似杜甫这样的香溪诗在,他感到难以下笔。"那情景就好像当年的托尔斯泰读了俄罗斯著名作家屠格涅夫写得很好的《猎人笔记》,碰到相同的写作题材而难以下笔那样。"诗人搁笔了许久。但作者始终不放弃写诗的念头,后来他亲自到香溪,决心从生活中寻找新的诗意。经过观察,他发现昭君的出生地,不像某些诗所说的金山玉树的仙境,它只不过是普普通通的村子。在那里,有许多美丽的姑娘艰难地度过坎坷的一生,她们很少被人注意,唯独昭君在村上得诗最多。"倘若不入汉宫去,谁为村

一、写作基础

姑论短长"。触景生情,作者从生活中找到了新的诗意。他把这些感受谱写成篇,终于写出含义深刻、耐人寻味的《香溪》。

　　这些例子都说明:任何人都会碰到难于下笔的时候,但是不要紧,关键是否能对症下药,不断努力,下决心扫除写作中的障碍。就像郭沫若与刘章那样,结果是可以变难为易,把文章写好的。

　　许多初学写作者,写作时一旦碰到问题,便难以写下去了。他们不去分析问题的症结所在,以及解决问题的办法,便畏难止步,这是很难提高写作水平的。

四两拨千斤——写作老师教你如何提起笔

文以质取胜

《唐诗纪事》记载着这样的史实：一次，祖咏参加题为《终南山望雪》的考试，主考官规定至少要写四韵八句，而他只写了四句："终南阴岭秀，积雪浮云端，林表明霁色，城中增暮寒。"主考官见状，要他重写，他不愿增添一字。后来同他一起应试的诗，一首也未流传下来。唯这四句，因诗意好而赢得了许多人的赞颂。不少人常借此去说明：诗词创作，要以意为主，讲究质量，这样才能取悦于广大读者。

其实，何止诗词，一般的文章写作也应如此。举徐迟报告文学《在湍流的涡旋中》为例。一开始，作者用了23000多字的篇幅去写科学家周培源从20世纪30年代起至70年代的动人事迹。文章写出后，作者还认为"颇有分量"。后来，经琢磨发现，文章写成了流水账，未能把周培源在革命涡旋中坚定不移地跟党走的精神反映出来。为此，作者对文章进行了较大的修改，最后用6000字的篇幅，把周培源几十年来为贯彻执行毛主席、周总理关于发展祖国科学事业的指示，勇于和各种逆流，特别是与江青反革命集团作斗争的动人事迹集中地表现出来。文字虽然少了，篇幅短了，但作品的质量却提高了。

我国现代女作家冰心也是这样，为了提高写作的质量，每次她写散文，总是认真构思，精心修改，直到主旨突出，文字精粹为止。《一只木屐》前后构思了十几年，初稿写成2000多字，她仍不满意。最后她删去1500多字的篇幅，只留下800多字的内容，使文章的内涵更为丰富、神韵更为突出，对此，她深有体会地说，写作任何时候都要紧紧围绕中心与人物，否则即使写得长，也没意义。读者是不喜欢看质量差的文章的。

客观情况正是这样。清乾隆帝一生写诗40000多首，篇幅相当于《全唐诗》，号称"天下写诗数量第一"。但由于所写诗词

一、写作基础

量多且乏味,没有一首得到后人的喜爱。俄国作家托尔斯泰尽管是名家,可是他写的《为克莱塞尔乐章而作》,因原文质量差,且长达 800 余页,众人还是给予否定。相反,一些不是名流之作,因善提问题,写得集中突出,能击中要害,尽管文字不多,篇幅不长,仍受到大家的欢迎,发表于 1982 年 2 月 7 日、全文只有 160 多字的《福建日报》社论——《有些案件为什么长期处理不下去》就是一个证明。

写作讲究精选材料,以一当十,精心炼意,用有限的篇幅,写更多的内容,并给人以无限的启迪,这样的文章才是有质量的,才能赢得读者的喜爱。可是,一些初学写作者却不明白这个道理,不理解写作中质与量、长与短的辩证关系,明明是简单的生活小事,偏要把它拉成长文;本来就未掌握写作材料,却要去构筑"鸿篇巨制";即使是写一般的新闻通讯、调查报告、工作总结等应用文,也动辄逾万、向长风发展……其结果,当然是伤人胃口、败人读兴,令人生厌,我们要反对这种倾向。

俗话说:"宁尝鲜桃一口,不吃烂杏一筐。"文学家鲁迅蜚声海内外后,仍很重视文章的质量,写作时"宁可将作小说的材料缩成速写,绝不将速写的材料拉成小说"。我们应像他那样,在深入生活、提高写作能力的同时,重视写作质量问题。

四两拨千斤——写作老师教你如何提起笔

怎样使段落衔接紧

　　文章是以段构成单位的。一篇文章，只有把一段一段的意思紧密衔接起来，才能圆满地表达主题。古人说：写文章"要注意过换处与过接处"。假如段落转换衔接不好，文章就显得松散，没有脉络，"一节偶疏，全篇破绽出矣。"这句话道出了它的重要性。

　　段落衔接问题既然如此重要，那么空间怎样才能使段落衔接紧呢？

　　首先要注意脉的连贯，这是一个重要方面。所谓意脉，指的就是中心内容，也可以叫做文章的主线。万东树说："文法之妙，一言以蔽之曰：意接，血脉贯结矣。"文章的段落是中心内容发展的阶段性的体现。一篇文章的中心内容不可能一下子表达出来，必须一段一段地说。哪一段先说，哪一段后说，要服从表达中心内容的需要，并把它串联各个段落。不但段与段之间要用意脉贯穿，就是一段中也不能中断或偏离中心。只有这样，才能使文章的每一段，以及段与段之间形成自然的、逻辑的联系。否则，段落会脱离中心而徒具形式。初学写作者在这方面最容易犯的毛病是：在一个段落里把几个互不联系的意思纠缠在一起，内容杂乱，脱离中心；或段落之间缺乏逻辑联系……这些都是没理清意脉并把它贯串全文所致。必须引起我们的注意。

　　其次，适当使用一些连接词或特殊段，也可以使段与段紧密衔接。连接词一般指序码词，如第一、第二、第三，首先、其次、再次……特殊段指篇幅较短的段落。例如鲁迅的《一件小事》，开头一段记述"我"从乡下跑到京城6年，耳闻目睹了许多事都没留下痕迹，反而增长了坏脾气以后，第二段接着说："但有一件小事，却于我有意义，将我从坏脾气里拖开，使我至今忘记不得。"这一段本来可以和第一段合并起来，但作者却把

一、写作基础

它当作一个特殊段，借以突出这件小事对"我"的影响。这样就发挥了特殊段的衔接作用。

　　此外，学点段的衔接技巧也是很重要的。段的衔接技巧很多，比较常见的有：顺接即后段顺着前段的意思接下去；逆接，即与前段意思相反的衔接，常用"但是"、"然而"等转折语词；明接，即意义明显的衔接；暗接，即用伏笔衔接，等等。当然要运用这些衔接技巧不是那么容易的，它必须通过学习范文和反复的写作实践才能掌握。

怎样整理散乱文章

初学写作,学一点整理散乱文章的方法是很有必要的。因为把自己由于经验不足或考虑不周而写成的散乱文章,加以修改和整理,使它成为中心突出、内容完整、条理清楚、层次分明、语气通畅的文章,不但可以提高逻辑思维能力,而且可以提高应用写作水平。

文章最主要的是中心。要整理散乱的文章,第一步的工作就要找出文章的中心来。中心找到了,再具体分析一下材料本身。如果发现所用的材料扣不紧主题或产生多中心,就得进行修改,对材料才能抓住"理乱为顺"的关键。千万不要认为这个问题无关紧要,而把主要精力放在句子和段落的调整上面。这样做的结果必然是捡了芝麻,丢了西瓜;即使句子与段落整理得很好,也会因主要问题未抓住而白费功夫。

其次,结合不同文体的特点,抓住文章的线索,认真调整层次结构,也很重要。因为,层次结构紊乱,文章的主要内容必然分散,为此在整理文章时也要注意这个问题。一般来说,不同文体有不同的结构方式,记叙文通常按时间的先后顺序或方位顺序去安排结构;议论文则由提出问题(引论)、分析问题(本论)、解决问题(结论)这三部分组成;说明文则按事物的不同性质、不同类别去考虑层次段落。文体不同,层次结构的要求也不一样。举例来说,有篇名叫《清晨》的短文,是写作者如何在清晨看到了晶莹透明、像婴孩眼睛那样可爱的露珠的。文章的层次结构是这样:①"我"在清晨飞跑出去看露珠;②由露晶莹透明的珠想起婴孩的眼睛;③清晨醒来"我"第一个想到的事是跑出去看露珠;④"我"观察露珠的情景。文章选择这样安排层次,显然不够合理,因为第一段已写"我"跑出去了,第三段就不必写"我"醒来想到的事。第二段还未写有无看到露珠,

一、写作基础

就由此想到婴孩的眼睛。行文跳跃大，既违反了记叙文按时间先后顺序去结构文章的做法，也不符合事物发展的规律，读后使人感到层次混乱。如把它的结构调整为③①④②，线索就清楚了，结构也较严谨。

除此之外，认真修改文句，删除多余的话，疏通不连贯的语气，这也不能忽视。因为语言是思想的外壳，句子混乱、语气不通畅，文章内容就很难表达清楚。有些同志在整理文章时不想在这方面下功夫，这样下去是很难提高写作水平的。叶圣陶说得好："平时注意锤炼语言，文章就有可能写好。"在整理散乱文章时，我们要记住这句话。

修改文章三例

一

1937年，毛泽东同志撰写的《矛盾论》中有这么一句话："无论什么矛盾，也无论在什么时候，矛盾着的诸方面，其发展是不平衡的。"这句话从语法、修辞的角度看，是无可指责的。但从哲学的角度看，却不符合实际情况，它把矛盾着的诸方面有时处于平衡状态的特殊情况否定了。1952年出版《毛泽东选集》时，毛泽东同志及时地把这观点改为："无论什么矛盾，矛盾着的诸方面，其发展是不平衡的。有时候似乎势均力敌，然而这只是暂时的和相对的情形，基本的形态则是不平衡。"可见在修改文章时，观点是否正确是不能忽视的，必须反复推敲。

二

《中国的石拱桥》一文收入中学语文课本时对部分结构作了调整。原文在谈中国石拱桥取得成就的原因时写了4个方面："首先我国富有建筑用的多种石料……其次我国对石料制作的多种工艺，有极其丰富的经验……再其次我国对石拱桥的建筑技术，有种种独到的创造……再其次我国对石拱桥的设计有长期的优良传统……"修改稿调整了这4个方面的顺序，把它合并为3点："首先我国劳动人民的勤劳和智慧……其次我国对石拱桥的设计有长期的优良传统……再其次我国富有建筑用的多种石料……"作者之所以要调整原文的结构，是为了使它准确地反映出各部分内容之间的逻辑关系。我国石拱桥能取得成就，当然离不开技术、工艺和造桥的石料，但是主要的还是"劳动人民的勤劳和智慧"，因此修改稿把劳动者这个人的因素放在第一点，而物的因素放在最后一点。这部分经过调整，不但主次清楚，体现了辩证唯物主义和历史唯物主义的观点，而且层次更紧凑了。

三

早年胡乔木同志修定的《关于人道主义和异化问题》一文，原来有一个多重复句："不但为了守卫广西、云南边疆的安全，不但为了抗御洪水，不但为了同刑事犯分子作斗争，就是为了让天津的人民喝上滦河水，不也有17位解放军指战员和4位民工献出了宝贵的生命的代价吗？"文句虽然流畅有力，但意思却很不完整、确切。后来作者提出在"不但为了同刑事犯分子作斗争"的后面加上一个分句："需要不同战线上的先进分子英勇无畏的牺牲。"不加上这个分句，读者可能会误认为在守卫边疆安全等斗争实践中，只有17位解放军指战员和4位民工献出宝贵的生命。加上这个分句，字数虽稍有增多，但表达更为准确、严密了。

重视标点符号的使用

标点符号是书面语言的有机组成部分。我们在写作时，为了准确地表达文意，必须学会正确地使用标点符号，否则，就会影响文章的表达效果。

苏联作家安德烈·梭勃里曾经历过这样一件事：一次他把自己写的一篇题材有趣、文笔也很不错的小说寄给《海员报》编辑部，因不注意使用标点，致使作品的内容显得凌乱，编辑很不满意，准备把它退回去。后来一位名叫布拉果夫的编辑在不增减一字的前提下，为稿件重新标上标点符号，把一篇因标点使用不当而造成层次不清、内容散乱的小说梳理得条理清晰，并使它得以发表出来。事后作家深有体会地说：标点符号的确具有神奇的力量，它不仅能使文章畅顺，还能择准语调，使句子、文意更加明了、准确。

正因为标点符号有它特殊的功能，许多作家在写作时都很重视，并把它和书面语言一道反复推敲，循规使用。英国作家王尔德就是如此。一次，他举行宴会，宾客们早已在宴会厅等候多时，而他却忘乎所以地在书房里为一篇诗篇该不该用逗号而反复琢磨。过了许久，待王尔德赶至宴会厅宾客问他干什么去了时，他却兴奋地说：他正在做一件很重要的工作——在一篇诗稿中删弃一个逗点，后来经再三考虑，又把它改回去了。

一个逗号使用与否，王尔德也要斟酌再三，由此可见作者对标点的重视。实际上，标点符号不管是哪种类型，随着其特定的性质、位置与作用不同，使用也不同。有时，同样一句话，使用不同的标点，其表现出来的意思与效果都有差别。毛泽东同志的《菩萨蛮·黄鹤楼》，1957年1月在《诗刊》发表时："黄鹤知何去，剩有游人处。把酒酹滔滔，心潮逐浪高。"过了一年，毛泽东同志在原诗的基础上，把第一句词末的逗号改为问号，第四句

一、写作基础

词末的句号改为感叹号。仅两个标点的更动，就使词的内涵与效果大为不同。"黄鹤知何去"，原词的逗号只表示停顿，一般地写黄鹤不知飞往何处。改问号后，作者联系上阕的内容，把耐人寻味的问题引人注目地提了出来，既加强了语势，又为下文的作答提供了前提。这与使用逗号的效果是不同的。"心潮逐浪高"，作者看到虚妄的神话不知去向，而劳动人民却实实在在留传至今，成为吸引游人的好去处，举杯面对奔腾不息的大江，心中不禁升腾起高过滚滚江涛的革命热潮。原词的句号，写到这里表示意思终结。改为感叹号后读者好像看到作者因滔滔大江而激起的革命热潮在起伏跌宕、奔腾不止。其借古喻今、雄抒怀的宏伟气势及强烈的思想感情，远非句号的停顿所能比拟。

郭沫若说过："标点之于言文同等重要，有时甚至还在其上。言文而无标点，在现今是等于人而无眉目。"联系一些初学写作者，不注意标点符号的正确使用，在文章中乱用或滥用标点，致使文章层次混乱、毛病百出，我们应从中受到一点启发。

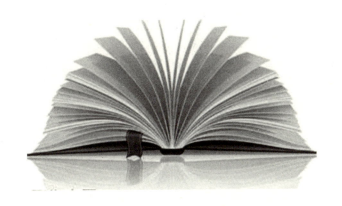

二、语言应用

怎样提高语言运用能力

孔子说:"工欲善其事,必先利其器。"(《论语·卫灵公》)要写好文章,必须先过语言运用关。因为,任何文章都是靠语言来支撑、充实和装饰的。语言是思想的外衣,不懂语言、不会运用语言,难于写好文章。就像作画者没有线条与色彩、谱曲者不懂声调与旋律难于画画与谱曲一样。

那么,作为初学写作者,怎样才能学好语言,并尽快提高语言运用能力呢?有四方面的要求是必须做到的。

经常做语言的特别"体操"

苏联作家法捷耶夫认为:"要提高语言的运用能力,就应当经常做一种特别'体操',练习构造各式各样的句子。"因为"语言是有筋肉组织的,经常做语言的'体操',就可以发展这种筋肉组织"。

这是很有见地的经验。我们知道,句子是组成文章的骨干,"夫人之立言,因字而生句,积句而成章",所谓文章的语言,最基本的是遣词造句的功夫。一个人遣词造句的能力高低,直接关系到表情达意的好坏。"创意造言,密不可分",古人的话与法捷耶夫的说法是一致的。

我们看那些有突出成就的语言大师。他们都是在这方面做过

二、语言应用

许多艰苦的探索和训练的。在运用语言时,他们不仅力求选词用字的高度准确,而且十分注意从多方面去练习构造各种句子。托尔斯泰就是这样。据说,他死后很多研究者发现他的笔记本写满了很多东西,这些东西即不像日记,又不像文章草稿。经多方探索,才弄清原来是托尔斯泰在做语言的特别"体操"。比如:"后悔"这个词,他构造了"决不后悔"、"没有后悔"、"是后悔的时候了"、"后悔得连东西也吃不下"、"后悔得睡不下觉"……朱自清也是如此。有一次,他为了不用人们用惯了的沉闷句子,光是考虑"楼上正中有一间大会议厅"这个句子,就前后琢磨了四个不同的句型:"楼上正中是一间大会议厅"、"楼上正中有一间大会议厅"、"一间大会议厅在楼的正中"、"楼上正中一间大会议厅",通过比较,决定用最后那一句,认为它简洁而不落套。鲁迅在回答青年"文章应怎样才能好"时,也说要多看与练习,此外,没有其他办法。可见,著名作家是很重视这个问题的。

文似看出不喜平,语言表达也一样。它最忌死板、老套、滞涩、无趣。假如我们平时注意练习构造各种句子,一个意思能从多方面去表达,那么写起文章来就会顺手得多,也可进一步增强文章的丰富性和生动性。但是初学写作者往往不太重视这个问题,认为这是小学生做的事,不愿做这个基本功,结果写起文章来总是老一套,语言干瘪、枯燥乏味,所以我们要记住法捷耶夫的话,遵循语言规律,经常从语法、事理方面去考虑构造各种句子。身体要经常锻炼才能健康,语言也要坚持"做体操"才能提高,这个道理是共同的。

广泛积累词汇,准确辨析用法

要提高语言运用能力,初学写作者还要重视词汇的积累问题。以前曾听过这样一则笑话,说有一位说快板的人,有一天来到一间珠宝铺前卖唱:"打竹板,迈大步,眼前来到珠宝铺。"

四两拨千斤——写作老师教你如何提起笔

没等他唱下去，主人便打断他说："这不是珠宝铺，是估衣铺。"唱快板的人一听忙说："你最好还是开珠宝铺，我的快板词中没有估衣铺。"为什么唱快板的人，明明面对估衣铺却要唱成珠宝铺，因为他未掌握估衣铺这个词。这虽然是一则笑话，但它说明：一个人平时如不注意积累词汇，想通过语言去准确地反映客观事物是不可能的。

中国的语言非常丰富，客观现实生活中随便举一个例子都可说明反映客观事物的语言异常丰富多彩。比如刮风下雨，这是人人都遇过的，但是反映风和雨各种情景的词就有细风、和风、微风、轻风、凉风、大风、朔风、春风、秋风、狂风、暴风，细雨、大雨、暴雨、急雨、骤雨、山雨、斜雨等。假如平时没有掌握这些词及其用法。碰到刮风下雨，你就只能说"这风真猛、这雨真大"，再也说不出别的词儿了。想让你写出在不同情况下风雨的特征，就很困难。

与此同时，我们还要认真辨析各种词语的含义。特别是那些意思相近的词语，运用时更要精心区别和选择。法国大作家福楼拜说过这样一段话："我们所要表现的东西，这里只有唯一的字眼可以表示它：说明它的动作的，只有唯一的动词；限制它的性质的，只有唯一的形容词。我们一定要搜求这唯一的名词、动词和形容词。直到找到了它们为止，只是发现了近似的字眼，是不能满足的。而且不能以为这事困难，就马虎了事。"客观事物是非常复杂的，事物之间又存在着千差万别的特征，我们要准确地反映事物，就要在广泛积累词汇的同时，注意辨别各种词语的用法，只有这样，才能用好语言，提高语言运用的能力，进而写好文章。

以鲁迅先生在《药》里写黑的人把人血馒头交给老栓时的一段话为例："黑的人便抢过灯笼，一把扯下纸罩，裹了馒头，塞给老栓；一手抓过洋钱，捏一捏，转身去了。"这里接连用了七个动词，分别表示了人物的不同心理状态。"抢、扯、塞、抓、

二、语言应用

转",这五个动词,突出揭示了黑人的粗暴与急迫的心情;"裹",表示了黑人的残忍和粗莽;"捏",表示了他对金钱的贪婪。这些动作与华老栓的踌躇相对照,更反映了老栓的忠厚懦弱,也把当时那种阴森森的气氛作了很好的渲染。要是鲁迅没有掌握这些动词及其用法,他是不可能写出这一段内涵丰富且有人物特点的文字的。初学写作的同志应该从中受到启发。

要重视语言文字的修改

要提高语言运用能力,还必须在写作过程中,重视文章思想内容的提炼、修改的同时,注意语言文字的修改。

"语言是思想的直接现实","是文学的主要工具,它和各种事实、生活现象一起,构成了文章的材料。"高尔基的话告诉我们:文章的材料(内容)必须仰仗语言才能反映出来,语言文字有毛病,想准确地表达思想内容就是一句空话。"一字乖僻,全篇震惊",文章因个别字和词用得不好而影响全篇的现象不是没有的。所以,我们要在搞好文章思想内容修改的同时,认真搞好语言文字的修改,这既是全面、准确地反映客观事物的需要,也是提高语言运用能力的途径。

俄国作家契诃夫说过:"写得好的本领,就是删掉写得不好的地方的本领。"鲁迅也曾把"写完后至少看两遍,竭力将可有可无的字、句、段删去,毫不可惜",作为一条重要的写作经验介绍给广大青年,所有这些,都说明历来的文章家都很重视语言文字的修改问题。

要搞好语言文字的修改,除前面所说的要认真分辨种种词语在不同场合的用法,力求得准确、恰当外,还应注意文句的通顺、简洁、生动。这是很重要的方面。句子是文章的骨干。所谓文句通顺,指句子构造符合语法规则,符合民族共同语言的习惯。文句简洁指不啰嗦,不重复,不说废话。文句生动指能运用各种修辞手段,使句子新颖、活泼,句式富于变化。刘勰说过:

"夫人之立言,因字而生句,积句而成章,积章而成篇。篇之彪炳,章无疵也;章之明靡,句无玷也;句之精英,字不妄也;振本而末从;知一而万毕矣。"(《文心雕龙·章句》)这里全面讲了字、词、句、章的关系,强调了遣词造句、语言修改的重要性。有些人不懂得这点,以为字、词、句是小事,用不着花那么大的功夫去推敲、修改,这样怎么能提高语言运用的能力呢?

郭沫若是文章大家,他在写历史剧《屈原》时,为了把婵娟指斥宋玉的一句话:"你是没有骨气的无耻文人"改成"你这没有骨气的无耻文人"光是考虑"是"字的修改,就花了几个晚上。后来听了别人的建议,才把"是"字改成"这"字,使婵娟的话更有分量。有成就的作家倘且如此重视语言文字的修改,作为初学写作者,更不能忽视这个问题,否则,想用好语言,提高语言的表达能力,就是一句空话。

注意向生活学语言

要学好语言,提高语言的运用能力,很重要的方面是经常向生活学习语言。英国诗人渥兹华斯说:"最好的语言本来就是从最好的外界得来的。"(渥兹华斯:《抒情歌谣集》序言)外界,就是客观生活。从某种意义来说,生活是写作的源泉,亦是语言的源泉。

杨朔在他的著名散文《茶花赋》中,曾用"水瘦山寒"去概括北方冬末春初时节的山水,许多人看后都赞他用语准确、新鲜。他说这个词是从生活中学来的。北方的冬天,水流量少,造成河面狭窄,远远看去,水的确很"瘦"。受气候影响,山上草木凋零,山也像没穿外衣似的给人的感觉是"寒"。要是杨朔没有认真观察生活,对北方冬季的山水特点不了解,他是断然写不出这4个字来的。它说明,语言的创造与运用,任何时候都离不开生活,离不开作者对事物的正确认识。否则,就会像老舍说的那样,"只能写些'柳暗花明'、'桃红柳绿'之类,想避免人云

二、语言应用

亦云的话语是不可能的"。

　　向生活学语言,首先要向生活的主人——人民群众学习。人民创造了世界,同样也创造了丰富的语言。人民群众的语言是一切语言的主流。"人民的语汇是很丰富的,生动活泼的,表现实际生活的。"(毛泽东《反对党八股》)我们有些人的语言之所以枯燥乏味,像个瘪三,颠来倒去总是那几个词儿,就是因为和人民群众接触少。相声《卖黑布》里有一个情节,说卖布小贩为了吸引和招徕买布者,要人们用形容词去夸赞他的黑布,凡说得好的就送一块布给他,结果围了许多人。有的说那块布如墨黑、漆黑、焦黑、油黑,有的说那块布真黑、好黑、特别黑、黑得不得了。说法多种多样,形容各不相同,没有一个符合卖布小贩的要求。最后大家还是听卖布小贩这样叫卖:"你说怎么那么黑,胜过锅底黑,气死猛张飞,赛过黑李逵:东山烧过炭,西山挖过煤。"众人听后都赞这个小贩说得好。尽管这是相声,但也说明,人民群众的语言是富有表现力的,只要我们多和人民群众接触,熟悉他们的生活,就可以学到许多生动活泼的语言,并提高语言运用能力。

　　与此同时,我们还要向典范性的文章和文学作品学习语言。好文章和好作品是语言的教科书。凡是优秀的文章或作品,它的语言都是在全民族语言的基础上,经过作家们精心加工、认真提炼而成的。比如毛泽东同志的文章,语言准确、精练、新鲜而又生动活泼。我们学习他的文章,同时也学习他的典范性的语言,对我们提高语言运用能力,有很大的帮助作用。写于200年前的《红楼梦》,不但思想、艺术价值高,而且其语言运用也有许多值得我们采撷的精华。所有这些的学习,对丰富我们的语言宝库,增强语言运用能力都大有裨益。

　　宋代欧阳修在《醉翁亭记》中,用一"翼"字就把醉翁亭的造形写出来,("有亭翼然,临于泉上者,醉翁亭也。")并给人以生动、新鲜的感觉。原因何在?除了作者熟悉生活、了解醉

四两拨千斤 ——写作老师教你如何提起笔

翁亭外,还与他善学前人的词汇、成语、典故以及表达语言的方式,理解与掌握了"翼"字的确切含义,并善于活用大有关系。"翼"原指鸟的翅膀,一般作名词解,欧阳修把它作为动词,用它去表现亭檐翘起的形态,增强亭的动态感,这不能不说是作者的一种创造。古人向生活学习语言能作出这样的成绩,初学写作者,只要坚持不懈,按照上面的要求去做,语言运用能力也一定能得到提高。

二、语言应用

要写出新鲜语言

一些初学写作者认为,在文章中要写出新鲜语言,关键是多积累词汇,词汇丰富了,新鲜语言就会自然地创造出来。为此,他们很注意在积累词汇上下功夫。

这种做法当然有对的一面,因为词汇积累丰富,可以有更大的余地去挑选与运用与事物含义相近的语言,语言创造的潜力也较大。但是,如果单从量的方面去考虑词汇积累,不把重点放在真正理解与掌握词的确切含义及其使用上,要想把积累的词汇化作新语,锤炼出富有创造性的语言,那是不可能的。其结果就会像老作家冰心所说的那样:"空有许多词汇积木,到头来照样摆不出好看的东西出来。"

俄国文豪契诃夫当年创作以女主人翁杜莫娃为题材的作品,为了题目他推敲了好几个。一开始他取名叫《一个故事》,后觉得太一般化,不新鲜,便将它改为《庸夫俗子们》,又认为这个题目太露,不含蓄,没有特色,又改为《伟大》,还是不满意,想了许久,才把它改为《跳来跳去的女人》。这个题目,把主人翁杜莫娃好动、轻浮、不扎实的性格特征,画龙点睛地概括出来。与之前想的题目比,既准确又新鲜。如作者不熟悉所写的人物,不掌握文学作品的特点,不认识与理解"跳来跳去"这个词的含义,契诃夫是不会用这个题目去作为书名的。

因此,掌握词汇后,做词的有心人,及时捕捉发现事物特征,确实十分重要。因为新鲜语言的创造,总与一个人的观察、认识能力联系在一起,对一定的事物与情景有独到的感觉与表现,作为它的表现形式——语言,一般会较为新鲜。

现在,随着社会不断改革,有许多新的生活、新的事物需要我们准确而生动地给予反映。如果光从量的方面去掌握现有词汇,而不是按上面所说的那样努力,要想努力创造新鲜语言,恐怕是困难的,这要引起人们的注意。

认真锤炼简洁的语言

语言简洁就是以相对俭省的文字传递尽可能丰富的内容信息，古人所谓"用语贵乎精要"，做到"文约事丰"，言简意赅，指的就是语言要简练。

俄国有个老编辑家奥里明斯基，人们攻击他，说："凡文章经过他修改之后，光剩下标点了。"他驳斥说："我举个例子就可以证明这是诽谤。有篇文章是描写蒂威尔城示威游行的，末了说：'在游行的地方，曾来了地方警察，拘捕了8个游行示威的人。'这个句子很普遍。但不简练，譬如'地方'二字，难道在蒂威尔城来的警察，不是当地的而是卡桑的吗？其次，'在游行的地方来了'等，难道警察不来就可拘捕人吗？至于'警察'云云，除了警察之外，谁还可以捕人呢？最后'游行示威的人'云云，自然是人，不是母牛，也不是行路人。所以能留下的文字仅仅是'8人被捕'，其余的统统要删。虽然留下的不仅仅是标点，还有4个字，但这4个字已可以说明一切了。"这就是语言的简练。从这个故事，我们应得到启发。

语言简练，是相对于它所表达的内容而言的，如果内容空洞贫乏，则无论文字多或是少都不能称为简练。

初学写作者的语言之所以啰嗦、臃肿累赘、拖泥带水，主要有四个原因：①缺乏良好的语言习惯。一个意思，说出来是口头语，写下来是书面语，口头语有毛病，写下来的书面语也会有毛病。②没有掌握词语的用法与意义。有的人对一些词语的意义不了解，似懂非懂，用起来便模模糊糊，生怕别人不理解，而是一句话颠来倒去，语言也就不简练了。③爱写长句子。句子长，附加成分多、联合成分多，用得好，可以使句子细致严密；反之，会使句子堆砌拖沓、软弱无力，容易发生语法上的毛病。④写完后没认真推敲、修改。

二、语言应用

语言简练是思维缜密的表现。正如清代学者刘大櫆所说:"凡文笔老则简、意真则简、辞切则简、理当则简、味淡则简、气蕴则简、品贵则简、神远而含藏不尽则简,故简为文章尽境。"(《论文偶记》),语言的简练,与事物的"要害",文章的"意真"、"辞切"、"理当"、"品贵"紧密联系。思维混乱,思想糊涂,不可能写出简练文字。

怎样才能使语言简练呢?

(1) 首先,认识事物要准确、深刻。正如老舍所说:"思想不精辟的人,无从写出简练的文字。""心中没底,往往喜欢多说",一说便兜圈子,说不到点子上,文章老出现"然而","所以"的字眼,究其原因,就是未深刻认识事物。如把事物的本质抓住了,谈起问题来,一语中的,表现在语言上也就简练了。

(2) 善于提炼精辟词语。写作的艺术是提炼的艺术,语言也是这样。马雅可夫斯基说,他的每一句诗都是从几千吨语言的矿石中提炼出来的。其实何止是诗,文章的语言也是这样。假如我们在表达一种意思时,不"竭力将可有可无的字、句、段删去,不认真选择和提取内涵丰富,字数极少的精辟词语,就很难保证语言的简洁"。

(3) 注意含蓄。写文章不要把话说尽,让意思全部浮在表面,这样会给人浅薄平淡、一览无余的感觉。最好的方法是"用意十分,下语三分"。必要时,用含而不露的语言,既能增加读者的兴味,又能节省许多笔墨,收到言简意赅、言近旨远的效果。

当然,简洁不是说文字越少越好。简洁并不等于简单,也不是为了简洁而不要生动、不要优美。有时为了表情达意的需要,运用重叠和反复也是必要的。简洁的标准,要像刘勰所说:"意少一字则义阙,句长一言则辞妨。"(刘勰《文心雕龙·书记》)即内容上少一字便使意思失之完整,句法上,多了一句,对语言表达就有所妨碍。简洁到这样的程度是合适的。

四两拨千斤——写作老师教你如何提起笔

要正确使用专门化的业务术语

专门化的业务术语,是公文用语的重要部分。撰写公文,如不懂专业,不了解专业术语,那么,涉及某一专业领域的公文写作便无从下笔,弄不好,还会闹笑话。头几年我国民航客机不幸出事。有关方面在向上级报告时,写到其中一个原因:"一只鸟飞进了发动机。"领导看后认为写报告者不了解民航专业的情况,专业术语用错了。因为,不管是歼击机还是民航机,现采用的都是喷气式,在发动机前面有一个或数个提供新鲜的进气道。飞机发动时,进气道的气流速度是相当大的,即使是人,如果距离隔得近,也有可能被吸进去。报纸报道过,某机场的飞机进行地面试飞时,飞机把人吸进去,这是生活上碰到的事。所以,上面那句话应改为"一只鸟撞进了发动机",或"一只鸟被吸进了发动机"才正确。

类似这样的例子不少。某公共汽车公司向上级反映情况,说有一名精神正常的男乘客在汽车停站时强吻女司机,引起群众愤怒,认为这个男乘客的行为犯了流氓罪与猥亵妇女罪,要对他提起刑事公诉、民事诉讼并要求"精神赔偿"。报告给上级法律部门看后,指出有两个法律问题写错了。一是把流氓罪与猥亵妇女罪相提并论是错误的。因为我国现行刑法已取消了流氓罪。原有的流氓罪已被分解为强制侮辱、猥亵妇女罪(《刑法》第二百三十七条)、聚众斗殴罪(《刑法》第二百九十二条)、寻衅滋事罪(《刑法》第二百九十三条)和聚众淫乱罪(《刑法》第三百零一条)四个罪名。把两个罪合起来讲,定性错了。二是提出索求精神赔偿的提法是不懂法律。按《刑事诉讼法》第七十七条的规定,在刑事诉讼中附带民事诉讼的,要看被告人的犯罪行为是否引起对方的"物质或经济损失",如只是"较轻的精神损害",刑事诉讼法尚未规定可以提起民事诉讼,这是刑事附带与其他民

二、语言应用

事诉讼的一个重要区别。所以，要求精神赔偿，法律上不存在。像这样的情况，如不注意，就会说外行话。

专门化的业务术语，是由社会分工的具体化、专门化决定的。公文写作，是一种社会写作，它总是与一定数量的专业术语联系在一起，各个领域，如政治、经济、外交、军事领域，都有其具体的专业内容，写作时要体现这些专业内容，就一定会用到与专业有关的专业术语。

刘勰在《文心雕龙·议对》中说过："郊祀必洞于礼，戎事必练于兵，田谷先晓于民，断讼务精于律，然后标以显义，约以正辞。"刘勰这段话告诉我们，只有熟悉了本专业的情况，掌握了专业术语，应用文写作才能搞好，才能"标以显义，约以正辞"。公文的语言尽管是外在形式，但它又是表现思想内容的重要组成部分，任何时候都不能忽视。尽管专业术语会随社会生活的变化而变化，但作为本行业的情况与特点，反映在语言形式上还是较为固定的。

四两拨千斤——写作老师教你如何提起笔

重视使用统一的、规范化词语

由于公文是用来处理实务、解决实际问题、讲求实效的文体，因此，决定了它的语言必须以统一、规范化的词语作为基础。如果公文的语言各写各的，没有统一、规范的要求，势必会妨碍内容的表达，影响公务处理。具体说来，要求有三点：

（1）使用普通话语汇，不能滥用方言词语和外来词语及网络用语。

（2）不能生造令人费解的词语。

（3）使用规范化的简称。宋小春在《瞭望》周刊撰文说，有人把"上海吊车厂"省略成"上吊"，把"怀化轮胎厂"省略为"怀胎"，让人听后捧腹大笑。实际上这样的例子很多，如报刊上登的"东航"、"南化"、"西飞"、"大北"、"中行"、"一拖"、"二汽"、"五铺"、"九炼"、"上无"、"高法"等不规范的简称，比比皆是。如写进公文中会严重影响内容的表达。

公文的语言要精练，有时为达到精练的目的，要大量使用缩略语。即缩名、节略和简代的方法去构成缩略语。如"中大"、"北大"，是缩名；"复旦"、"清华"、"白天鹅"等是节略；"穗"、"沪"是简代。这些都是为适应现代生活的快节奏和其他现代化社会条件的需要而产生的，它与不规范的简称性质完全不同。

关于这方面，党政机关处理的法规文件中有严格的要求。比如："用词用字准确、规范，文内使用简称，一般应先用全称，并注明简称。""结构层次序数，第一层为'一'，第二层为'（一）'，第三层为'1'，第四层为'（1）'""公文中的数字，除成文时间，部分结构次序数，和词、词组、惯用语、缩略语，具有修辞色彩语言中作为词素的数字必须使用汉字外。应当使用阿拉伯数码。""人名、地名、时间、数字、引文准确。公文中的汉字和标点符号的用法符合国家发布的标准方案，计量单位和数字用法符合国家主管部门的规定。"

二、语言应用

早在 1998 年 12 月，国家语言文字工作委员会就在上海召开过城市语言文字工作观摩研讨会。会后提出了《关于进一步发挥城市的中心作用，全面推进语言文字工作的意见》，要求对汉字的社会应用要达到"基本规范"的目标，要求党政机关、学校要带头使用规范汉字。教育部、语言文字工作委员会联合发出通知，印发了这一《意见》，提出所有文字工作者要把学习文字规范知识、提高文字应用规范水平作为提高业务的重要方面。接着国家语委为促进我国语言文字应用的规范化、标准化，尤其是中文信息处理中语言文字应用的规范化、标准化，又下发通知，颁布了印刷魏体字形、印刷隶体字形、汉字笔顺、汉字字序（笔画序）4 项规范，严格社会用字管理，认真纠正中文信息处理中语言文字应用存在的种种混乱现象。这方面值得我们高度重视。这几年新闻侵权现象越来越多，其中一个原因与记者没有规范法制用语有很大的关系。如未经人民法院依法判决，对犯罪嫌疑人称为"罪犯"、"人犯"；律师在公安机关办理刑事案件的"侦查"阶段会见犯罪嫌疑人，其职责是了解罪名、代理申诉、控告、申请取保候审，有些记者说成是"为犯罪嫌疑人辩护"；逮捕本来是由人民检察院批准或人民法院决定，由公安机关执行的，有些报道说成是公安机关"批准逮捕"犯罪嫌疑人，或说"人民法院或人民检察院对犯罪嫌疑人执行了逮捕"。所有这些，都是没有认真学习修改后的《中华人民共和国刑事诉讼法》的结果，记者不能用法律条文规范新闻报道语言，最终会陷入不必要的法律纠纷。现在，我们实行独立审判的原则，按照这个原则，司法机关对案件进行侦查和审理过程，应不受干涉，以维护司法公正。媒介在司法机关对刑事案件立案、民事案件受理之后，如发表涉及案件的偏颇不公的言论，披露有利于某一方当事人的情况的新闻，就不同程度地犯了干预司法程序进行或影响审判的错误，本身就是侵权，按法律规定，是要承担责任的。这些例子虽然说的是新闻报道，其做法对公文写作同样有参考价值。

四两拨千斤——写作老师教你如何提起笔

规范使用适合文体需要的句式

文章的句式有许多种。从句式的组成与作用看，它有结构句型与功能句型。

结构句型有长句、短句、简单句、复杂句、完整句与省略句。它们在文章写作中，各自起着不同的作用。长句严密细致，短句简洁活泼；简单句表达的意思明白清晰，复杂句表达的内容紧凑丰富；完整句给人的感觉是各个组成部分整齐匀称，语气贯通，省略句使用时灵活机动，留有余地。

功能句型有陈述句、祈使句、肯定句、疑问句、否定句、主动句、被动句等。它们在文章中各自影响着内容的表达。

公文写作，不管采用那种句式，首先要让人感到准确、明白、易理解。有些句子，从语法的角度看，是没问题的，但它使人感到不易理解。例如：

> 大中城市要严格控制外地人员购买商品房入户，今后要把外地人员购买商品房纳入当地城市人口机械增长计划管理。从1998年12月1日起，外省人员在广州购房入城市户口的做法一律停止。(《关于发展居民住宅的通知》)

这段话，从语法上看没错，但某些句子不易理解。①"广州购房"是指广州市区还是包括番禺、花都、从化、增城4区在内的广州地区？从这句话本身似乎两方面都可理解。②外省人员购房停止入户，本省外地人员购房能否入户呢？通知未明确讲明。像这样的句子会影响文件的贯彻执行。

公文写作除了要注意此类问题外，在表达时，还要注意用好各种功能句型，一般来说，陈述句、祈使句、肯定句、主动句等句式，要比疑问句、否定句、被动句易于理解。在公文写作中要

二、语言应用

用好这些句式,要把每一句话的表达与党的方针、政策、有关法规联系起来,不要让人造成费解或产生歧义。

除此,公文写作还要根据各种文体表达的需要,恰当地使用各得其所、各尽其妙的各种句式。具体说来,有5种情况在写作时要特别注意:

(1) 凡命令性、号召性公文,宜多用短句、单句,让人读后感到倾向明显、证据果断、势在必行。

(2) 凡说明性、论证性公文,宜多用长句、复句、整句,这样,读起来才会让人感到内容充实、逻辑严密、说理透彻、无懈可击。例如:

> 打击经济领域严重犯罪,我们党和政府的面貌将为之一新,人民的精神将为之一振,社会风气将为之一变,我们的队伍将更加坚强有力,社会主义现代化建设事业将会得到更大的发展。(中共中央、国务院《关于打击经济领域中严重犯罪活动的决定》)

这段话用了较长的复句与整句,设因推果,逻辑严密。后一部分5个分句,两组结构相同的并列分句组成,整齐匀称、内容充实、语气贯通,全面阐述了打击经济领域严重犯罪活动的现实意义,让人看后感到说理透彻、无懈可击。

(3) 凡传达性、讲话性的公文,宜多用短句、单句、散句(即句子各组成部分参差错落、灵活机动)、舒缓句(节奏从容、有力的句子),让人看后或听后感到讲话表意清楚、节奏分明有抑扬顿挫感,易听易记。例如:

> 我们现在的干部,青黄不接的情况很严重。差不多每天都有死亡的报告。北京的、外地的,开追悼会,要送花圈,每天几起,不是一起。这是一种情况。另外一种情况,现在各部也好、各机关也好,开会的时候,部

长、副部长、正手、副手,坐了一大桌,真正能做工作的,三几个人。这种状况不能继续。(陈云:《在省、市、自治区党委书记座谈会的讲话》)

此段话用的是短句、单句、散句、舒缓句,表意简洁明白,句式参差活泼,证据从容舒缓,听后易懂易记。不少座谈会、研究会、电话会等都用这些句式。即使气氛较庄重的会议,领导讲话或传达会议精神,都不宜过多使用长句、复句,不然,不利于听众领会会议精神,吸引听众开好各种会议。

(4)决定或决议性质的公文,碰到要对客观事物下定义判断其性质,或统一大家的认识以取得一致意见,宜用长句、判断句、舒缓句。这样,才能用周严的概念解释事物,判断是非,全面、科学地给事物下结论。例如:

"毛泽东思想是马克思列宁主义在中国的运用与发展,是被实践证明了的关于中国革命的正确理论原则和经验总结,是中国共产党集体智慧的结晶。"(见《中国共产党中央委员会关于建国以来党的若干历史问题的决议》)

这段话用了较长的句子,用了3个判断句。第一个判断句表述了毛泽东思想与马克思列宁主义的关系;第二个判断句表述了毛泽东思想对中国革命的重要作用;第三个判断句表述了毛泽东思想不是一个人的思想,而是党的集体智慧。这3个连续性的判断,对毛泽东思想作了全面的、科学的断定,让人读后更深刻地认识了毛泽东思想,纠正一些人对毛泽东思想的片面理解与错误认识。

(5)凡商洽性、请求性的公文,宜用长短结合、整散并用的句式,这样可以让人感到撰文者态度恳切、证据得体、表达圆满。

二、语言应用

注意使用介词结构句式

介词结构形成的句式,在公文写作中较常见。如:

"为贯彻落实《国务院关于进一步完善文化经济政策的若干规定》和财政部、国家税务总局《关于印发〈文化事业建设费征收管理暂行办法〉的通知》以及省政府《关于进一步完善文化经济政策的通知》精神,保证文化事业建设费收入按时足额入库,根据广东的实际情况,现将有关问题通知如下,请遵照执行。"(见《关于进一步做好文化事业建设费征收管理工作的补充通知》)

这段文字连续用了4个介词:"为、根据、将、遵照执行"。这种多重性的介词结构组成的句子,在一般文章中比较少见,在公文中则大量出现。

按词语知识,介词属于虚词的范围,它本身没有实在的意义,但与实词结合,却能使词语表达的意义更明确、严密。如:

发展社会主义市场经济,许多人在忘我工作。
为了发展社会主义市场经济,许多人在忘我工作。

这两句话相比较,显然是第二句话的意思更明确。第二句有了介词"为了","忘我工作"的目的就更明确。所以公文用语,使用介词去组成句子,表达的效果更好。

公文用语中常用的介词有以下几类:
(1) 表目的与原因的:"为"、"为了"、"由于"等。
(2) 表对象与范围的:"对"、"对于"、"关于"、"将"、"除了"等。
(3) 表根据、方式的:"根据"、"依据"、"遵照"、"通过"、"在"、"随着"等。

　　使用时可根据不同情况去处理，使公文的内容表达得更准确、更丰富。

二、语言应用

谈特定条件下的模糊句式

公文写作,存在着特定场合下的模糊句式,这是由一定的语言单位,在特定的语言环境下语言的准确与模糊相互渗透造成的,一般来说,语言的准确与模糊在概念上相互排斥、相互对立、相互否定的,如果使用得好,准确与模糊之间又没有绝对的界限。尤其在特殊的语言环境下,准确中包含着模糊,模糊中也包含着准确,二者是互通的。例如:

"国民经济重大比例严重失调的状况显著改变,逐步转上大体协调发展的轨道。"

按这段话的表述,"国民经济重大比例","重大"到什么程度?"严重失调"的严重情况如何?"显著改变"的"显著"怎样衡量?等,现实中没有一个精确的界限,作者也没有用其他具体的内容去表述。尽管文中用了"重大"、"显著"、"严重"、"大体"等模糊词语,读后还是觉得这段话是准确的,没有人认为这个内容不准确。这就是模糊语言所起到的作用。

又如"××省人民政府关于贯彻《中共中央关于国有企业改革和发展若干重大问题的决定》的意见"中的一段话:

改革开放以来,作为经济体制改革的重点,我省国有企业改革取得了明显成效;各项改革试点稳步推进;大企业集团组建和发展取得显著进展;国有小企业通过各种形式放开搞活;国有企业脱困工作取得阶段性成果;各项配套措施稳步推进。国有企业保持增长的势头,始终发挥着国民经济的主导作用。

上述内容用了不少模糊语言:"明显成效"、"稳步推进"、"显著进展""取得阶段性成果"、"保持增长的势头"等,达到了用模糊语言去表达事物的同样效果。因为，谈国有企业改革的成绩，不是几个具体数字就能说明的，要给广大群众知道这方面的情况，只能用模糊语言去表述，人们看后同样认为它是准确的。

又如一篇外事公文中有这样一段话："如果美国政府不履行它在中美贸易协定、多种纤维品协定和纺织品协议中所承担的义务，那么，任何人都不能肯定中美两国之间的贸易不会出现逆转。"这段话既婉转又不肯定，既表了态，又给对方一个信息，这种不确定性、带有模糊性质的语言，在外事活动或公文写作中是较常见的。

没有模糊便没有确切，模糊与准确是语言交际中的一对矛盾，是既对立又统一的结合体，是人们在特定的语言环境下的一种表达方式，它通常以抽象、概括的字眼去表现。尤其是写客观事物的质或量一时难以确定，需要传媒公布的信息暂时不需要具体化，或客观事物还需要时间去验证结果的情况下，往往会用到模糊语言。正如凯伦·马蒂森·赫斯所说的："如果作者意在让你看到、感觉到和体验到他所看到、感觉到和体验到的，他往往用具体性的语言；反之，如果他想让读者自己去理解，一般用抽象性的语言。"（见《文学鉴赏辅导》，北京十月文艺出版社1986年版，第162页）公文中的模糊语言也有这种情况。

二、语言应用

巧用简化、紧缩的句式

公文写作,经常在原义句型的基础上,用一种高度简化紧缩的句式去重新概括与组合原句型的内容,用这种方法写成的句式是简化紧缩句。如:

> 沙市发展重工业有"两长两短"的特点。两长是:有一定的技术力量;轻纺工业和当地农业发达,要求供应它的生产资料。两短是:没有铁矿;没有铁路。

这段话是对句义的概括,即把"两长两短"的意思在开头点明,缩成语言精练、让人印象深刻的句子,进一步强调内容本身。

除句义紧缩外,还有词语紧缩的句式。例如:

> 企业实行成本核算,必须实行"三定一奖",即定产量、产值,定利润;超利润奖励。

这段话中的"三定一奖"是在带"定"字和"奖"字的词语基础上的紧缩,让人了解"三定一奖"是怎么一回事,加深对内容的理解。

这种简化紧缩的句式通常以数字标示,并在介绍情况、做法或经验时去强调所定的内容,如用得准确、恰当,可以增强语言的表达效果。像下面这段话:

> 保康过去是"四无三一":即一无工厂,二无公路,三无电机,四无机械;一个喇叭响全城,一支烟卷走全城,一盏汽灯照全城。
>
> 保康今日是"三条龙和个十百千万"。展示今日的是水龙(小水电)、石龙(磷化厂)、木龙(林特产)及一座新城、十里长街、百家企业、千里通途、万家灯

火之面貌。

这段话运用对比去简化紧缩原义句内容，使观点自然突出，内容更加立体化和简洁化。一位统计学专家说过：全世界每天都在研究10个字，运用10个字，这就是"1、2、3、4、5、6、7、8、9、0"。数字如用得好，是表达内容的一种语言，简化紧缩句式的运用有时就是这种情况。

二、语言应用

要注意语言文字的修改

　　修改文章,是提高写作能力的重要环节。它要做的工作很多,其中注意语言文字的修改是很重要的方面。许多学生文章写出后,在语言文字方面还有许多毛病,不去认真修改,就把文章交给老师,片面认为写是学生的事,读是老师的事;有的怕文章改一次就要重抄一遍,很麻烦,不想花时间修改;有的认为修改工作是"无底洞",改了一两次后就不想再改下去,对自己降低要求……所有这些都是对提高写作能力没有好处。

　　要知道,对一篇文章的语言文字的修改与思想内容方面的修改一样重要。"语言是思想的直接现实","是文学的主要工具,它和各种事实、生活现象一起,构成了文章的材料。"高尔基的话告诉我们,文章的材料(内容)必须仰仗语言才能反映出来,语言文字有毛病,想准确地表现思想内容就是一句空话。"一字乖僻,全篇震惊"。文章因个别字和词用得不好而影响全篇的现象也是有的。

　　正因为语言文字重要,所以历来的文章家都很重视这个问题。俄国契诃夫深有体会地说:"写得好的本领,就是删掉写得不好的地方的本领。"鲁迅也曾把"写完后至少看两遍,竭力将可有可无的字、句、段删去,毫不可惜"作为一条重要的写作经验介绍给广大青年。当然,自己修改与请人指正,也是缺一不可的。白居易总是把自己的诗念给老太婆听,这种不耻下问的虚心求教精神,已经传为美谈。俄国的果戈理也很喜欢对他的作品"批评得严肃无情"的人,因为他深感"这对我很有益处"。孔子当年与他的弟子周游地处海边的海州时,有一天为避雨进了一个山洞。孔子在洞口看到大海的雨景,即兴吟出两句诗:"风吹海水千层浪,雨打沙滩万点坑。"弟子们听后连声喝彩,纷纷赞美。只有带他们进山洞避雨的一位少年认为诗要修改,不见得好。理由是"风吹海水那止千层浪,雨打沙滩那止万点坑。说千与万,太绝对了,与事实不符,好像你数过似的。"孔子的弟子听后个个不悦,认为他挑剔圣人,太狂妄了。但孔子不以为然。他虚心听取这位少年改诗的意见。这位少年对孔子说:把"千层"改成"层层",把万点改成"点点",既确切、妥帖,又有诗的韵味。孔子听后非常赞许,并告诫弟子们,写东西要多听意见,多作语言文字的修改。

语言文字的修改包含哪些内容呢?

首先要看词用得是否恰当。词是语言的基本单位,任何一个词都有它的意义、声音和色彩。比如"消灭"和"消亡","增强"和"加强",意思相近,但稍有区别。"闭幕"和"收场","共进晚餐"和"一块吃晚饭",前者褒贬分明,后者雅俗异趣,用在不同场合,意义各不相同,应分辨清楚。

其次要注意文句是否通顺、简洁、生动。句子是文章的骨干。所谓文句通顺指句子构造符合语法规则,符合民族共同语的习惯。文句简洁指不啰唆、不重复,不说废话。文句生动指能运用各种修辞的手法,使句子新颖、活泼,句式富于变化。

最后还得检查有无错别字,标点符号是否正确。如果连常见的字和标点都写错,那就不只是写作能力问题,它反映一个人在写作上是否严肃认真,这是不应该疏忽大意的。

三、写作应用

从新媒体写作中的"三失"现象看写作教学改革

数字技术、信息技术的飞速发展和网络、手机等新媒体的全面普及,给当代人的阅读与写作带来了很大的变化。现在,只要有一台电脑,就可以通过链接与互通的方式,上下五千年、纵横五万里地获取信息,了解情况,掌握材料,在立体化与虚拟化的传播平台,发短信、聊天、发帖、灌水或写微博,或通过QQ空间发表个人之见。不管是汉字、图片、视频、阅读与写作、传播与接收,已变成一种方便快捷、随心所欲的选择。如果说在新媒体时代,人们表述事情、记录现状、描摹心情、抒发感想,有许多方式,如微博规定140个字符,属碎片化写作的话,那么,随着写作工具的变革与搜索引擎的加强,通过电子文本,把从网络上搜索到的资料,经过一番"粘贴"、"拼凑"、"复制"、"修剪"、"增补"整合而成文章的现象已很普遍。现在,只要喜欢上网,喜欢写作,普通人都可以参与写作活动,写出来的东西几乎没有发表的门槛,社会已进入了新媒体时代全民写作的情景。

大学生群体毫不例外。它一方面说明大众文化与写作,随着新传播媒介的日益普及正广泛流行与发展;另一方面也告诉我们,以教书育人为宗旨的大学讲坛,面对新媒体写作,需要思考与探索如何进一步适应现实发展需要,调整与改革教学内容与方法问题。

大学生作为社会群体中的一员,新媒体时代,社会上客观存在与流行的写作随意、追求趣味、安于消遣、偏向刺激、只顾功利、滥用语言、虚化人文、碎片内容、写作失范、把虚假当真实、把粗劣当高尚、把媚俗当神圣等写作怪象,在大学生中时有发生。大学生与社会上的所谓"网络写手"不同,他们在学校要树理想、明方向、学知识、长才干,在德、智、体、美诸方面全面发展。作为写作教师,应有高度的政治责任感、事业心与职业道德,以及业务水平去引导与教育他们,尤其在思想方向树立、理性思考问题、文体规范、语言运用、文风取向等方面多下功夫,让他们在课堂与社会实践中进一步提高思想认识,提高分析与解决问题的能力,提高写作素质与水平。

要达此目的,课堂教学内容不能仅停留在一般的写作理论知识的单向传授方面,要以新媒体时代大学生写作问题为导向,以较为突出的写作软肋入手,不断调整与改革写作教学内容与方法。

面对新媒体,大学生写作普遍存在较为突出的"三失"问题:

一、对网络信息与材料经常真假失辨

写作需要信息与材料,不少学生写作,除了从书本、生活中发现与获取信息与材料外,大都喜欢通过网络媒体的途径。移动网络的普及,包括智能手机和平板电脑在内的移动通信设备的发达,能帮学生即时获取新鲜、及时的信息与材料,方式的快捷比传统手法更有优势。但有时也会让人对信息材料的真假失辨。因为,新媒体的信息材料容量大、不单一、发布者多、互动性强,人人都有麦克风,人人都能用链接方式传送信息材料,新媒体上任何一条信息材料的反馈或质疑,都能成为新的信息材料。这种情况难免会造成信息材料鱼龙混杂,真假难辨,给信息材料的真实性、可信度带来问题。据国家网络部门公布的情况,2014年

三、写作应用

在网络媒体,通过信口开河、造谣生事、任性跟帖、失范群发的手段搞虚假传播的比例相当高,个别省份达到30%以上。有关方面虽然通过法律法规方式去清理,维护网络信息环境,但虚假信息始终未杜绝。不少学生为写作寻找信息材料,在网络媒体不断搜索、浏览、翻寻,有时不加思考、囫囵吞枣、浅尝辄止,常被虚假信息材料蒙骗。笔者曾做过堂上试验,把网上传播的假新闻印发给学生分辨,结果有不少人认为是真实的,看不出它虚假在何处。这种情况要引起写作教学的关注。教师上写作课,尤其讲到写作需要信息材料,要从教学内容与方法上加强引导学生,善于辨别网络信息材料的真假,不可随心所欲地选择与使用未加分析与鉴别的信息材料,否则,写作的质量难以保证。

二、对网络文本的形式结构套用失范

这一点在公文写作中特别突出。公文写作是结合公务活动实际,按照行文职权与领导意图进行的规范性活动。近几年,随着党政公务、社会公共事务活动不断增多,与公务活动中的信息相联的公文写作与处理在传播载体、写作工具、写作观念、写作方式等方面发生了很大变化。网络新媒体发展后,随着政务信息公开工作的加强,不少网站收集、接收、分类、整理和储存了许多公文文种的范文。不少学生,接受了公文写作训练的任务后,为图方便、快捷,便在百度搜索所谓的公文范文,然后不看公务实际、行文职责、行文关系、领导意图与文种用途,便通过复制粘贴、修剪增补等方式,在公文范文原有结构与框架的基础上加入一些数据与内容,然后进行穿靴戴帽、照搬照套的制作,根本不分析思考公文所需内容。公文虽写出来了,但主旨与公务活动的实际不相符,组织材料的思路与方法没有逻辑联系。用网上公文的形式结构去套不相适宜的内容,此现象比较普遍。笔者在一次公文写作课中曾布置学生以学院名义写一篇自身熟悉的"搞好宿舍管理工作的意见"。按写作要求,应先写搞好大学宿舍管理工

作的重要性与意义，接着提管理意见或具体做法。但不少人套用网上储存的《××市关于做好互联网络安全管理工作的意见》的形式结构，写完开头，正文从"工作部署"、"工作目标"、"队伍建设"、"组织实施"等部分去展开，用生搬硬套的方式去完成写作，把"意见"的用途——不管是上行、下行或平行，要写出行文依据、工作意见及处理方法、工作措施丢之脑后，这种虚浮、脱离实际、华而不实的写作行为，在一些学生中时有发生。现在不少高校为解决学生写作中抄袭、剽窃、套用他人成果的做法，专门设计或购买电脑测试软件，要求学生递交论文时先进行原创测试，原创内容未达到一定的比例不能通过。这种现象，需要教师在课堂教学内容中加强引导，促使学生自觉遵守写作规范与发扬扎实的文风。

三、对网络广为流传的语言使用失当

写作要使用结合文章主旨及表情达意需要的语言。新媒体写作发展后，网络语言开始流行，并被许多人运用。不少学生受其影响，在写作中，不管别人理解与否，不管写作是否需要，随意运用。有的甚至滥造词汇，搞文字游戏。比如，把写作对象称为"亲"，把意思未明写作"囧"，把同学称为"童鞋"，把什么称作"神马"，把拍马屁写成"PMP"，等等，完全不考虑措辞准确、用语严谨、前后语句的逻辑关系及中国人的语言表达习惯。

语言从生活中来，并在生活中不断丰富与发展。网络语言亦如此。网民自创的网络语言不是不能用，而是要用得恰当，用在能增强内容准确、鲜明、生动的效果上。凡低级庸俗的网络语言，绝不能采用。只有充满活力、健康向上、符合语言表达效果和发展规律的网络语言，才能为我们所用。2015年在全国"两会"上，外交官吕新华在回答中国的反腐问题时，向记者说过这样的话："中国的反腐要进行到底，发现一起查处一起，发现多少查处多少，绝不封顶设限，没有不受查处的'铁帽子王'。"

三、写作应用

大家听后都赞说得好,灵活运用了网络词汇。"铁帽子王"原指世袭罔替的王爵,它源于清朝的封爵制度,他享有比一般亲王更优越的地位、待遇与特权。这个被百度百科认为的网络词汇,它源于网上流行的网络游戏《植物大战僵尸》。其中有一个铁桶僵尸,头戴铁桶,非常耐打,不用磁力蘑菇去吸其铁桶,只用西瓜投手使劲狠砸,很难打败它。吕新华用它去说明中国的反腐斗争,必须要像对付"铁帽子王"那样采取方法穷追猛打,表达效果很形象生动。它说明,采用网络词汇只要能结合现实及表情达意需要,就有生命力,就能受大众欢迎。

过去,传统写作教学讲到文章语言的运用,都要反复强调语言准确、鲜明、生动、简洁的要求,并列举许多来自书面文章与作品的例子。新媒体发展后,写作教学不能停留在这些内容上,要注意引导学生正确认识作为一种话语资源之一的网络语言的运用,重视使用网络语言不当的问题,注意网络语言使用的分寸。

新媒体的应用为大学生写作开辟了新的平台,网络编写信息、收发短信、网络聊天、微博写作等的盛行,网络自身的互动性、即时性、娱乐性等特点,对大学生的写作热情、写作能力的提高有很大的促进。但也要看到新媒体的一些负面影响。如前所述,一些大学生在写作过程中对待网络信息材料,真假未辨,就把它写进文章中;对网络文本、写作形式,包括所谓的"淘宝体"、"离骚体"、"甄嬛体"、"撑腰体",不看写作需要,随意套用;对网络语言使用失当等,这些问题需要在写作教学中加以引导与解决。当前要改革传统写作教学内容与方法,有几项工作必不可少。一是正确引导学生全面认识与把握新媒体的特点与传播语境,让学生既看到网络文化的进步、大众化写作的积极影响,又看到新媒体的负面作用。二是加强对学生辩证分析问题与逻辑思维能力的训练与提升,让学生在新媒体时代得到长足的发展。三是教育学生正确处理好网络时代的阅读、传播与写作的关系,在写作实践中既遵规守范,又有所创新。

四两拨千斤——写作老师教你如何提起笔

写作要明辨文体

了解和掌握写作文体的有关知识，是学好写作的重要条件。所谓文体，指的是文章的体式（体裁）、样子、形式，亦即文章的表现形态，是一篇文章表现出来的"整体状貌"。

人们写文章，最初是没有文体概念的。他想写什么就写什么，行文比较随便。后来，他要把自己想说的话、所表达的思想感情，写出来的内容，组织得更清晰、更完整，于是便注意了"表现形式"，即形体。这样的实践经过多次反复，并受到越来越多的人重视与实践之后，文章就有了自己的体裁。所谓"意完体具"、"文成法立"，指的就是这种情况。

这种注意形体的文章数量增多，且品种相当繁杂时，便有人对它进行总结分类。目的是为了比较、揣摩和研究各种文章的"形态"，这样便有了文章体裁的分类，即文体划分。

"文莫先于辨体"（明•徐师曾《文体明辨序》）。明确和善于辨别文体的工作很重要。刘勰在《文心雕龙•熔裁》篇中说，构思一篇文章，作者的情志一确立，首先就要考虑给它安排一个恰当的体裁。"草创鸿笔，先标三准：履端于始，则设情以位体；举正于明，则酌事与取类；归余于终，则摄辞以举要"。其次是掂量材料，选取典型事例。再次是提炼文辞来突出文章的要义。如写作目的不明，所写的情志，不知道用什么形态去表现，写作会无从下手，更谈不上写作效率。文体虽然是文章的形式，但它和内容有着密切的联系。正如"量体裁衣"那样，再好的布料要做成衣服，都要和人的体型相称，写文章也如此。如果你想表达一定的生活内容、思想感情，文章的体制不适宜、不对头，即使用了很高的写作技巧，多彩的语言文字，也达不到预定的写作目的。正如宋代的倪思语所说："文章以体制为先，精工次之。失其体制，虽浮亮切响，抽黄对白，极其精工，不可谓之文矣。"

三、写作应用

在古代，许多人不但重视写作文体，经常研究文体，而且还把是否掌握了各种文体的特点去表达各种事情，作为能否入仕的标准。郭绍虞在《文笔说考辨》一文中曾说过：在古代，统治阶级从其政治需要出发，很重视各种文体的运用，并要求要用得好，用得恰当。为了说明问题，郭绍虞还在这篇文章中举出了东汉郑玄《毛诗传笺》中对《诗·鄘风·定之方中》所作的解释，其中有这么一段话：建邦能命龟，田能施命，作器能铭，使能造命，升高能赋，师旅能誓，山川能说，丧纪能诔，祭祀能语。君子能此九者，可谓有德音，可以为大夫。如果文人不能掌握九种文体的写作特点和要求，即具备"九能"，就不能做官。统治阶级如此倡导和重视写作文体，促使许多文人认真研究文章的种类和写作问题。

今天我们之所以要重视文体划分与研究，目的是为了总结各种文章的性质、特点，写作规律和写作要求，得出一定的理论认识，然后再运用这些理论知识去指导文章写作，以求把文章写得更好，更有效地发挥文章的作用。许多初学写作者，平时阅读文章，不会分析问题，谈不出对文章的见解，写文章时，没有文体概念，头脑空空，无从下笔，不知道如何写。究其原因，除生活积累与思想认识外，很主要的方面是缺乏文体知识，不懂得各类文章的特征和写作要求。要改变这种状况，就要学会"明体"，即明辨文体，掌握各类文章的特点与要求，这样，在阅读文章时，就可以根据文体知识去评价作者反映客观事物的情况及体裁的选择；写作时，就可以根据自己的写作目的、思想认识，所掌握的材料，运用恰当的形式去完成写作任务。就像熟悉武艺的人拿起什么兵器，就想起什么招式那样，写出的文章才能"得体"。所以，学写作要培养文体意识，学会明辨文体。

四两拨千斤——写作老师教你如何提起笔

提高学生的应用写作能力

我国的高考方法有许多重大的改革,其中最主要的一条是要检查学生运用所学知识去解决实际问题的能力。写作方面也是如此,除了要看学生的思想水平、文字表达基础外,很重要的方面就是要测试学生的应用写作能力。

根据这一精神,目前许多学校都在认真研究作文教学如何提高学生应用写作能力的问题,正如美国著名华籍教授李政道先生所说,不研究和设法提高学生的各种应用能力,想让学生适应飞跃发展的信息时代,适应新技术革命的要求,做好今后的工作是不可能的。当然,要提高学生的应用写作能力,有许多工作要做,但在方法上,我认为有三点要引起注意。

首先,要帮助学生改进学习方法。方法与能力紧密相连。教师平时多引导学生注意学习方法,可以帮助学生学到更多的东西,并促使学生把所学知识转化为能力。据福建许多学校介绍,近年来他们采用网络法、重点法、细节法去帮助学生提高能力,收到了比较显著的效果。所谓网络法,就是要求学生归纳整理所学的应用写作知识,以形成网络系统,为今后运用知识打下基础。所谓重点法,就是以应用文体为重点,通过反复的学习与实践,真正提高应用写作能力。所谓细节法,就是从不同文体的细微差别入手,通过掌握细节达到灵活运用的目的。举个例子来说,许多学校教了应用文后,教师首先要求学生用网络法去系统掌握知识,然后再根据实际生活需要,有重点地练习常用应用文体,比如调查报告、总结、书信等,接着要求学生透过不同文体的差别去掌握和应用知识。这样做,学生的应用写作能力提高就快了。

其次,要让学生树立起学以致用的目标。一个人学了科学知识,经常想到运用,就可以进一步激发创造力。时间一长,知识

三、写作应用

宝库中的应用素质就会得到很好的挖掘和发挥。应用写作能力提高也是这样。

最后,一定要加强应用写作能力的测试。例如山西不少中学,考试作文就是结合应用写作能力的测试去提高学生的能力的。作文前,教师先摆出两份某单位干部前后两次开会讨论一位年轻人当局长的详细会议记录,要学生通过阅读,分析这些会议材料,并按开会的时间、对象及内容,代某单位写一份开会通知;然后以干部在会上发表的各种不同意见作为依据,学写一份向上级反映情况的报告,最后再以全体干部对这位候选人这几年工作情况的议论,替候选人写一份简单的工作总结。这样的测试,较有计划、要求严格,它虽然难度较大,但在规定时间内促使学生运用所学知识,锻炼学生的应试能力,为高考做好准备,同时也能帮助学生在今后工作实践中自觉运用所学知识,真正发挥应用写作的积极作用。这是很值得我们借鉴的。

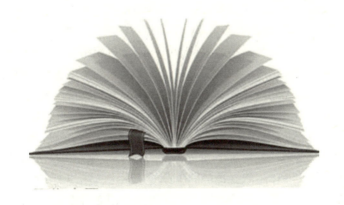

怎样搞好应用文写作教学

著名教育学家叶圣陶同志曾在回答《上海语文》编辑提出的中学作文教学问题时说，目的不明、计划不周、方法不对头，这三项是中学作文教学产生问题的原因，我认为，这段话也适用于中学应用文写作教学实际。怎样才能搞好应用文写作教学？根据叶老的意思，我认为除了要在思想上重视和目的上明确外，注意改进教学方法，加强教学的计划性和针对性，是一个较为关键的问题。

具体说来，有以下三个方面值得探讨。

首先要激发学生学习应用文写作的兴趣。据了解，不少学校之所以未能坚持搞好应用文写作教学，原因之一就是没有调动起学生的学习兴趣。一般说来应用文较枯燥乏味，缺少形象的东西，如不注意改进教学方法，学生就更会不感兴趣。在这方面，上海中学为我们提供了较好的经验。起初，学校有不少人对应用文写作不感兴趣。一次，上海妇联创办刊物，在报上征求讨名，要求应征者提交的刊名要符合该刊物创办的宗旨，并附信讲明理由。这是一次很好的应用文写作训练。学校老师抓住这个机会，组织学生参加应征活动，借此激发大家学习应用文的兴趣。他们规定学生在一定时间内阅读完教师收集起来的全国各地妇联办的刊物，再通过刊名比较、分析，给上海妇联刊物拟出刊名，并写信说明理由。应征结果，一位女同学所拟刊名《为了孩子》被采用。接着，教师又要大家就这件事作一些调查了解，写一份这位女同学是怎样提出这个刊名的调查材料。这些活动，不仅使原来对应用文写作不感兴趣的同学改变了态度，还使大家较为生动活泼地学到了有关写信与写调查报告的应用文写作知识。

其次要针对中学生的性格特征、爱好及接受能力去安排教学。据心理学家分析，中学生在初中、高中的不同阶段其性格特

三、写作应用

征、爱好及接受能力都不相同。假如应用文写作教学能适当考虑这些因素，效果会更好。江西省南昌地区有一年高考作文成绩普遍较好，原因之一就是他们能这样做。比如教师针对高二、高三学生视野较为开阔、思想较为开放、分析与接受能力都较强等特点，在教好较为基础的应用文（如书信、通知等）的基础上，有针对性地辅导学生如何写好工作总结、调查报告、会议纪要之类的应用文。结果不但使学生较普遍地掌握了各种应用文体的特点、用途及其写作方法，还提高了应试和工作的适应能力。

最后要根据学生的写作实际，确定好应用文写作重点，计划好教学程序。安徽省一位中学特级教师就是这样做的。上课前，他先摸清学生的实际水平，然后定出应用文写作重点，再根据重点设置好训练项目，计划好教学程式。例如，当他发现学生的分析、归类、概括能力较低时，就以此作为重点去安排训练项目及教学计划。首先他要学生收集班上每个同学三代人的姓名，然后要他们学习分析归类方法，从中找出事物的规律性。搞了这种训练之后，又印发一个单位一段时间的来往公文、函件等，要求学生就这些材料加以综合、概括，以提高他们处理实际工作的能力……由于教学目的明确，训练有计划，学生学后普遍提高较快。这种方法值得我们借鉴。

要优化写作教例
——课堂写作教学的一点体会

新时期摆在高校教师面前的一项任务是：想法优化教学内容，尽快提高教学质量。作为课堂写作教学用以说明写作基础理论，分析、论证写作问题与规律的有关事实或材料（统称教例）也不能例外，同样要贯彻优化的原则。

一

写作教例之所以要优化，首先是搞好课堂教学内容改革，进一步提高教学效果需要。

教学内容的改革涉及教材与课程设置方面的改革。在写作理论体系日趋完善，教材编写日益丰富，课程设置逐渐合理的情况下，如何改革课堂教学内容就显得十分重要。几年来，随着教改的深入，我们在这方面取得了不少成绩，但也存在少问题。比如，有些教师上课，目的不明，讲授写作理论，列举许多例子去说明，根本不考虑学生是否需要与时间是否允许；有的因平时博览勤读，优化自己不够，分析写作问题，事例大多来自教材或是学生早已熟悉的"陈年货"，根本不考虑如何给学生提供新的东西；有的虽然能注意知识的"引进"，但所举事例却与写作理论的学习关系不大，根本不去考虑如何让理论与实践更紧密结合起来……所有这些，如不引起重视和加以解决，想贯彻教学内容上的少而精和学用结合的原则，进一步调动学生学写作的积极性，搞好课堂教学改革，提高教学质量，就是一句空话。而想法优化教学内容，包括重视优化课堂写作教例，让它更典型，更集中，更有针对性地为阐明与丰富写作基础理论服务，为分析与论证写作问题或规律服务，是解决上述问题的重要方面。

三、写作应用

其次,是广大学生学好写作,进一步提高写作技能的要求。20世纪90年代的大学生,精力旺盛,求知欲强,他们迫切希望教师能在课堂上给他们传授更多更有用的知识,进一步扩大视野,尽快提高各种能力,要达到这个目的,就写作课来说,"除了要经常引导他们多写多练,并成为习惯外,很重要的方面是要让学生'得其道'。即通过课堂教学让学生真正获得写作的道理及规律,从而为指导今后的写作实践打下基础"。(叶圣陶语)想法优化教学内容,通过质优量适的写作教例去讲述一定的写作理论和传授必要的技能技巧,是帮学生"得其道"的重要环节。尤其是改革开放以来。随着大学开展了形式多样的"走出去"与"请进来"等活动,随着第二课堂活动的不断丰富与发展,大学生参与社会生活的机会越来越多。他们的知识面与各种能力比前大为不同。他们非常渴望教师能尽快地帮他们学好写作,提高技能,以适应形势发展的需要。在这样的情况下,我们更要充分重视包括课堂写作教例在内的教学内容的优化,认真搞好课堂教学。否则,是很难满足学生在这方面的要求的。

二

写作教例怎样才能达到优化?

笔者认为,很重要的方面,是看教师挑选的事例,是否能针对一定的教学目的与课程重点,集中突出地说明相应的写作理论或问题,并起着启发学生思维与扩大学生视野的作用。

下面以笔者给中文系一年级学生讲《新闻写作》的其中一课堂的体会为例。

开头,我用了二节课的时间讲授新闻的概念、特点及分类等基本常识。接着,我把如何帮助学生用正确的立场观点去搞好调查采访与写好新闻作为后续课的教学重点。为加强教学的针对性,我在讲清有关的理论问题的基础上,重点向学生介绍和分析了我事先挑选和组织的两个事例:

四两拨千斤——写作老师教你如何提起笔

第一个是,有两位学生同到农村调查采访"家庭联产承包制"的问题,一个学生调查后认为家庭联产承包制很好,并写出了题为"家庭联产承包制促进了农村生产发展"的报道。另一个学生则认为不好,说它影响了农民的生活。为什么对有目共睹的事实,两人一起调查却产生了相反的结论呢?原来是看问题的立足点不同造成的。前一个学生能站在正确的立场上,用辩证唯物论的眼光去观察与分析问题。后一个学生则在调查采访与报道事实时渗透了个人的片面看法,在农村实行家庭联产承包制前,这位学生因家里劳力较多,生活过得去。后来,因父亲逝世,哥哥参军,妹妹出嫁。他自己上了大学,家里只剩下年迈的母亲种地,使生产与生活受到一定的影响。带着这样的眼光,他专门收集类似自己家庭情况的材料,于是,便得出了家庭联产承包制不好的结论。

第二个是,某地区报上登载的关于外地姑娘嫁金溪必须要有高中文凭才能入户的消息。这个事例,表面看很新鲜。因它从某个侧面反映了改革开放后的农村重视文化知识的情况,但稍加分析,就会发现其内容在宣传上有片面性:金溪为提高村民的文化水平与人口素质,规定凡嫁进来的姑娘都要有高中文凭,这一做法,在金溪或某一局部地区也许是行得通的,但站在全局的角度看就不全面了,因它的做法本身违反了《婚姻法》的规定,影响了新闻指导性的原则,这样的消息是不宜报道的。

我用这两个事例启发引导学生用刚刚学过的新闻写作理论去分析和思考问题,他们听后进一步明白了这样道理:新闻报道的确是政策性、政治性导向性很强的工作。要写好新闻,任何时候都不能站在个人或某一局部的角度,而必须站在党和人民的立场,用正确的观点去看问题。否则,就不可能在纷繁复杂的社会生活面前,正确地辨别是非,更好地宣传党和国家的方针政策,充分发挥新闻的正面宣传与引导作用。

俄国教育家乌申斯基说过:"智慧不是别的。而是一种组织很好的知识体系。"由于自己选择与组织的这两个事例，能典型、集中地说明一定的新闻写作理论，且抓住教学重点，注意启发学生思考和认识写作中的问题，教学程序组织得较好，学生听后有所收获，自己也从中看到了优化课堂写作教例的重要。

三

教学是一种创造性的劳动，它的实践与提高是永无止境的，写作教例的优化也是这样。优化不是硬化。要使教例达到最优化的效果，教师还要经常收集教学进程中出现的新情况及新问题，并以此为反馈，及时修改与调整其内容，只有这样，才能不断提高教学质量。

一次，我给中文系大一学生讲授"文章修改"的基础知识，当讲到修改文章要虚心请教别人，集思广益，才能更好地提高质量时，我列举了以下两个事例去说明。

第一个事例是：美国女作家赛珍珠为了修改好作品，一次，她把自己写的一部描写农民生活的作品《大地》念给老农听，虚心征求老农的意见，一位农民听后就作品某处写农民洗脚的姿势不对提出看法：农民洗脚一般是先把脚泡在水里，然后再用两脚互相揉搓。并不是作品中所写的那样马上弯腰用手去洗。赛珍珠一听很受启发，便按农民的意见修改了作品，从而保证了作品细节描写的真实。

第二个事例是：南宋著名词人辛弃疾，一次在宴会上，听到许多人赞扬他新填的词《永遇乐·京口北固亭怀古》填得好，他并不感到满足。当着众人的面，他要大家提修改意见。即便是自己的部下——抗金英雄岳飞的孙子岳珂也不放过。岳珂见辛弃疾在大庭广众之中不耻下问，态度诚恳，便提出了要少用典的建议，辛弃疾认为岳珂说得对，便斟了一杯酒送给岳珂，感谢他提了好意见，以后辛弃疾便按岳珂的意见，重新把词改了一遍，使词填得更加雄浑豪放，音韵铿锵。

我用这两个事例,向学生说明:文章写好后,多听别人的意见,然后修改,好处很大。学生听后有所启发,少数从来不愿把文章拿给同学提意见的女学生,课后都能大胆地把文章送给同学修改,课堂教学取得了一定的成效。后来,我用这些自以为较优化的教学内容,在给中文系本科生讲授"文章修改"专题课时,我发现课堂教学效果就不同了:许多人在堂上讲话,看课外书,搞小动作,不太愿意听课。

为什么会出现这种情况呢?经了解,问题出在我所讲的两个事例上。原来,上此课前,学生已从其他老师那里听过这方面的内容。自己未作调查了解,仍然照讲这些对学生说来已经不新鲜的例子;加上自己忽视了本科生与夜大专科生在知识结构上的不同,自以为夜大学较为满意的教学内容,也一定会受到本科生的欢迎,对原教案未作充实,修改,这样,怎么会使本科生满意呢?这件事说明:教师执教,任何时候都不能一成不变地按原准备的教案进行,即使是原来优化了的教学内容,其中包括写作教例,也要根据教育对象的不同及情况的变化而不断优化,只有这样,才能使教学取得令人满意的效果。

三、写作应用

说明文有哪些特点与类型

一、说明文的含义与特点

说明文是一种使用频率很高的应用文体,凡是以说明为主要表达方式介绍事物、传播知识、阐明事理的文章,都是说明文。

说明文在我国"古已有之",虽然"说明文"这一名称的提法在清朝末年龙伯纯所著的《文字发凡》中才出现。五四前后,我国的一些文章学著作开始对说明文的性质与做法进行研究与解释,1936年叶圣陶、夏丏尊明确列出"说明文"这一文章类别,但不能认为说明文过去没有使用过。古代典籍中已有不少运用说明方式去解说事物的形貌、构造、性质、特征、范围、成因、关系、功用等说明性文章。如《尚书·禹贡》、《周礼》、《仪礼》是我国早期的说明性文章。东汉许慎的《说文解字》、北魏郦道元的《水经注》与贾思勰的《齐民要术》、宋朝沈括的《梦溪笔谈》、元朝王桢的《农书》、明朝李时珍的《本草纲目》、清朝郑光复的《镜镜诊痴》等大多是用说明方法写下的说明文。今天,随着社会的进步、科学的发展、人类知识水平的提高以及交际活动的频繁,说明文的应用越来越广泛,使用频率越来越高。人们要传播科学知识、记载科研成果、举行科学报告、制定规章制度、解说类书、编写方志、撰写产品说明等,都需要用说明文。

说明文的特点,主要表现在三个方面。

1. 说明为主

说明文是以"说明"为主要表达方式的文章体裁,它与记叙文、议论文不同。记叙文是叙事、记人、写景、状物的文章,作者为了更准确、更生动地描述对人、事、物、景的观察与感受,达到以情感人的目的,文章需要运用叙述与描写这一主要的表达方式。议论文是提出问题、分析问题和解决问题的文章,作者为了更准确、更鲜明地表明对客观事物的看法、意见与主张，需要运用概念、判断、推理这三种思维形式，以及与之相适应的议论这一主要表达方式去阐明观点，以达到以理服人的目的。说明文在解说事物的来源成因、性质特征、现象状貌、组织结构、范围类别、功能作用等时，虽然间或也要使用叙述、描写、抒情、议论等表达方式，但它主要运用的是说明的表达方式，并以此达到以知授人的目的。正如张寿康先生所说，说明文这种表达方式，与"说明文"这种文章体裁关系非常密切。

2. 着眼知识

无论什么类型的说明文，它的内容都离不开自然科学知识、社会科学知识，或是人们日常生活、工作、学习所需要的知识。

虽然记叙文和议论文所写的内容也包含各种知识，但它们主要的、直接的写作目的并不是传授知识。记叙文主要以具体的事件与人物的记叙，去激发人们的爱憎之心，陶冶人们的思想情操，使人有所感；议论文主要通过对客观事物的论证与分析，提高人们的理性认识，使人有所信；说明文不同，它直接取材各种各样的知识，并以它作为写作目的，去增长读者的见识，扩大人们的视野，使人有所知。为了说明问题，我们以《说马蹄》为例，这篇说明文把马蹄的栽培历史、俗称、驰名情况、中国人与外国友人的喜爱、国际市场上的畅销、类别、形状、用途、马蹄沙的制作方法等作了言简意赅的解说，读后使人获得马蹄方面的许多知识，由此可见，说明文的写作是着眼于知识性的。

3. 行文客观

说明文要准确介绍事物，阐述事理，达到给人以知、教人以用的目的，就要在行文时将说明对象客观地报告给读者，尽量排除个人的感情色彩与趣味、倾向。正如叶圣陶在《文章例话》中所说："说明文说明一种道理，作者的态度是非常冷静的。道理本该怎样，作者把它说清楚了就算完事，其间掺不进个人的感情呀，绘声绘色描摹呀这一套。"同样的意思，陈望道在《作文法讲义》中也强调:"记叙文可以立主旨、因此可以带着作者个人的色彩;解释文(说明文——作者)是以'使人理解为旨趣'的,应全然抛离作者的趣味、倾向等个人的色彩,全然站在公平无私的境地。"记叙文、议论文的写作都带有作者个人的主观性,前者力图用作者的思想感情去打动读者,后者则设法迫使读者相信自己的观点。说明文要求作者用客观、冷静的态度实事求是地分析事物,反映事理,任何时候都不能以感情的爱憎作为褒贬事物的标准,行文客观是这类文体的显著特点。

二、说明文的种类

说明文从不同的角度看有不同的种类。

根据说明对象或所要说明的内容特点,说明文可分为实体事物的说明文与抽象事物的说明文。前者主要针对客观生活中存在的物体,包括对它的形状、构造、特征、属性、本质等进行解说,或对某一生产过程、研究过程进行阐述,以达到介绍知识与做法、扩大人们视野的作用。后者根据某一现象、概念或原理等的说明,以达到让人们明白事理、提高认识的目的。

如从说明方式划分,说明文又可分为两类:一类是平实性的说明文,一类是艺术性的说明文。平实性说明文文字平实,对人物或事物的解说、介绍,少用或不用描绘手法,在日常生产、生活和社会活动中经常使用,如法典、办法、规则、产品说明书、生产流程报告、实验介绍、书籍的内容提要等。艺术性说明文较注意文字生动,在不违背内容精确的前提下,力求表达上有一定的生动性与趣味性,尽量让人在获得科学知识的同时获得艺术上的享受。如一些科普说明文、科学小品、影视剧或园林胜迹的解说词等就属于这种类型的说明文。

如从写作目的划分,说明文可分成三类:

(1)阐述性说明文。阐述性说明文针对事物的成因、特征、本质,重点阐述事物的变化过程与规律,阐明原因,得出事理,让人从中获得一定的科学知识或了解事物的某种规律。不少生产流程说明、实验经过说明、器物工艺说明等就属于这一类，如《活版印刷》、《景泰蓝的制作》、《一次大型泥石流》等。

（2）介绍性说明文。介绍性说明文采用夹叙夹说的方法，抓住人物经历、物象变化、自然现象、地貌特点等向读者介绍，让人从中获取知识，开阔眼界。如《中国的石拱桥》、《向沙漠进军》、《雄伟的人民大会堂》、《漫谈地球》等就属于此类说明文。

（3）实用性说明文。实用性说明文强调实用，在社会生活、日常生活、生产中用得最多。报刊上开辟的许多栏目，如《花卉栽培》、《生物趣谈》、《汽车保养》、《饮食疗法》、《医生手记》、《家庭顾问》、《生活小常识》等，有许多就是实用性说明文。

上述三种说明文都以平实笔调解说事物，述释事理，属平实性说明文。它与前面所说的艺术性说明文不同，一般不用修辞手法与文艺笔调，不要求形象性与文学色彩，用语较平实严谨，笔调简洁明快，主线突出、叙说清晰，要求写得简明易懂。

三、写作应用

浅谈说明书的写作与应用

一、什么是说明书

说明书是一种用说明的方式把说明对象的有关情况及使用方法向读者说明白的说明文体。在社会生产迅猛发展、商品经济日益繁荣、文化娱乐活动不断丰富的今天,可以用来写说明书的对象很多:工农业产品、书刊资料、电影戏剧、名胜古迹等,都可以写成说明书向读者与使用者介绍,目的是帮助读者与使用者了解与掌握有关方面的知识,并在实践中照办、照做,准确使用。

说明书是日常生活、工作与生产劳动中用途广泛,且又最容易在写作中出问题的文体。不少企业与生产单位为了推销产品,利用说明书进行产品宣传,帮助用户正确认识与使用产品。产品说明书写得好,的确能为生产单位促销产品,搞好企业再生产服务,但也有一些产品说明书不是这样。据南方某市标准计量局一次对该市行政区域内95家商店的日用化妆品、家用电器、鞋类和服装进行包括产品说明书在内的产品标识检查,结果被查的752批商品的产品标志与产品说明书合格率还不到六成。不少企业的产品说明书没有把方便消费者的意识放在首位来考虑,满纸是英文、日文、法文、汉语拼音,唯独没有中文;有的虽用中文说明,但写得不明不白,措词不当,文理不通,语言繁琐、艰涩;有的产品宣传不够实事求是,有意夸大产品功能、性质,或不写生产日期与有效期……造成这些问题的原因,除了企业、商家片面考虑小团体的切身利益外,与它们没有把写好说明书当成一门学问大有关系。像这样的说明书不但不能对读者与使用者起正确的指导作用,而且还会因产品说明误导而危及生产、工作及使用者的人身安全,给社会带来不稳定的因素。

二、说明书的特点和写作

1. 实用性强

效用突出是说明书的重要特点。说明书是为方便读者与使用者了解与使用说明对象而写的，读者与使用者需要知道和掌握什么内容，看完说明书后能否正确使用被说明对象，这既是说明书必须考虑的内容重点与表述要求，也是说明书的特点所在。为了更好地说明问题，我们以《农药乐果乳剂的使用说明》为例：

> 乐果乳剂是一种高效、低毒的有机磷杀虫剂，成品是有特殊臭味的黄色透明液体。它对昆虫毒力很强，有内吸和触杀作用。可治多种作物蚜虫和稻叶蝉、稻飞虱、稻象、甘薯小象甲等。
>
> 本剂使用时须先稀释。40%乳剂加水一倍，稀释后充分搅拌即可使用。喷药时要均匀周到，接触虫体。
>
> 本剂使用时要注意：
> 1. 此药水溶液容易分解，要随用随配。
> 2. 此药遇碱分解失效，不能与碱性农药混用。
> 3. 此药应储藏在通风阴凉的地方，以免高温加速分解。
> 4. 此药内吸，残效期较长。使用农作物喷药后，至少一星期才能采食。

此说明先介绍乐果乳剂的性质、气味、颜色、杀虫作用与效果，接着述说使用方法与注意事项，读者看后不但可以增进对农药的了解，而且能正确使用，这就是说明书的实用性。

要写出读者与使用者欢迎的说明书，要注意以下事项：

首先，要抓住被说明对象的特征。任何事物都有各自的特征，所谓"特征"，就是这一事物区别于另一事物的标志、征

三、写作应用

象,要正确地说明事物或事理,使说明书在实践中能发挥效用,就必须抓住被说明对象的特征。如前面介绍的乐果乳剂,它与其他农药最大的区别就是:毒力强、易分解和失效、毒性内吸时间长,抓住了这个特征去说明,其使用时的方法与注意事项读者与使用者就容易接受与掌握。现在有不少说明书不太注意这一问题,比如某厂家生产了一种既能烧开水泡方便面又能煮饭的电热杯般大小的电锅,这个电锅与其他电锅的最大不同点是安装了限温器,能自动控制,又省电。按理产品说明书应抓住这点去介绍才能方便使用者,但作者没有这样做。限温器安装在哪儿,是怎么控制的,用电时要注意什么,做饭会不会烧干锅,这些问题在说明书中都没有说明,直接影响了说明书的应用性。

其次,要抓读者与用户的需要。这个问题与说明文的实用价值关系密切,也是决定说明书"为谁写"的关键。读者与用户的需要可以是写作角度的选择,亦可以是使用上的难点与疑问的回答,尤其是后者,作者如能有针对性地加以述说,就能帮助读者与用户正确购买与使用被说明的产品。比如化工产品"PUE海绵发泡剂"内含石油醚,属易燃危险物质,某化学助剂厂称其所生产的"PUE海绵发泡剂"添加了起阻燃作用的理想材料,产品说明书称这个产品能代替二氯甲烷,在发泡剂中起阻燃作用。究竟添加的理想材料是什么,添加了理想材料后,石油醚的成分起了哪些变化,还有没有易燃物质,使用这个发泡剂时要注意哪些问题,类似这些难点与疑问说明书都未详加解答,这样势必会影响这一产品的正确使用。据说武汉市某一塑料厂购买了这一产品,使用后引发了特大火灾,造成了200多万元的经济损失,这就是说明书未针对用户需要去解答产品使用上的难点与疑问带来的后果。

最后,要抓语言准确、明晰。说明书要把所说明的内容确切、清晰明白地告诉读者与用户,让人一看就了解,不会产生歧义或费解。陈望道先生在《作文法讲义》中说过,解释文的目的是要使人理解,"要人理解,必须明晰"。所以明晰一项,乃是解释文最必要的性质。

说明书中的"说"是手段,"明"才是目的。如果说明书中的内容让读者与用户看不懂,这样的说明书是没有应用价值的。所以,我们在撰写说明书时,一方面要注意字、词、句的准确,同时也要注意语言的显豁、平易、明晰、易懂。特别是那些专业性强的名词术语、意思相近的词组和带修饰成分的句子,更要注意其语言的准确明晰。

2. 述说科学

说明书有明显的科学性。尽管这个科学性与学术论文强调用有关的专业知识、原理科学地剖析客观事物或现象的历史、现状、因果关系等,从而揭示事物的本质及其发展规律,在程度上要求不同,但强调内容的确凿和表达上的准确,并能经得起生活实践的检验这一点,两个文体的性质相同。具体说来,凡说明书牵涉到的产品性能、构造、用途、使用方法及注意事项等,都应准确、如实地说明,绝不能隐瞒、歪曲事物的真相,或只介绍优点,不谈缺点与不足。据报载,这几年吃药官司不断上升,究其原因,除了药品的生产质量有问题外,也与一些厂家在宣传药品的说明书中有意隐瞒或删除药品的不良反应大有关系。上海某制药厂生产的卡马西平药片,副作用有32项,说明书删除了后果较为严重的28项,致使一些人吃药后身心受到伤害,差点送了命。这种对用户的生命健康安全不负责、视说明书的科学性为儿戏的行为屡见不鲜。

现在不少说明书上含有不科学的表示功效的断言或保证相当突出。比如化妆品,受绿色环保风潮影响,宣传时动不动就以"纯天然"作为衡量质量的标准,根本不说明其他成分指标,好像"天然成分"就绝对无毒无害似的。家电产品完全不用看说明书,几乎都有"第一"的美誉:全国市场占有率第一名,连续10年全国质量抽查第一名,中国品牌竞争力第一名。像这样

三、写作应用

脱离实际的夸大之词,写在说明书上,是违背说明书的性质,难以取得读者和用户对产品信赖的。

说明书的科学性除了内容的确切真实外,如前所述,语言表达也不能出差错,尤其是意思相近的词语一定要准确无误地写明,不能有歧义或模棱两可的表述。如药品说明书上经常会用到"慎用"、"忌用"、"禁用"等字样,它们之间虽然只有一字之差,含义却不同。"慎用"是指该药使用后,必须密切观察有无异常反应,尤其是肝肾功能不全者,更应格外注意,严重的应立即停用。"忌用"是指该药使用后,可能产生不良反应,尤其对有身孕的妇女,可致胎儿畸形,更要注意。"禁用"是指病人服用后,必然会产生不良反应,有药物过敏史、家庭病史的人以及婴儿要禁用。写说明书时如不认真审辨它们的含义,会直接影响药品的正确使用。对一些物品的成分构成,用语准确也很重要。如加工食品中一般都有油的成分,究竟是"玉米油"、"花生油",还是"橄榄油",表达一定要清楚,绝不能以"植物油"这类笼统的词句代替,这样会影响说明内容的科学性。

说明书的科学性与撰写者对事物的倾向性,完全可以在尊重客观生活、透彻了解被说明对象的基础上统一起来。一些影视剧说明书就是这样。撰写者不离开原作内容,对影视剧中的事件、人物、思想与艺术特色加以渲染,让说明书的文字带有某些抒情色彩及审美倾向,以增强说明书的感染力和达到吸引读者观看影视剧的兴趣,这种写法是允许的。

3. 条理突出

任何文章都要讲条理,说明书尤其突出。因为客观事物都是有规律的,本身都有一定的条理,人们认识客观事物,都有一个由表及里、由近及远、由简到繁,从现象到本质、从特殊到一般的过程,说明书要强调实用,体现内容的科学性,就要按照事物的规律和人们认识客观世界的顺序去考虑被说明对象的内容结构及条理。不管是介绍做法、推广技术,还是交流信息、展示事理,都要条序分明地加以说明。

说明书的条理主要通过两种形式表现出来。

(1) 条款式。即把被说明对象的性质、用途、使用、保管以及应注意事项等用分条列项的形式加以说明。这种形式的说明书具有条目清楚、内容突出、醒目明白的特点。如《钻石牌日历闹钟说明书》,介绍完如何让闹钟行走、起闹与止闹的方法后,教用户这样去使用闹钟日历:

1. 若要调整日历号数,可将壳体右边的旋盘向上旋转,旋足一齿,就翻过一字,旋足十齿,翻过十字。也可以将日历号数旋到所需调整的日历号数的前一天,再拨动时针,使其自动翻一字。

2. 如发现日历在中午翻字时,只需把时针再拨过12小时即可。

3. 旋转不能向下旋转,以免损坏机件。

看了这份说明书,用户就能了解与掌握钻石牌日历闹钟使用日历的方法及有关事项,不会因不会使用而不敢购买此产品,或使用不当或其他原因而产生问题。许多同我们日常工作、学习和生活关系密切的商品的说明书,大多采用这种形式。这种写法,由于着重告诉用户"该怎么样"、"不该怎么样",条目清楚,次序分明,通俗易懂,使用者一看就明白,就能照着去做,所以很受读者欢迎。

(2) 短文式。将所要说明的对象的主要情况、内容重点、紧要部分、关键问题等写成短文,进行简洁、概括的介绍,就是短文式说明书。许多产品介绍、书刊资料、电影戏剧的说明大多采用这种形式。

短文式说明书虽然没有条款式说明书那样醒目,但它具有简明、连贯、完整的优点,撰写时,除了要从内容出发、针对写作需要外,要注意语言的简洁与概括,文意要集中、突出。

三、写作应用

科普说明文的特点与写作要求

一、什么是科普说明文

科普说明文,顾名思义,是向读者介绍和普及各种科学知识、宣传科学道理的说明文体。它涉及的范围很广,古今中外,凡天文、地理、数学、理化、文学、艺术等,大到整个宇宙,小到一个原子,都可作为它的写作内容。今天,它在丰富人们的文化生活、增长见识、提高全民族科学文化水平、推动科学技术进步与现代化建设方面起到了很大的作用。著名科学家茅以升说过:我们要过河完成我们的既定任务,没有桥与船不行,"科普就是传输科学技术的桥与船。因为,先进科学技术成果如果不向人民群众普及,就不能为社会所接受,变成改造世界的物质力量"。我们要搞好社会主义物质文明、精神文明与政治文明建设,不仅要认真搞好科学研究,撰写高深的科学论文,也需要有普及性的科普说明文。

二、科普说明文的特点与写作

1. 以介绍知识为写作内容

科普说明文是重点介绍、普及科学知识的文章,知识性的特点很突出,这方面与写作中包含一定的知识性内容的别的文体如散文有很大的区别。为了说明问题,我们以同写榕树气根的两则文字作一个简单的比较:

> 入山的道旁长满了许多老榕,每一株都有一把把美丽的胡子。有天夜里,我在山道漫步,披着一身月色,听着盈耳泉声,来到老榕树下,却禁不住惊愕地止步了。看着那些老树的气根在和风中飘拂;月光使它们更加碧绿、柔和了。我禁不住呆呆地站在那里,像一个梦

游病者似地一把一把去抚摸老榕树的美髯,但又生怕把它们弄断。这时老榕树真好像我们敬仰的一些长者似的,教人想起他们由于勤奋吸收,和群众、和大地关系这么密切,因此,他们得以"永葆其美妙之青春"。

独生粤闽大地的榕树,主干与枝旁常常长出众多的"气根",有的悬在半空,吸纳空气中的养料;有的深扎泥土,吸取营养并迅速长成树根;有的坚硬挺拔,直插泉底,为主干的繁茂提供源源不断的水分。"气根"具有强大的凝聚力、亲和力,她不断将干、根、枝"抱"在一起,一旦连接便不再分开。"气根"有着广阔的胸襟和开拓的韧劲,她不惧干旱的土地与肆虐的风暴,依靠内外合成的"底气",战胜一切艰难险阻,顽强而欢快地生长着。"气根"越多,榕树越大,寿命越长,百姓称其为"不老树"。

两篇文章同写榕树的"气根",材料相同,写法有别:前者用散文的写法,把榕树的"气根"比作"长者"的胡子,把老榕树像"长者"似的得以"永葆其美妙之青春"的原因,形象逼真地告诉读者,抒发了作者对榕树及其气根的喜爱和敬仰之情。字里行间虽然也包含了一定的知识性内容,但作者写作的目的不在于表述对榕树及其气根的科学认知,而在于情理阐发,即把一定的知识性内容的阐释;作为作者"托物言志"或"触景生情"的依托。后者由于是科普说明文,其写作的着眼点放在知识的传播方面;作者用抒情性较强的语言去写"气根"的形态、韧劲、力量及其与榕树的亲密关系,目的还是让读者了解其知识性内容:气根有顽强的生命力,气根越多,榕树越大,寿命越长。作者虽然对客观事物表达了一定的审美感受,但写作的着眼点与前者有很大的不同。

三、写作应用

科普说明文以普及科学知识为主要的写作任务,在普及科学知识时,一方面要把知识介绍得正确无误,另一方面又不能因强调普及而停留在浅层次介绍若干科学知识方面。科普说明文篇幅不宜过长的特点,决定了它在写作时要针对某一科学现象、某一科学知识、某一科学道理去深入、集中考虑内容,以便给读者留下鲜明、深刻的印象,许多科普作者的写作就是这样。如我国著名科学家竺可桢写的《向沙漠进军》,围绕征服沙漠这一问题,向人们重点介绍了抵御风沙袭击的方法。

2. 以科学说明为表达手段

科普说明文以说明为表达手段,不管是阐述社会科学真理,还是介绍自然科学、技术科学的知识,或者是解说具体与抽象事物,都要求必须具有高度的科学性,具体表现在写作上,就是要实事求是地揭示客观世界的真实情况,所写内容符合科学规律,在准确传授科学文化知识的同时,能引导读者树立远大的科学理想,提升人们的文化水平与思想情操。如下面这段文字:

> 没有水的地方,不会有任何生物。在我们居住的地球上,有了水,才出现了最早的生物。植物的根,其主要作用之一就是不停地从地里吸收水分、养料,供其生长。例如沙漠的首蓿,根有12米之深。这样的根深深扎入地下,吸取水分,以维持植物的生命。动物体内的水分损失太多,就活不了。比如蚯蚓,体内水分失去一半就死去。人离开水会怎样呢?公元前525年,波斯皇帝坎拜栖兹带领军队作战,他的5万官兵丢掉了性命。他们不是战死的,而是渴死在利比亚的沙漠里。所以,生物是绝不能离开水的。

此段话为了科学说明水对生命的重要作用,用词准确、明白,表达清晰、严谨,所写内容真实、科学。没有水,不会有生物,有了水,才出现最早的生物,动物体内的水分损失太多,就活不了，人也是如此，任何时候都离不开水。水的重要性，经作者用准确科学的语言解说及举例说明，让人更加信服，这就是科学说明的力量。

科学是为生活服务的，要使科普说明文更好地为现实的生产实践与科学实验服务，写作时一定要注意知识介绍的科学性，切勿以科学资料的不准确而影响内容的可靠性。头几年就有读者提出过批评，说有一些科普说明文未认真查核资料，便以讹传讹地宣传不准确的知识。如介绍文房四宝之一的毛笔，有人根据北宋苏易简在《文笔四谱》中曾记载秦国大将"蒙恬造笔"的说法，便断然肯定毛笔是蒙恬所造，这个材料其实不可靠。据史料介绍，新石器时代许多新陶上的花纹就是用毛笔描绘的，到了秦代，毛笔已经被人广为使用，只不过那时制工渐精，才会有人附会出"蒙恬造笔"的传说。由此可见，严格查核科学资料，以保证科普说明文介绍知识的可靠、科学是很重要的。

3. 以通俗有趣为传播效果

科普说明文是一种普及科学知识的文章，为了向社会各阶层推广普及科学知识，吸引更多读者阅读，科普说明文要尽量写得通俗有趣。否则，即使作者介绍的是最新科学成就与知识，或是来自科学王国的最新消息，也可能会因读者难以理解、不感兴趣而影响传播效果。

科普说明文要写得通俗易懂，除了要用浅显易懂、明白如话的语言，把文章写得深入浅出外，学会运用诸如比喻说明、举例说明、比较说明、分类说明、诠释说明等说明方法也很重要。科普说明文在介绍各门最新科学知识或成就时，会涉及许多专业性的科学道理和科技术语，如果介绍时不注意运用浅显明白的语言，读者会很难理解，即使所说明的内容很准确，也可能会因语言文字的不通俗而影响阅读效果。所以，写作时要尽量不用专业性很强的名词术语和行话，如果要用，就用读者易理解的语言去解释，句子不要过长、过于复杂，用字不宜笼统、抽象。头几年

三、写作应用

某报纸刊登了一篇介绍人体内细胞结构的科普说明文,其中有一句写道:"人体内每天都有大量的细胞薨。"这个"薨",是"死"的意思,封建时代的诸侯或大官死了称"薨",这个字放在这句话里让许多读者看不懂,不少人打电话询问报社。科普说明文如出现较多这样的字眼,会直接影响传播效果。灵活运用多种说明方法,可使科普说明文写得深入浅出,更受读者喜爱。高士其在向读者介绍燃料知识时,就用了讲故事的形式与比喻说明、举例说明、比较说明等方法,把燃料分为固定燃料、液体燃料、气体燃料三大"房",在固定燃料这一"房"内又区分出"各有个性"的五兄弟:大哥名叫木材,二哥是无烟煤,三哥叫烟煤,四弟名叫褐煤,五弟叫做泥炭……许多较难理解的科学道理与知识,经作者运用多种说明方法去解说,就变得浅显易懂了。

科普说明文的趣味性,一方面与写法相关,另一方面与内容的选择联系密切。在一般情况下,读者喜欢看新鲜、别致、能增长知识、开阔眼界的内容,作为科普说明文的作者,除了要注意介绍一般人不太了解的科学原理、知识,适当借助一定的文学表现手法去加强内容的趣味性外,还要认真挑选最新的科学成就与知识作为写作题材,想方设法通过题材的新颖去吸引读者,许多作者正是通过这种方法去调动读者阅读兴趣的。

四两拨千斤——写作老师教你如何提起笔

浅谈科学小品的使用与写作

一、什么是科学小品

科学小品是用文学笔调介绍科学知识和阐述科学道理的说明文体。科幻作家伊林说过:"科学和文学是同时起跑的。"作为一种专门、独立的文章体裁,从1934年在我国创立和发展开始,人们就一直坚持用小品文形式去普及和宣传科学。大众需要科学知识,科学离不开艺术的表达手段。今天,我们要全面介绍与普及农业科学技术、能源科学技术、材料科学技术、电子计算机科学技术、激光科学技术、空间科学技术、高能物理、遗传工程等现代新的科学知识,提高整个民族的科学文化水平,在写作上仍然要借助讲故事、打比方、联想、想象等文学表达手段,在讲清科学道理、使人获得科学知识的同时,从中得到思想感情的陶冶和艺术上的享受。正如科普作家石工在《写点科学小品》一文中所说的:"科学小品篇幅不大,但适于作者不拘一格,海阔天空,生动活泼而又言简意赅地表达科学内容,是科学文艺园中到处可长、小巧而精美的鲜花。""一篇科学小品,千把字、几千字,要使读者用不多的时间就能获得一定的科学知识,并感到艺术上的享受,是不容易作好的。好的科学小品应当做到立意新、材料精、文辞美。意美以感心,音美以感耳,形美以感目。"科学小品是文艺性的说明文,写作时,不管作者用何种艺术手段,其写作的落脚点始终是在客观介绍和说明一种科学知识。

二、科学小品的特点与写作要求

1. 遵循科学原则

科学小品是以介绍、普及科学知识为目的的说明文,注意知识的科学性是它的首要特点。科学小品所介绍的知识可以是自然

三、写作应用

科学方面的知识,也可以是现代新的科学知识,在选材方面较自由。"只要与大众生活保持密切的联系,不管你写什么都可以。'从苍蝇之微到宇宙之大',都可以纳入作者的写作范围,但它的任务是纠正常识的错误,严正地科学解说。不能歪曲,不应隐蔽。"柳湜《论科学小品》一文中的这段话,说出了科学小品的特点与写作要求,许多作家写作科学小品都很注意这个问题。如朱毅麟写的《洲际导弹自述》,在"自述"中介绍洲际导弹的有关知识时,其内容都是严格遵循导弹自身的科学性去安排的,文章从导弹产生的时间、地点、种类、结构、用途,到各部分的功用、特点及使用等,均严格按照科学根据去解说,作者尽管用了比拟的修辞手法加强抽象事理的形象性、具体性,但它严格按照科学原则,不臆想、不编造,让人看后对洲际导弹的许多知识有了进一步的了解。

2. 讲究妙趣横生

科学小品要宣传科学知识,不能板起面孔,用枯燥的科学术语说教,而应该借用文学的表现手法,把严肃的科学道理说得生动活泼、妙趣横生。高士其认为:科学小品是"用轻松愉快浅显易懂的文学笔调撰写出来的、富有趣味的科学短文","科学小品的作者也应该是语言的艺术家,它必须善于用人民群众的语言来表现科学,把科学的材料形象化起来,使科学充满生命和感情,有了生命与感情,才能使读者读了激动。"(《怎样写科学小品》)与科普说明文相比,科学小品的生动性与趣味性更浓、更吸引人。

为了使科学小品写得更生动活泼、妙趣横生,作者除了从读者普遍关心的科学问题、事物谈起,注意选择有趣味的题材外,还可以通过多种艺术手法加以渲染、强化和突出。

(1) 标新立异拟好标题。俗话说:"题好一半文。"科学小品的标题除了注意一般文章标题的要求、切合文章的中心外,可以设法拟得更形象、更生动、更有情趣。如 1935 年 8 月由生活书店出版的,时间最早、作者最多、内容最丰富的科学小品集《越想越糊涂》,搜集了艾思奇、克士、顾均正、贾祖璋、柳浞、朝水、沙玄、叔麟、华道一、柳大经、陆新球等人的40篇科学小品。这些科学小品的标题大多拟得生动、活泼且有情趣。像艾思奇写的《女变男及其他》、《中风症与黄河》,顾均正写的《昨天在那里》,等等,读者就很喜欢看。

(2) 善用比拟表现手法。科学小品要借助文学表现手法加强其生动性、有趣性,用得较多的是形象化的比喻和拟人化的手法。所谓比喻,就是"打比方",即用人们熟悉的事物去说明人们不太熟悉的事情。拟人,即把物当做人来写,两者如用得好,能增强文章内容的立体感与语言的形象性与生动性。

例如,高士其在科学小品《床上的土夯》中就用了许多巧妙的比喻:

> 蝴蝶,美丽而活泼,好比电影明星;秋蝉,清脆而韵节,好比音乐家;螳螂,好比挺着胸膛的武人;蠹鱼,好比专读死书的文士;蚂蚁,好比靠着两条腿吃饭的洋车夫;蜜蜂,好比忙着搬行李的码头工人;苍蝇是白天的强盗,蚊子是黑夜的土匪,这两个也还有不怕死的胆量;至于臭虫,名称先已不雅,态度又畏首畏尾的不光明正大,看它们胖胖圆圆扁扁的褐木色的大肚皮里,吃的都是我们小百姓的汗与血,一旦光明来到被窝里,它们早已吓得逃得精光了。拿它们来比喻一般的贪官污吏土豪劣绅一点都不为过。

这段话用了准确、通俗、简练、形象的比喻,不但把道理讲得很明白,而且使文章显得生动活泼。正如苏联科学文艺奠基人伊林所说的:"不仅诗人需要比喻,比喻也常常帮助科学家。"写科学小品"最怕语句单调,语气没有什么变化……就像是磨光了齿的齿轮,它们什么也不能咬住,什么也不能带动,让人读后感到

三、写作应用

枯燥,甚至晦涩难懂"。

拟人化的手法也很重要。特别是较为复杂的事物,有时较难向人们解说清楚,如运用拟人化的手法,把物当做人来写,可以把事物写得更通俗、更吸引人。如前所说的《洲际导弹自述》,把"洲际导弹"比拟为人,从"出世"到成长、从"性格"到功用,通过"自述"的方式,对洲际导弹的有关知识作了形象具体的介绍,让人读后明白了许多事理。

(3)把知识编织为故事。青少年喜欢看故事,写科学小品,如能把有关科学知识编织成有情节的小故事,吸引读者阅读,可以进一步帮助读者认识与掌握科学道理与知识,增强文章的趣味性。英子曾经说过一个例子,他在写《沏茶的学问》时,思路老停留在水源、水质与茶的关系方面,缺乏形象性与生动性,后来结合一则古人冲茶的有趣故事,把它编织进所介绍的知识中,进而增强了文章的生动性。这个故事的大意是:因续诗得罪了王安石被贬官黄州的苏东坡,上任时,王安石托他办一件事:将瞿塘中峡的水带来一瓶以作煎药之用。苏东坡家居四川眉州,路经三峡,较为方便。当苏东坡路经三峡办差正要为王安石捎中峡的水时,他看见三峡两岸峭壁千尺,沸波一线,文思顿起,想作一篇《三峡赋》。因连日处理公务疲劳,再加闭目构思诗作,不觉靠着桌子睡着了。等他醒来,顺流而下的船已到了下峡,耽误了取中峡的水。他想要求船工拨转船头,逆水去中峡取水,又怕船行速度太慢影响行程。后来,苏听了三峡年长村夫所言,三峡相连,水流不断,水是一样的,难分好歹,于是便取下峡的水灌进瓷瓶,带给王安石。王安石拿到后,取瓶中的水煮开沏阳羡茶,泡了半天才呈现茶色,王安石当场问苏东坡"水是从哪取来的",苏坚持说是中峡取来的。王安石听后不客气地斥责他:瞿塘的水性,《水经注》中早有说明,上峡水性急,下峡水性缓,只有中峡不急不缓。老夫的病只有用中峡的水煎药才有效。用这水煮阳羡茶叶,上峡味浓,下峡味淡,中峡不浓不淡,正好。现在我发现茶色老半天才出来,就知道这水取自下峡而不是中峡,苏听后赶忙认错。这个有趣的故事,有助于作者解说水质与沏茶的道理,比单纯从理论上强调水质与沏茶的重要,更易被读者接受,文章也显得生动、有趣味。

(4) 结合其他方法点缀。写作科学小品,除了上面所说的艺术手法外,还可结合其他方法,如适当引用一些古诗词,采用对话、争执、讨论等方式,去比较事物的异同,反映事物的特征,增强文章内容的情趣。以石工所写的科学小品《名山不在高》为例,作者为了说明我国名山之多世界少有,但名山不一定很高,文章列举了黄山、庐山、天台、雁荡等名山的高度后,以"登泰山而小天下"和陶渊明诗"连林人不觉,独树众乃奇"等古诗词去渲染文章所说的科学道理:"泰山其实也只有一千五百多米高,华山高到两千多米,五台山和峨嵋山超过三千米,在名山中算是较高的了,但这些山要是移到青海、西藏一带,都是些极普通的山岭。为什么这些山会成为名山呢?主要是与周围的平地比起来,这些山显得很突出。青藏高原的许多高山,只有登山运动员才能上去,上去了也会因空气稀薄、气候寒冷而无法久留,不能成为游览休养的胜地。"泰山等地情况不同,"登泰山而小天下","连林人不觉,独树众乃奇",用在文章中非常贴切,既加强了文章的生动性,又有力地解说了一定的事理。

当然,采用这些辅助手段,是为了真实、科学地反映事物,而不能为了追求生动而违反科学小品的写作原则。

3. 篇幅短容量大

科学小品篇幅不长,大都是"千字文",即千字左右,或两三千字,是科学文艺中的轻骑兵,比起其他科学文艺作品,其知识量要大一些。正如高士其所说:科学小品虽然是读者面前的一碟"点心"、"小馄饨",但它却是富有知识营养的"点心"、"小馄饨"。科学小品要让读者花片刻时间便能读完,并在片刻之间便能领略到科学世界的绮丽风光,首先要求作者对科学内容

三、写作应用

要有全面深入的了解,即"钻进去",如沙里淘金似的从一大堆科学资料中选取那些闪光的材料,然后"钻出来",用通俗易懂、言简意赅的语言写出科学知识的精华。

四两拨千斤——写作老师教你如何提起笔

认真写好竞聘（选）演说稿

竞聘（选）演说稿是竞聘（选）活动的产物。任何人参加竞聘（包括竞招、竞选）活动，只要不是即席发言，要进行演说，都要事先准备稿子，这就是竞聘（选）演说稿。

竞聘演说稿是讲话稿的一种，但它与一般的讲话稿不同。后者通常在各种会议上使用，其使用范围较广，不管是领导干部，或者是普通群众，凡开会都要讲话、发言，都要围绕会议有的放矢地准备讲话稿。而竞聘（选）演说稿是针对应招应聘，为了让领导机关和群众了解自己而进行演说的实用文体，是把竞争机制引入干部管理工作中的产物。它与一般的演说稿有很大的差别。在社会生活的各个领域，人们为了宣传政治观点、普及文化科学知识，可以根据需要进行有鼓动性、有感染力和有逻辑性的演讲，并为演讲准备好文稿。竞聘（选）演说围绕干部招聘，在一定的会议或场合进行。为竞聘演说准备的书面材料，除具备演说的一般特点外，在内容上要体现一个"竞"字，即针对竞招竞聘条件，通过演说去与竞聘对手比高低。

竞聘演说稿的使用，与竞聘（选）的活动密切相关。根据我国的实际，党政机关聘任干部，事业单位招聘人员，都要使用竞聘演说及其文稿，其使用范围较广。

竞聘（选）演说稿从不同角度看有不同的种类。

如从竞争性质看，它有竞招演说稿、竞选演说稿和竞聘演说稿。所谓竞招演说稿，是演说人在招标过程中，为获得某个建设项目的施工权，或者获得某个单位的职务资格，比如厂长或经理，而发表演说时用的书面文字。竞选演说稿，是在各种类型的选举会上，竞选人为表现自己在德、才、艺、绩而发表演说时用的文稿。竞聘演说稿，是干部在聘任过程中，为争取领导机关和人民群众的聘任而使用的书面材料。

三、写作应用

如从演说形式看,有竞聘人的主动演说稿和竞聘人答辩式演说稿两种。前者由竞聘者按照招聘单位提出的条件和要求,系统地向组织和听众谈竞聘要求、愿望、工作打算等内容;后者针对招聘单位和群众代表提出的若干问题,进行答辩式演说时准备的书面材料。

不管怎样划分演说稿,其写作特点离不开三方面:

第一,写作内容的限定性。

演讲稿不管怎么写,其内容都离不开招聘招标单位所提出的招聘、招标条件。这点与一般的求职信不同。求职信虽然也要重点阐明请求某一个职位的原因,说清能为该公司做什么,并把学历、工作经验、技能等有用的东西直截了当地告诉希望聘用的单位,有时甚至还要即席演讲,但他毕竟是在不很了解单位的情况下进行的,许多内容大多停留在履历表的填写方面。而竞聘演说稿的写作内容,要在竞招竞聘条件上做文章。要结合与当前形势有密切联系的内容、招聘单位的工作实际以及群众感兴趣的问题去讲自己如何符合招聘、招标条件,全力突出自己在德、才、艺、绩诸方面的优点,这样,才能达到被招聘的目的。

第二,运用口语的说服性。

竞聘演说稿由于是用作演讲的,表现在写作上特别强调要多用口语,这样,演讲才能贴近群众,让人感到通俗易懂、生动活泼。要针对听众的思想状况、文化程度、职业特点去考虑演讲稿的语言,反对什么、赞成什么、批评什么、表扬什么,一方面语言要准确,态度要明朗,不能含糊其辞、模棱两可;另一方面又不能用文绉绉的语言、带"欧化"的长句子去拉远与听众的距离,影响招聘招标的说服效果。正如美国的演说家戴尔·卡耐基所说,演讲不用听众平常习惯用的口语,对方不会对你产生好感,反而会觉得你对他不大亲切自然而极易产生厌恶之情。这一点要特别注意。

第三,演讲技巧的配合性。

四两拨千斤——写作老师教你如何提起笔

演讲不但要让听众听,而且还要让听众看。听众要看的不是一架发声的机器,而是一个活生生的有感情的人。所以要使演讲产生更好的效果,还需要演说技巧的大力配合。演说家们总结过这样的经验,认为任何演说都离不开四个目标:①传递信息;②取悦于人;③争取了解和信任;④说服或鼓动。要达到这四个目标,演讲者必须在限定的时间里想法吸引听众的注意力,演说的技巧,特别是演说时的姿势、眼神、声音,以及能突出演讲中心的道具使用,等等,要与演讲的内容密切切配合,互相作用,这样,竞聘演说才能搞得更好。

竞聘(选)演说稿的内容由标题、正文和结尾三部分组成。

一、标题

竞聘(选)演说稿的标题有三种标法:一是文章标题法。拟制时可以用单行标题,也可以用正副标题。如《××企业是如何在市场竞争中"起死回生的"?》就是单行文章标题。《让××机场的经济效益尽快实现——关于竞聘××机场副总经理的演说》,是正副标题法。二是文称标题法。标题只标"竞标演说"、"竞聘演说"或"竞选演说"。三是公文式标题法。标题由竞聘(招)人、竞聘职务和文种组成。如《李××竞聘××市副市长的演说》。

二、正文

正文由称谓、前言、主体三部分组成。

称谓,是对听众的一种称呼,通常用"各位领导、同志们"等。

前言,是演说稿的开头第一段,一般写竞聘或竞招演说的缘由、意图,说明自己为什么要参加招聘或招标的竞选活动的原因,以及本人的一些基本情况等,目的是让听众一开始就了解演讲的由来及基本情况。

主体,主要围绕演讲者所具备的应招、应聘条件,包括资历、学历、政治思想水平、管理才能,以及自己担任某种岗位职

三、写作应用

务、承包租赁某企业公司、承担某项工程任务后的计划、打算、措施等。这部分内容可以用条陈式结构去写（即把以上所说的内容分条列项一一陈述），如例文《我的竞选演说》，演讲者说了自己的工作经历、在工作岗位上感受最深的问题及决心与全市人民把天津的经济工作搞上去的打算后，演讲稿着重讲了三方面的施政纲领：①认真改革外贸体制；②努力配合生产单位，制定好产业产品结构；③继续改善投资环境。除此，亦可以用层递式结构（即通过由浅入深、层层递进的方式去谈问题）、对比式结构（即把两种不同意见或两个不同方面的情况对照起来叙说），不管哪一种形式，这部分的内容都要写得充实具体、条理清晰、有说服力。

三、结尾

结尾通常用诚恳的话语写演讲者的愿望、请求以及应聘、应招的决心和信心。如例文《我的竞选演说》的结尾。

> 最后，让我再讲几句话，我毫不怀疑我们中国在下一个世纪的某个时期，一定会成为了不起的世界经济强国和出口强国。那个时期，我是看不到了，在座的，可能大多数人也不一定能看到了。但是我觉得今后的五年，以至延续到20世纪末的这段时间，是我们国家发展非常关键的时刻。我这个人缺点毛病很多，无论是从素质、能力和水平、经验，担任副市长的职务，我深知是不够的。但是，我有这样的信念与决心，用我在岗位上工作有限的年头，尽心竭力地工作……谢谢大家。

演讲者联系下一个世纪中国发展的目标，去谈自己决心在有限的年头尽心竭力地为党和人民工作的决心，并对听众表示谢意，作为演讲的结尾写得很自然、恳切和有力。

竞聘（选）演说稿的写作要求

一、注重调查研究，加强演说的针对性

美国最有感染力的演讲家福尔敦·希恩说："演讲要能获得成功，很重要的方面是针对实际需要、针对听众接受的目标。"这是关系到演讲是否有针对性的问题。有的人写竞聘演说稿，对聘任单位的历史、现状，当前存在的主要问题、原因及解决问题的办法等，了解不够，对听众的思想状况、文化程度、职业特点、愿望要求等心中没数，这样，内容怎么会好呢？俗话说，射箭要看靶子，弹琴要看听众，写演讲稿首先要了解情况。在这方面，许多演说家为我们做出了榜样。就以马克思曾经称为"倒下去之后，全世界才发现他是一位英雄"的美国第16任总统林肯为例，尽管他学识渊博、口才非凡，但是他对每一次的演讲，哪怕只有几分钟，都很认真做好内容上的准备。一天，一位美国革命战争时阵亡的士兵妻子找到林肯，向他哭诉，说她应领的400美元烈士亡属抚恤金，被发钱的人勒索了200美元。林肯决定帮她到法庭起诉，并准备发表一番演讲。演讲前，他对这位士兵妻子的情况做了调查，抽暇读了《华盛顿传》和《革命战争史》，对要讲的话作了一番深入的思考，并列出了演讲的提纲："没有合同—不该索取手续费—无理的勒索—被告霸占款项不给原告—美国革命战争—锻铁谷的惨状—原告的丈夫—怒斥被告—结论。"几天后他在法庭上发表演讲。他先追述当年的美国人民受尽苦难，后来怎样唤起一群美国志士勇敢地为自由而战及这些志士在战争中如何不怕爬冰卧雪的艰苦，接着慷慨激昂地斥责勒索者。几分钟的演讲，使许多人激动得潸然泪下，而勒索者却感到无地自容能。林肯对几分钟的演说尚且如此重视调查研究，作为竞聘演说更要做充分的准备。

二、阐述竞聘条件，客观具体而有分寸

写竞聘演说，很重要的方面是客观、具体地写清自己已经具备的应聘条件，只有这样，才能为中标和应聘打下基础。克鲁普斯卡娅说过列宁进行演说的经验："善于抓住突出的、说明问题的事实"，"善于用热情之火激励群众"，所以广大听众很喜欢听列宁的演说。我们进行竞聘（选）演说也应如此。凡承担某项工程项目的建设，或是承包租赁某企业单位，或是竞聘某个岗位职务，都有一个是否符合招标、招聘条件的问题。如果演说者只是空泛地提出自己是符合条件的最佳人选，但是拿不出客观、具体的事实去说明，招标、招聘单位是很难考核的，尤其是关于搞好工作的目标、打算，竞聘者应该有切实可行的措施告诉人家，这样，听众才信任你，并投你的票。

此外，注意行文或述说的分寸也很重要。有些人写竞聘演说材料，虽然很注意列举事实，比如讲自己曾做过什么工作、做的效果如何，但大吹大擂，光说自己如何能干，别人怎样不行，讲竞聘条件老是拿自己与别人对比，让人听了不舒服，这样的演说就是没有分寸。因为大吹大擂容易使人产生华而不实的感觉，在公开场合老比别人，容易伤害同志，也会有损自己的形象，我们要特别注意此问题。例文《我的竞聘演说》在这方面就处理得比较好。比如作者在写自己今后工作的打算前，先向听众提一个问题："如果你们要问我，你做这个工作（即5年来从事外事、外贸、外经工作）感受最深的一点是什么？我想这样来告诉大家，我感触最深的一点就是我越是更多地了解世界情况，我的内心深处就越发产生一种沉重的责任感和危机感。"然后，通过讲述作者了解到的中国与世界各国这几年的经济发展情况与数字，自然引出下文。让广大群众听后感到作者心里是惦着天津的经济发展，并决心和人民一道去奋发努力、把天津的经济工作搞上去的。这比那些自我吹捧，或用自己的工作成绩去贬低别人的做

法,更受听众欢迎。作者表面上不说自己如何具备当副市长的条件,实际上却是很委婉地宣传自己在这方面的优势,谈情况和问题很客观、具体;谈工作与成绩不作自我评价;谈今后工作的看法很辩证、很有分寸,写竞聘演说稿就应该这样。

三、符合听众要求,突出语言表达效果

竞聘(选)演说是否符合听众的要求,这是衡量演讲是否成功的关键。列宁说,一个演讲者"无论在什么地方发言,都必须想到群众,必须为他们讲话"。群众的要求是多方面的。除了上面所说的要把应聘(选)条件写得明确、具体,不说空话、大话、过头话,谈问题要切中要害,定目标要留有余地、有分寸感外,注意开门见山地接触讲题,不讲客套话,这点非常重要。有的人一上台就很自谦地解释一番,用自己不会讲话作为理由大讲多余的话,说什么"今天本来没有什么准备,实在是没有什么说的"。结果转弯抹角说了一大通。对此,叶圣陶曾作出过批评。他说:"演说者屁股没坐稳就来这一套,这样做,就是没有群众观点。你说不曾准备,没有什么说的,那么为什么要上讲台耗费听众大量的时间呢?如果没有什么好说,台上那些长篇大论(或三言两语),算不算'没有说的'呢?抑或是逢场作戏呢?如说得更尖锐,一些连自己也信不过的话,却说来给人听,又算什么品德呢?"所以,我们在写竞聘(选)演说稿时一定要打破开场客套的陈规,不讲多余的话。对演说的结束也是这样,群众喜欢圆满而不拖沓、干脆而不唐突的结尾,既反对画蛇添足地结束演说,又不需要把话说得太直、太没有余味。类似这些,如不注意,都会直接或间接地影响演说效果。

另一方面,如何注意声调的高低、声音的大小和吐词的快慢等也不能忽视。因为这些虽然是语言表达上的问题,但它同样会影响竞聘结果。比如,有的人发表演讲,对一些较为重要的情况,本应该放慢速度,一字一句说得很清楚,并注意音调的抑扬

三、写作应用

顿挫，但他却像打机关枪似的把话说得很快，致使听众无法听清他演讲的内容，而误认为他是一个很轻浮的人，结果使他的应聘受到影响。同样，在规定的时间内演说，说得慢吞吞，不注意快慢的变化，既影响群众听讲的兴趣，又会因演讲时间的耽误而使准备得很好的演讲内容失去宣传的机会，最后群众会因未听到演讲者的竞聘目标、工作打算等不给你投"赞成票"。所以，我们写竞聘演说，要把这些因素考虑进去。

四两拨千斤——写作老师教你如何提起笔

值得一读的散文式新闻

《文化沟学童久旱逢甘霖》通过报道中央直属机关的领导干部带头集资建设延安"希望小学"这样有意义的事,表现了党中央与各级领导对延安失学儿童的关心与爱护之情,表达了以延安人为代表的中国老百姓对中国的文化教育事业期盼振兴与发展的强烈愿望。全文用散文(形式)手法去写,是一篇写得较好的散文式新闻。主要表现在:

1. 注重意境创造

散文的意境在很多情况下集中表现在情与景的结合上。作者不管是借景言情,或是以情寓景,都在使情与景水乳交融,共同为作品的中心服务。在这方面,此消息的写作特色很突出。天公作美,久旱逢雨这个景与村民爬上屋顶点鞭炮庆祝的高兴之情,写得自然、合理、密切。延安文化沟迫切需要建希望小学,奠基时又碰上下雨,文化沟村主任认为比自然界下雨更及时。作者抓住"雨"做文章把自然界的雨与政治上的雨联系起来——久旱逢雨值得高兴,然而更值得高兴的是:党中央与各级领导对延安失学儿童的关怀。景与情的渲染,既开掘了报道内容的深刻性与生动性,又使消息写作具有散文的意境。

2. 结构安排灵活

散文讲究从内容出发,灵活安排材料,形散神聚是结构上的一大特点。本文受散文这点影响较明显。纵观全文,建设希望小学这件事有头有尾,这从捐款、选址、设计、奠基等过程就可看出,作者完全可以按事件发生、发展的先后顺序去安排材料,考虑结构。但消息不是用这种形式,而是用倒金字塔式去安排材料,即从希望小学的"奠基"、"捐款"、"选址"、"设计"等先重要后次要的形式去谋篇。即使是倒金字塔,消息也有不同写法。比如,第五自然段写希望小学奠基,在此段前安排了两段

三、写作应用

"捐款"的材料,这些材料按内容应放在第六段去集中表述,由于它比较重要,所以作者把它们放在"奠基"前报道,写了"奠基"又再说"捐款",即安排材料不拘泥于倒金字塔式,而是看表达中心的需要。又比如导语中写到的"及时雨",到第七段才揭示它的深刻含义,这种写法,与金字塔式把事件的结果、意义或高潮放在后面没有什么不同……总之,作者安排材料灵活,自由,似形散,实神聚。

3. 语言具有文采

消息除了运用准确、隽永的语言文字外,很注意运用带有感情色彩的文学语言。比如"雨霖霖,喜盈盈"、"知道不"、"听说没",这些带感情色彩的对偶句、反问句、排比句,连同它引出的材料,既衔接了消息的前后内容,又增强了文章的生动性,使消息文情并茂,宣传效果更好。(后附原文)

<h3 style="text-align:center">文化沟学童久旱逢甘霖</h3>

【《中国青年报》延安××××年×月×日电】(记者张文彦、马明洁)今日,天公作美,旱了有些日子的延安迎来了及时雨。这里,文化沟的村民们纷纷爬上高高的屋顶,冒雨点响了一挂挂鞭炮。

雨霖霖,喜盈盈。文化沟人激动呵——党中央关心咱延安人,惦记咱那些失学的娃儿。大大小小的干部掏自己的腰包凑了80万块钱,千里迢迢跑到这儿,给咱盖"希望小学"来了!

知道不?听来的干部说,有位德高望重的老同志一笔捐了3000块。任凭基金会的人怎么央求怎么问,那办事的同志什么都没说,只肯在落款的地方代署了"一个共产党员的心意"几个字儿。

听说没?邓大姐弥留之际,还没忘记中直机关要给咱延安盖小学的事儿,叫秘书紧着送去了1000块。

看着一个个冒雨伫立、心情激动的村民们,记者不无感慨。

四两拨千斤——写作老师教你如何提起笔

由中央直属机关集资建设的延安希望小学,就在这一群质朴、憨厚得像那黄土坡一样的村民的目光交织下,奠基了。

今年4月下旬,为响应"希望工程——百万爱心行动",中直团委和中直工委组织部在中直系统联合发起了为建设延安希望小学"捐出几元钱,献上一份爱"活动。这活动迅速牵动了各级领导特别是党和国家领导人的心。他们不仅称道这个活动搞得有意义,还纷纷解囊以身作则。江泽民、杨尚昆、李鹏、乔石、姚依林、宋平、李瑞环、丁关根、薄一波、宋任穷等领导同志都带头捐了款,而且数额都比较大。截至7月10日,中直团委收到个人捐款52.5万余元,集体捐款35.8万余元。中直机关部级以上领导干部100%捐了款。33个部委5万名干部职工都献上了自己的爱心。

延安希望小学校址选在文化沟。当年这里曾是社会科学院、民族学院、中央党校总部、鲁迅图书馆等著名高等院校、文化机构的所在地。40多年过去了,这里虽然解决了温饱问题,但每年竟有500多名孩子因家庭贫困、校舍残缺而失学。年仅38岁的文化沟村主任李银树兄弟姐妹7人均因家贫而成了文盲,今天,他红着眼睛对记者说:"我们可吃尽了没有文化的苦头,我们不愿再让孩子们走我们的老路。1984年,大伙集贷7万多元建起了现在这所文化沟一小,但教室破旧了不说,也越来越不够用了。这希望小学真好比眼下这雨,来得及时啊!"

据前来参加奠基仪式的中直工委副书记李岩、中直团委书记杨金永等人讲,此次中直机关的捐款将全部用来扩建文化沟一小,使之成为一所可容纳60名儿童就学,建筑质量较好的全日制学校。延安地区建筑勘测设计院已为该所小学提供了两种可供选择的方案。该院领导、设计师今日当场表示:全部设计免费。中共陕西省委常委、省委宣传部部长王巨才代表省委、省政府出席了今天的奠基典礼。

三、写作应用

同写寒山寺，背景各不同

新闻报道需要运用背景材料。因为任何事物的发生、发展都不是孤立的，总是和它周围的某些事物有一定联系。新闻事实亦如此。新闻写作一般要反映新闻事实产生的历史条件环境条件以及它和其他相关材料的各种联系。新闻背景材料不管是对比性的，说明性的，或是注释性的，不管是放在导语中，或写在主体中，或安排在结尾，都要体现为突出新闻中心，有助于新闻内容立体化，恰到好处，简明扼要，让读者易理解新闻内容的目的。

以同写苏州寒山寺为题才的两篇新闻为例：《枫桥兴会扶桑客，子夜钟鸣百又八》的新闻背景重点安排在主体第一段；《寒山寺新年钟声，六成已名花有主》的新闻背景重点写在结尾，背景内容不同，起的作用是共同的。前者因重点报道"专程从日本赶来中国的 500 多位旅游者"，要去寒山寺"屏息聆听新年钟声"，所以新闻要写出日本民间相传关于"除夕之夜敲钟 108 下"，能除尽人间烦恼，迎来锦绣前程，以及唐朝诗人张继诗《枫桥夜泊》在日本的流传与影响这一背景，不然就会妨碍读者对日本友人去寒山寺听钟声这一新闻事实的认识与理解。有了这一新闻背景，新闻的中心就更加突出。后者写寒山寺一百下新年幸运钟声撞钟权的售出活动。为什么新年未到，撞钟权已售出 60%，张家港某酒业公司那么快要取得新年幸运钟的第一下撞钟权，看了报道内容的最后一段的背景材料，读者终于明白"备受中外游客青睐"的敲响新年幸运钟的活动之所以如此热烈的原因：原来寒山寺法师在子夜敲 108 下除夕钟声，表示一年终结，有除旧迎新之意，它与一年有 12 个月、24 个节气、72 个候（古时候一年为 360 天，每 5 天为一候）合计 108，与佛教教义所说的人生有 108 个烦恼，听 108 响钟声，便可得到层层解脱，迎来新年幸福安康传说相吻合，这就是新闻背景材料的作用。它把新闻报道的内容更加立体化呈现在读者面前。

并不是每篇新闻都要写背景。如的确需要介绍背景，也不能因为它的介绍而影响报道的主体内容。新闻背景对新闻事实而言，虽处于辅助地位，但它在揭示原因、扩展内容、深化中心方面的作用不小。从同写寒山寺活动的报道，看不同背景材料的安排，我们看到了背景材料的运用，任何时候都要服从写作目的与报道中心的重要。（附原文）

枫桥兴会扶桑客，子夜钟鸣百又八

本报苏州1月1日专电：今晨零点，专程从日本赶来中国的500多位旅游者，在香烟缭绕的苏州寒山寺里屏息聆听了新年钟声。

日本民间相传，除夕之夜敲钟一百零八下，就能除尽人世烦恼，迎来锦绣前程，由于唐代诗人张继的诗《枫桥夜泊》在日本广为流传，"姑苏城外寒山寺，夜半钟山到客船"的诗句蜚声扶桑，许多日本人梦寐以求能在除夕聆听寒山寺钟声。从去年12月下旬开始，来自日本各地的"日本寒山寺除夕听钟声访华团"等15个旅游团体的日本朋友，就陆续来到苏州，等待聆听除夕钟声。

除夕晚10点正，日本朋友一批批来到寒山寺。午夜11点40分，寒山寺性空法师步上钟楼，撞响了新年钟声。当钟声响到第一百零八下的时候，正是元旦零点正。顿时，日本朋友欢呼雀跃，和在场的中国僧侣和工作人员亲切握手，互致新年问候，洋溢着中日人民的深情厚意。

寒山寺新年钟声，六成已名花有主

北京消息：苏州市旅游局今天透露，寒山寺一百下新年幸运钟声撞钟权已售出六十多下，张家港某酒业公司已取得2002年新年幸运钟的第一下撞钟权。

三、写作应用

据介绍，除夕寒山寺听钟声活动自1979年开始举办，这种由游客自己动手敲响新年幸运钟的活动备受中外游客青睐，已成为中国开办最早、规模最大的旅游节庆活动之一。

子夜，寒山寺法师要敲108除夕钟声，表示一年的终结。有除旧迎新之意，因为一年有12个月、24个节气、72个候（古时候一年为360天，每5天为一候），合计为108。另外按佛教教义，人生有108个烦恼，元旦听108响钟声，便可得到层层解脱，预祝人们来年幸福安康。

四两拨千斤——写作老师教你如何提起笔

为"战争车轮碾过巴格达门槛"点赞

"战争车轮碾过巴格达门槛"通过白宫发言人弗莱舍在2003年的新闻发布会上宣称"美国总统将选择时间解除伊拉克政权武装"才95分钟,美国便打响了伊拉克战争这件影响全世界的大事,反映了记者对这场战争的正确看法及战争给伊拉克民众带来灾难的同情之心,鞭挞了以美国总统布什为首的侵略者制造种种借口,迫不及待地单方面挑起战争的丑恶行径,寄托了记者反对战争、渴望和平、追求正义的思想感情。

本文经《人民日报》发表后,在世界范围内影响很大。

写作上有四大鲜明特色,值得写新闻的人认真学习与仿效。

1. 善于运用对比、反复、呼应、讽刺、比拟等修辞手法去生动、准确地反映客观事物

美国的侵略战争没有在伊拉克打响前,拥有5万人口的巴格达正如新闻第3、第4段所写,整个城市"沉静、安详,路灯闪烁、交通顺畅、透出美景",美对伊的战争开始后,巴格达的"地貌、街景改变",民众"时日难耐",如第11、第12段所写,战争前后的鲜明对比,让人看到了战争残酷、无情,以及记者对身受其害的伊拉克民众的同情。

新闻四次(连标题5次)反复强调了弗莱舍在新闻发布会上发出战争悬念仅仅才95分钟,战争便打响,一方面提示了美国发动战争迫不及待,时间迅速;另一方面对美国利用电视画面制造错觉,设置悬念,以此去迷惑大众,掩盖战争的丑恶行径进行鞭挞。如第6、第10、第11、第12段反复强调95分钟,对"战争边缘"这个词在第10段也反复强调了四次。

记者对电视画面(即第6段与第3段)及美国总统发出的所谓"最后通牒"(第10段与第2段)的前后呼应起到了强烈的渲染、深化中心的作用。前者告诉人们:观看美国有线电视新闻

三、写作应用

广播公司摄取并向全世界同步播出的巴格达城市战前透出美景的画面，不要有错觉，以为美国不会那么快发起战争，那是明摆着迷惑人们视线，暗中正加紧战争进程的障眼法。后者以时间计算布什的所谓"最后通牒"，被弗莱舍发出才95分钟，（凌晨4时发出，5时35分发射曳（夜）光弹等）战争便打响，揭露了美国发动战争之快。48小时前，布什向萨达姆发出"通牒"，95分钟后便驱动战争车轮。"倒计时"，时间很短，距离不长，"正计时"，时间更短，宽度更小，说明美对这场战争的迫不及待。

战争早在5时35分打响，布什却在6时15分宣布，前后相差40分钟，而且还说是对伊行动的"最初阶段"。既然是"最初"，布什的话音刚落，为何隐形轰炸机和巡航导弹都使用了呢？这不是对布什欺骗民众与舆论的极大讽刺吗？弗莱舍说总统"将"选择时间解除伊政权武装，布什很会"选择"时间，战争打响至布什宣布已过了40分钟这正是对布什选择时间的有力讽刺。"将"字意味深长，发人沉思。

把战争比作车轮"碾过"别人的门槛，是比拟手法。

2. 灵活运用"金字塔式"的结构方式去组织报道内容

按照美国对伊行动的时间线索，新闻是按照时间先后顺序的方式去组织材料的，事情的结局或高潮放至末尾，这是金字塔式的结构特色。但作者为更好地揭示新闻的中心，体现宣传价值，又不完全按金字塔式去考虑内容。按时间线索，第2段写了布什的"最后通牒"，接着应写弗莱舍在媒体宣布的内容，但新闻不是这样安排材料，而是弗莱舍在新闻发布会上发言之前安排了两段"透出些许美景"的战前的巴格达画面，这样做，有利于揭示美国发动战争前迷惑大众的伎俩和战争给伊拉克带来的苦难，使报道内容更有针对性和思想性。

再有，按照金字塔式的结构去报道战争发生、发展的过程，新闻至第9段，即"……攻击效果无法证实……"便可结束，但记者又再安排三段内容，围绕"95分钟"这个关键词，把发动战争之快,战争给伊拉克民众带来的苦难及战争加速后给巴格达的影响,再一次强调,这样安排内容,对深化事件结局,揭示事件意义很有好处。由此可见,作者是从思想内容出发去灵活运用金字塔结构方式的。

3. 语言准确、生动,善用短句子、短段落去加强新闻的现场感、节奏感和战争的紧迫感

新闻中有许多语言,比如"仅仅"、"战争车轮"、"单行线"、"碾过"、"门槛"、"聚焦"、"整点"、"错觉"、"透出"、"灿烂"、"悬念"、"同步"、"正式宣布"、"最初阶段"、"战争边缘"、"倒计时"、"正计时"、"选择"、"难耐"、"距离"、"宽度"等都是很准确且生动的语言,这些语言反映了作者对事件的深入了解与认识,对新闻真实、客观报道的把握,说明了作者运用语言的功底较高。

短句子与短段落的运用,与战争速度相配合,让人读后感到紧迫,现场感突出、有节奏、有感染力与传播力,很有气势。例如,第4、第6、第11、第12自然段,一句话构成一段,读完既明白新闻内容,又感到记者的语言表达能力很强。

4. 按述评性新闻述多议少的特点去写作,评论恰到好处,有效性突出

述评性新闻是兼有新闻与评论特点的文体,它的前提首先是新闻。为此必须按新闻特点去写作。本文在真实、客观报道美国发起对伊战争的基础上,运用评论、画龙点睛,紧密地与新闻事实结合在一起。比如第4、第10、第11和第12自然段的评论性内容,写得自然,恰到好处,与新闻事实水乳交融。

除此,本文很注意时效性,从报道时间与事实发生时间就可看出。第8段写北京时间11时15分,布什在电视上宣布,对伊行动的"最初阶段"已开始,尽管布什宣布的时间比战争打响晚了40分钟,但记者在11时42分就把此事报道出来,即在27分钟内连同写作及在媒体上刊登,速度之快,促成了好的宣传效

果。(附原文)

白宫发言人弗莱舍发出的悬念仅仅持续了 95 分钟　战争车轮碾过巴格达门槛

新华社今天 11 时 42 分电,早在这一刻以前,全世界的目光就已经聚焦在伊拉克首都巴格达。

巴格达时间 20 日凌晨 4 时整(北京时间 20 日上午 9 时),也就是美国总统布什向伊拉克总统萨达姆发出"最后通牒"整整 48 小时以后,战争的车轮,在单行线上碾过了又一道门槛。

巴格达,这座拥有 5 万人口的城市,显现在美国有线电视新闻广播公司(CNN)摄取并向全世界同步播出的定格画面上,沉静而安详。若不是路灯的闪烁,再加稀疏车辆的行驶,巴格达的夜景或许会让人产生像是静态照片的错觉。

只是因为还没有爆发战争,并不灿烂的灯光下,巴格达透出些许美景。

在美国白宫,发言人阿里弗莱舍整点出现在新闻发布会上,向媒体宣布:"解除伊拉克政权武装的行动将在(布什)总统选择的时间开始。"

然而,观看电视画面产生的错觉,以及弗莱舍发出的悬念紧紧持续了 95 分钟。

5 时 35 分(北京时间 10 时 35 分)前后,巴格达渐趋明亮的蓝色天际间,先是出现防空炮火的曳光弹,再就是炮弹爆炸造成的亮点。

当地时间 6 时 15 分;(北京时间 11 时 15 分),几乎与美军发射首枚巡航导弹同步,布什再次出现在电视上,正式宣布,对伊行动的"最初阶段"已经开始。

布什话音刚落,媒体报道接续:五角大楼称,美军 F－117 型隐形轰炸机和巡航导弹发起第一轮攻击的目标,是萨达姆本人和伊方军界高层官员……攻击效果无法证实……

四两拨千斤——写作老师教你如何提起笔

如果以"最后通牒"设定时限为基准，那么，基准以前，人们可以倒计时，计算与战争边缘之间的距离；而以后，进入到战争边缘内，人们只能正计时，累计战争边缘的宽度。终于，在美方选择之下，"边缘"只有95分钟。

其实，对于伊拉克普通民众而言，无论是否有这95分钟，时日同样难耐。战争降临，时日将更加难耐。

这95分钟以后，战争车轮无法逆转，定将加速，巴格达的地貌、街景又将改变……

三、写作应用

谈散文的想象

散文往往截取"一物之微、一丝感触、一撮悲欢、一星冥想、一幅场景"去创造诗的意境。因此,它要求作者在构思时不能停留在描摹一时一地的景物情事上,而要突破时间和空间的限制去发挥想象,展现丰富多彩的生活情景,充分揭示作品的主题。"没有想象就没有散文",这句话道出了散文创作的真谛。完全拘泥于生活,没有任何想象的散文,必然会因文思枯竭而黯然失色,就像失去羽翼的飞鸟那样永远不能凌空。

那么,究竟什么是想象呢?想象是一种在观念形态上再造或创造现实的表象和形象的心理能力。人们无论是创作还是欣赏艺术品,都要具备这种能力。想象有时是"再造",即根据语言文字的描述,或线条、色彩、乐音、模型的示意,把客观已经存在而自己从未感知过的形象在头脑中呈现出来。

下文引述秦牧同志的散文《社稷坛抒情》中的一段话,就是作家运用再造性想象,把典籍、文物上早有记载的历史事物,经过自己头脑的加工改造,化为具体形象,用文字描绘出来:

> 遥想当年帝王们穿着衮服,戴着冕旒,在礼乐声中祭地的情景,你仿佛看到他们在庄严中流露出来的对于"天命"畏惧的眼色,你仿佛看到许多人慑服在大自然脚下的神情。

这一段文字就是运用想象再造出来的。作者来到社稷坛,看到一个四方的土坛分别嵌着五种颜色的泥土,如果他在散文里只是将这个土坛的形状、颜色加以描写,则无论怎样的生花妙笔都难以给它涂上一片庄严神秘的色彩。但当作家展开想象的翅膀,随着他的"遥想"带出一幅有声有色的历史图画时,这个目的便达到了。想象给散文创造了富有诗意的境界,赋予这处荒凉遗迹一种雄浑、凝重的美,以引发读者思古之幽情。

想象有时是"创造",即不依据现成文字的描述和符号的启示,独立创造出现实世界中未曾有过的新形象。1954年毛主席视察黄河,当时三门峡水利工程还未动工,诗人臧克家以这件有历史意义的事件为题材写成了《毛主席向着黄河笑》的优美散文,其中就运用了创造性的想象。当作者写到毛主席笑着走近黄河时,文章这样写道:

> 从他的笑容里我们看到了一个美丽动人的黄河远景:
>
> 规模相当于第聂伯河水电站的一个水电站,巍然屹立在三门峡上,这里的电门一开,无数工厂的机器立刻轰响起来,数以亿万计的电灯一齐放出了亮光。
>
> 拦河坝,拦腰把黄河挡住,成为一个又一个人造湖。它的绿波映在旭日和晚照里,会使人想起"澄江静如练"这美丽的诗句所表现的境界来。黄河两岸树木成林,绿草如茵,秋天来到的时候,一望无际的黄土地上,火似的沉甸甸的高粱的红穗在风里摇晃。
>
> 成队的汽车从柳荫大道上疾驶而过,汽笛叫了,满载客人和货物的轮船正行走在河面上……

这段文字写的全是当时还不存在的东西,经作者想象和描绘出来,不但使作者希望黄河远景规划尽快实现的思想感情插上了形象的翅膀,而且使领袖决心和全国人民一道改造河山的远大情怀得到了有力的抒发,从而增强了作品的感染力。

想象作为一种思维能力,既不是凭空产生的"天赋",也不是蓦地得来的"灵感",它完全得力于人们对现实生活的认识及知识的积累。德国哲学家康德说过:"想象力是一种创造性的认识能力。"散文作者要善于想象,就要对所议之事、所状之物、所写之人、所抒之情有透彻的了解和深刻的体验,假若平时不植

三、写作应用

根于现实生活,努力提高认识事物的能力,想广开文思,运用想象来塑造形象简直是一句空话。同时,注意知识的积累,使自己的记忆仓库里贮藏更多的知识,这也是培养想象力的重要方面。秦牧同志说得好:想象的构成,"在某一点上如同电路……知识贫乏,电路就不通畅了。"只有知识丰富的人,想象力才能高度发展。

散文需要想象,但不是漫无边际的胡思乱想。它必须服从于主题的需要。只要能深刻地揭示事物的本质,创造新的艺术境界,想象不妨大胆些、奇特些、丰富些。

四两拨千斤——写作老师教你如何提起笔

小说中的环境描写

小说创作离不开写环境,因为人物必须在一定的环境中生活,都要与自然或社会的各方面发生联系,并受其影响。正如茅盾所说:"作品中的人物在一定的环境中生活,作者不写环境是不可能的。问题是如何去写好环境。"

环境,有自然环境与社会环境两个方面。自然环境是指山川日月、春夏秋冬、晨午暮夜、江河湖海、山林原野等自然景象。社会环境是指时代背景、社会形势、历史状况、民族习俗、人物关系等社会现象。不管是那一种,我们在作品中,都应像戏剧舞台上精心设计与绘制的一套套布景那样,要形象地揭示出人物活动或事件发展的客观根据,并鲜明地体现出作品的时代性与真实性来。

举个例子来说吧。在鲁迅小说《孔乙己》中,作者为了写出事件发生的背景及人物行为的社会原因,增强作品的时代气息,在作品的开头用了三个自然段去描写社会环境:一开始,作品通过介绍咸亨酒店的格局及下酒物,写出了当时江南集镇的生活风貌。接着又通过描写酒价的腾涨与酒中羼水的情况及掌柜的凶恶,写出当时人与人之间存在的剥削关系。其后再通过记叙一群短衣帮及穿长衫者不同的吃酒方式,尤其是那令人活泼不得的酒店,当孔乙己到来时,人们的鄙夷与冷笑的情景,表现了当时社会的阶级对立、人们精神的空虚及对不幸者的冷漠、无情……正是在这样一个存在着严重的阶级对立与阶级矛盾、人们的精神又极端麻木的社会环境下,孔乙己才会有被人摧残的遭遇及最终被封建社会迫害致死的悲剧。作者对社会环境的描写,不仅揭示了人物活动及事件发展的社会根据,而且也加强了作品的时代感与真实性。社会环境的作用由此可见一斑。

社会环境,除了可以在作品的开头,用一段或几段文字进行

三、写作应用

描写外,还可根据内容的需要,自然地穿插在文中。尤其是当作品中的社会环境及事件发生变化时,巧妙地在文中描写一些自然景物,并把它与社会环境的交代结合起来,不但可以起到渲染气氛的作用,而且还可以直接推动故事情节的发展。《水浒传》第十回"林教头风雪山神庙,陆虞候火烧草料场"中的景物描写就是这样。开始,作品写惨遭高俅之流迫害、最后"刺配"到沧州看管天王堂的林冲,得知高俅派陆虞候来沧州,与管营、差拨密谋、企图害死他的消息,为报前仇,他准备好解腕尖刀,"满街寻找仇人"。正在这个关键时刻,管营却借"抬举"之名,派林冲看管草料场,林冲面临着许多变化了的环境与事件。当他正取路往草料场、准备看管大军草料时,作品有意安排了一段风雪描写:"这天正是严冬天气,彤云密布,朔风渐起,却早纷纷扬扬卷下一天大雪来。那雪早下得密了,但见:凛凛严凝雾气昏,空中祥瑞降纷纷。须臾四野难分路,顷刻千山不见痕……"这段描写,与当时林冲所处的社会环境密切配合,除渲染林冲悲惨落难的氛围外,对下文起到了产生与发展情节的作用:本来就破烂不堪、难以住人的草屋,四下里被雪崩得更坏了,在朔风吹撼下,摇摇欲坠;林冲在草屋"向火"不成,为御身寒,不得不到离草料场二里路外的市井去沽酒;到晚间,"那雪越下越紧",风摇雪压,草屋倒塌,林冲从市井沽酒回来没处安身,不得不到山神庙宿夜;陆虞候之流在这时火烧草料场,干出灭绝人性的勾当,而林冲幸未被火烧死;他正在山神庙里饮酒,"听得外面必必剥剥地爆响,""见草料场里火起,"正"待开门去救火,只听得外面有人说将话来",原来是陆虞候等正谈着借火杀人、报功领赏的恶毒伎俩,林冲不由怒恨难忍飞快地从庙里跳了出来,"三刀两挑"杀死陆虞候等人,走上投奔梁山的道路。作品就是这样结合社会环境与事件的发展去描写自然景物的。假如没有这些描写,情节的波澜起伏就会受到一定的影响。

小说中的环境,不管它的描写方法如何,最终都是为表现人

147

物性格、揭示主题、抒发作者的感情服务的。不抓住这一点，为写环境而写环境，或把环境描写当成是作品的"点缀"，都是不可取的。还是茅盾说得对：任何时候都要把环境描写与作品的人物、故事挂起钩来，这样才有意义，才不会成为作品的赘瘤。

三、写作应用

郭沫若如何写广东名胜

　　1962年春,著名的文学家郭沫若专程到广东湛江霞山西南四十里外的湖光岩参观游览,在游览过程中,他看到湖光岩神奇的色彩,湖水下尽是黑色沙石,入下湖去,冰淹至肩,俯首仍可见脚趾印纹。他听到有关湖光岩迷人的传说:大涝之年,湖水从不溢出;大旱之年湖水也从未见干。特别是看到宋朝李纲、寇准,元代的宣慰司曾留远、凌中奉,明代的监察御史陈贞豫等人在湖光岩上写下的诗文,看到湖光岩旁边的楞严寺,寺中有洞,岩洞寺宇互成景致,涌起了无限的情思。郭沫若诗兴大发,在湖光岩上即景写下,赞叹的诗句:

　　　楞严存古寺,点缀岩光湖;一亭编炮茂,几树结檀殊,惜无苏轼迹,但有李纲书;拂壁寻诗句,三韩有硕儒。

　　楞严古寺把神奇的湖光岩点缀得更加美丽了。寺旁亭子周围林木茂盛,有的结下了奇花异果。这么好的景致,连当年被贬南来、喜欢名山胜水的苏轼都未来过,实在可惜,虽然这里有李纲等人的诗文,但又因岁月的流逝而有点模糊了,要看到湖光岩的美,就必须拂开历史的风尘,来这里寻找,这首诗,表达了诗人热爱祖国山水的情怀,揭示了湖光岩的雄浑、秀美,为许多旅游者认识山水美增添了诗意,郭老的诗使湖光岩变得更有魅力了。

　　郭老在广东旅游,不仅把炽热的深情倾注到壮丽幽美的河山景物中,用生花妙笔去描画景物,而且还十分注意用捕捉到的风光景物的形象美,去启迪和陶冶人们的精神境界。

　　坐落在广州西郊荔湾湖畔的泮溪酒家,历来以幽雅别致、烹调独特而出名。那里有三分之二的地方是用各种花卉、树木、竹栏、石柱、雕塑和彩灯装饰起来的,处处可见假山、花圃、游廊、鱼池、喷泉。各个餐厅建筑互异,名菜美点各不相同;如云宾客,络绎不绝。1962年7月郭老来到广州,在许多人的陪同下,参观了美似公园的泮溪,还高兴地和诗翁们一块饮宴。宴后欣然写下了这样的楹联:

  盘中粒粒皆辛苦,槛外亭亭入画图。

泮溪不少地方像图画那样美,但我们千万不要忘记盘中之餐来之不易!郭老发自肺腑的心声,多么引人遐想、启人深思。

  地处广州东郊的萝岗,以种梅树驰名。在那里春天还未来临,梅花便到处开放,一片雪白,飘逸清香,好像老天爷下了一场兆丰年的瑞雪。20世纪60年代,它被评为羊城新八景之一,取名"萝岗香雪",随着社会主义建设的发展,萝岗的景色更加宜人。尤其是"文革"前省委书记陶铸指示有关部门,在萝岗洞的萝峰山上兴建了一座"望梅亭",供游人登临观赏佳景,梅林、梅亭相映,更富有一番诗情画意,1962年初,郭老在工作之余专程前往萝岗观赏梅花,他在老诗翁钟踏梅等人的陪同下,一边观赏"萝岗香雪"胜景,一边吟下了这样的佳句:"萝岗风物桃源似,遍地梅花颂有年,"像桃源一样的"萝岗香雪",只有在新中国成立后才能遍地开放,才能像瑞雪兆丰年那样吸引众多游客,郭老简直把"萝岗香雪"之所以大放异彩的原因点出来了,这就是生活给诗人提供的诗意。

  广东顺德的清晖园,是广东四大名园之一。它虽然只有9600平方米的面积,但因它园内的亭榭幽穴、假山池水、奇花异木,在植物生长及庭园建筑方面有重要的认识价值,所以引起各方面的注意,被辟为重要的旅游区,1963年郭老来到此园。当他看到清晖园纤雅淡朴,到处鸟语花香,建筑方面有其独特的风格,富有岭南风采,便即兴题诗一首:

三、写作应用

　　　　弹指经过廿五年，人来重到凤凰园；
　　　　蔷薇郁郁红逾火，芒果森森碧入天。
　　　　千顷鱼塘千顷蔗，万家桑土万家弦；
　　　　缘何黄竹犹垂泪，为喜乾坤已转旋。

只有扭转乾坤，清晖园才能在千里沃野的珠江三角洲上焕发美丽的英姿。郭老的诗说得多好！

　　一切名胜都离不开人民的创造，掌握了历史命运的劳动人民，在社会主义制度下，都会以艰苦奋斗的精神，创造新的奇迹。

　　1958年郭老参观新会葵扇厂，当他看到工人们为了多生产精美的葵扇，正聚精会神用金线、银线、彩色线，在多层织扇上点金泼墨，绣鸟刺松想到新会葵扇产量比新中国成立前翻了6番，品种达13个之多，并且远销世界五大洲36个国家和地区，于是郭老情不自禁地抒发了这样的感叹。"清凉世界，出自手中。精逾鬼斧，巧夺天工。飞遍寰宇，压倒西风。"轻盈精致、令人喜爱，品种琳琅满目的新会葵扇竟能飞向世界，与各国产品媲美，这是值得引为骄傲的事。诗人用他的笔，又一次拨响了歌颂新社会人民创造伟大业绩的战斗琴弦！

曹靖华谈散文创作

我国著名作家曹靖华同志,早几年来广州从化温泉。趁这个机会,我们去拜访他,请教了他对自己近年在广州所写的三篇散文的创作体会。

曹老今年已八十五岁高龄了。他热情待客,平易近人。在兴奋的交谈中,我们自然谈起近几年来他写的许多悼念逝者的回忆性文章。当我们谈起发表在1980年3月26日《光明日报》上的《往事漫忆——鲁迅与秋白》一文,赞他记忆力好,为我们学习和研究鲁迅杂文提供了新的材料时,他的话匣子一下子就打开了。他用极其严肃而认真的口气对我们说:"这些事是永远不会忘记的。以前秋白问题未下结论,不便写,现中央落实了政策,解决了他的问题,这些史实我就要讲了,应还历史的本来面目。你们不要看文章的题目是'漫忆',就以为是凭记忆,其实我所谈都是有事实根据的。比如:文中所说,收入鲁迅杂文集中的《大观园的人才》、《真假唐·吉诃德》等杂文,都是秋白同志写的。因为文章内容,当年秋白同志常常与我谈起过,有十二三篇杂文,秋白同志写成后,鲁迅先生曾用自己习用的笔名,送去发表,后来又编入自己的杂文集中印行,这是秋白同志同意的。今后,《鲁迅全集》和《瞿秋白文集》的编者,应分别把这些杂文收入两人文集中,这也是鲁迅先生当年的意见,否则,他不会亲自收入自己的集中。这是世界文学史上绝无仅有的佳话。它说明了两人的友谊亲密无间。后来,鲁迅先生在替瞿秋白同志编印《海上述林》时,还用《诸夏怀霜秋》这一名称,'诸夏者,中国人也。霜者,秋白也。'秋白的乳名霜,称'瞿霜',可见鲁迅先生非常敬重瞿秋白同志的才华,对他怀念极深。"

接着曹老用徐缓的节奏,顿挫有致的语调,又说:"不但回忆性的散文要注意真实,就是一般散文也应如此。前段,有人怀

三、写作应用

疑写真实、反对写真实,认为散文可以虚构,我是不同意这看法的。我始终认为,散文主要是以真实取胜的,不真实就不能动人。散文的真实应包括两条:一是事实的真实,二是感情的真实。你从未看见过此人、此事、此风景,或者看了自己都不感动,写出来肯定是不感人的。在我们这个社会,只要你留心生活,就会看到很多感人的东西。"

他举了刊登在《光明日报》上的散文《带翅膀的"媒人"》为例。"我这篇散文是写蜜蜂的,从化温泉四季如春多蜜蜂,这是人所共知的事。但蜜蜂对人类有哪些作用呢?为了尊重事实,当时,我几次访问流溪河上游十几公里远的温泉公社国营林场的附属养蜂场,找了有经验的养蜂同志座谈,又专门去看了温泉附近的一个农家的养蜂,看到蜜蜂对人类贡献大,我很感动,于是,我把书本知识和实际调查核实所得结合起来才写成那篇散文。散文发表后收到不少读者的来信,纷纷询问我在散文中所写的关于蜂蜡可治色盲症这件事,向我请教治疗方法。有不少是高考成绩优良仅因患色盲而未被录取的青年。他们迫切要治好色盲症,为四化作贡献。看了这些信我很感动。我复信说:'蜂蜡可治色盲症,这是事实,但如何治?具体方法,那就要请教医生了。'这也算实事求是吧!按古人所说,那就是'其文直,其事核,不虚美,不隐恶',照客观事物的本来面貌严肃而认真地给予反映。"

说到这里,曹靖华同志为了加深我们对他的散文写真纪实的理解,还专门谈起鲁迅先生的散文《藤野先生》中画血管图的事。他深情地说:"鲁迅画血管移了一点位置,藤野先生就指出实物是那样的,我们不能改换它。藤野先生的话应该是写散文的其中一个特点。散文中的内容要符合真实情况,不能主观臆造。当然,所谓真实,并不是社会生活某些事物的照像,也不是不要美和善。但没有真这个最基本的东西,美和善就无从谈起。试想想,不真的美,不真的善是什么东西呢?它根本就不是文学。"

最后曹老告诉我们,他为了写《从化温泉散记》这篇散文,起初,不太了解温泉的水质,在看了大量资料的前提下,找了不少同志座谈,还专门步行到距温泉宾馆五公里远的天湖山上去,爬山看了天湖水电站、百丈飞瀑,等等,进一步体验温泉人民治山治水的战斗精神,从中获得感性认识。他说:"不这样做,散文中有些东西根本就写不出来。所以,我们不能光流连于书斋里,应走向广阔的生活去观察去挖掘人、事、物的变异,这样才能写出有真意有真景有真情的散文。"

听到这些字字珠玑的话语,我们实在为曹老深入调查研究的精神所感动。曹老年逾古稀,又患有肺气肿病,但他为了讴歌新的时代新的生活,脚步是那么坚定而努力。这一点是多么值得所有的文学青年学习的啊!

三、写作应用

理由谈报告文学创作

从1983年11月下旬起,中国报告文学研究会副会长、报告文学家理由受教育部的邀请和委托,前来广东采访先进教师。在为时一个月的时间里,我趁陪同学习采访之便,就报告文学创作的有关问题请教过他。下面就是我请教时所作的详细记录。

问:就你的体会,这几年的报告文学创作应怎样看?

答:虽然有一些理论问题有待研究与解决,但总的趋势是发展的。表现在创作方面,题材和风格都比以前多样化了。据统计,仅北京每年就有3000多篇不同内容和风格的质量较好的报告文学。理论方面的探讨也非常活跃。

问:是什么原因造成它发展的呢?

答:最根本的原因是大好的政治形势及四化建设的总任务。它给报告文学带来了新的生命及影响。报告文学是随革命的发展而发展的。另外,还有两点不可忽视。一是作为独立的艺术形式,它不断成熟与发展了。二是作家多年来压在心里的话多了,在生活中恨不得一吐为快。

问:你刚才说报告文学在理论方面的探讨很活跃,能否加以说明?

答:别的不说,就拿真实性来说。前段大多数同志对报告文学要自始至终贯彻写真纪实的原则,意见较统一。但如何理解真实,看法就各不相同,有的认为真实应包括事实的真实与艺术的真实,有的认为所谓真实是指生活中准确的真实,我较同意后者。生活是复杂的,有些来自生活的东西不一定是准确真实的。有人做过这样的试验,把自己讲的话用录音机录下来,几个月或长些时间收听会感到不是自己讲的。为什么?这就是生活和人物感情的复杂性造成的。所以,需要把握准确的真实。最近,对真实性的探讨好像又发展到作品背景的争论上了。围绕一篇报告文学，作者说它的背景是真实的，评论家说不真实，于是大家争了起来，真是婆说婆有理、公说公有理。怎样看此问题，需要认真探讨。

问：请你就一篇作品说具体些。

答：其他不说，就拿去年我发表在《花城》上的《特区行》来说吧，有人说它有些地方不真实，说我对特区无感情。我不同意此说。

问：那你的看法如何？

答：不是几句话可以说清楚的，实际上我在《特区行》里是较注意真实性的。评论说我不真实，其实我是用先抑后扬的手法，怎么能说贬低人呢？简单的结论容易下但不解决问题。

问：你说在《特区行》里用了抑扬手法，你能否谈谈文学性的问题？

答：我认为文学性是与真实性结合在一起的，文学性的手法必须在符合真人真事的基础上才能运用，它依赖服从于真实性。反之，光有真实性而无文学性也不行，这样写出来东西不可能感染人、教育人。二者的关系要理解好，掌握好。

问：在文学性方面你较注意运用哪种主要方法？

答：文学性包括很多方面，恐怕很难说哪种主要方法，为了写好人与事，我要根据需要取舍材料，考虑结构，注意语言，等等。这些都是我经常运用的文学手法。很难说哪个主哪个次。

问：有人说你喜欢用小说笔法去写报告文学，事实是这样吗？

答：对！但有时又不是这样。分析一个作家的创作要全面看。

问：根据你写报告文学的经验，你认为写报告文学最难之处在哪里？是真实性吗？

答：不。

问：是文学性吗？

答：也不是。我感到最难的问题是结构。我国的报告文学所反映的内容时外国有点不同，那就是所反映的内容时间长些，既

三、写作应用

有"现在进行时",又有"过去完成时",既有纵深处,又有横断面,如何找到一条线,把两个"时"、纵与横有机地交织起来,忠实地向人们报告,使人们产生时代感、新鲜感,这是颇费功夫的,另外如何处理好"三不得罪",也经常使我头痛。

问:什么是"三不得罪"?

答:第一是不得罪客观事物的矛盾,比如教育战线,一方面强调调动教师的积极性,发展教育事业;另一方面教育投资还较少,虽然比前有所增加,但比起其他先进国家还是较少的,教师生活还较穷,碰到困难较多,这就是矛盾。这些你能不写吗?我这次写广东兴宁中学的一位中学教师就碰到这问题,这位老师教地理,他为了编好教材、上好课,想到有些地方考察地形、地貌,但教育经费少,不可能拨钱给他,他只好背着一个小挂包通过自己节衣缩食、艰苦奋斗去达到目的。我听后很感动,给作品起了《小挂包》的题目。(此文已发《人民教育》1984年第二期。)

像这样的客观矛盾,遮掩是不行的。遮掩了就"得罪"了它。第二是不能得罪读者。客观事物读者是清楚的。比如上面所说,假如不处理好,读者有意见。第三不能得罪自己。自己了解生活,假如不实事求是,缺乏艺术良心,自己都通不过,何况别人?所以,这三方面常常促使我动脑筋。

问:那你怎样处理好这个难点?

答:用打足球的专业语言来说,要射中主题这个球门,可以正面攻球,也可以侧面迂回,攻球的方法是多样的,要看具体情况而行。

问:你在很多谈创作体会的文章中都说采写报告文学"要尽早地进入艺术构思",如何理解"尽早"这个时间概念?

答:所谓"尽早"不是在缺乏生活,未掌握材料的情况下说的,那样就是"主题先行"了。我们在生活中听了人物介绍了一段话,头脑就应马上思考问题。比如我发表在《广东教育》今年第二期的报告文学《东湖月》就是例子,它是采写广州市

四两拨千斤——写作老师教你如何提起笔

六中的一位语文老师的。她过去一方面不想当教师，另一方面又兢兢业业搞教学；一方面说工作负担重，既要兼班主任又要上两个班的课，另一方面又主动承担额外的教学任务。这些矛盾现象，是如何产生的？怎样分析？我想来想去就加深了对人物的认识，从而对这样的人物个性产生兴趣，促使我挖掘事物，减少盲目性。

问：你认为今后的报告文学创作会朝什么趋势发展？

答：在注意真实性的同时，会较重视文学性。

问：有什么根据？

答：一是报告文学越来越成熟与发展；二是人们的艺术欣赏能力较前提高，主要是这两点。

问：这是好的发展倾向吗？

答：要具体分析。凡是有利于报告文学发展的文学性，则是好的，否则就不好。

问：能否讲具体些？

答：我看了一些报告文学，在文学性方面有两点值得注意。一是渲染过多，二是过分"煽情"。环境气氛不渲染不行，感情不写也不行，但要适可而止，不要过分。否则效果往往相反。这个问题外国专家都看出来了。法国报告文学专家就与我谈起过此问题。

问：能否这样说，要发展报告文学必须注意你说的问题？

答：也不能这样简单，还有其他方面，比如在题材和风格的多样化方面还要大力提倡，对报告文学艺术规律的探讨还可加强，诸如此类，如不处理好，也会妨碍报告文学的发展。

四、公文写作

四、公文写作

从公文文种名称看写作启示

要搞好公文处理的规范化,除保证公文内容准确,符合党和国家的方针政策、法律、法规外,撰写公文时要注意正确选用文种。

要正确选用公文文种,首先要了解公文的名称、种类、性质与用途。就它的名称来说,它有四方面的启示作用。

(1)可以启示人们认识不同文件的不同内容与性质。比如通知、通报,都有一个"通"字。"通"即传达的意思。"知"与"报",包含知道、告知的意思,所以使用通知、通报等作为文种名称的文件,基本属于告知性、周知性的文件。

(2)可以启示人们了解文件不同的写作目的或要求。如布告、公告、通告、报告,均有一个"告"字,"告"即将事情陈述,告知有关方面的意思,通过一个"告"字,可以了解到这四个文种的写作目的或要求全在于周知、告诉有关方面有何事项要了解知悉或执行。认识了"告"的内涵,写作就不会偏离内容重点。

(3)可以启示人们掌握文件的不同行文方向。如决定、决议,都有一个"决"字,"决"就是议决、决策的意思,而议决与决策主要职能来自各级党政机关及领导部门,议决、决策之后需要有关方面去贯彻、执行、办理,所以它的行文方向必然是自上而下展开的。"请示"二字的含义是请求给予指示,这个含义本身就十分明确地告诉我们请示的行文方向是自下而上。"函"的本意是书信,书信是人们用以传递信息、互通情况、商洽问题、联系事务用的,它不存在哪一方可以用,哪一方不可以用的问题,行政机关运用"函"去联系公务,便产生对上、对下以及平级机关、部门之间均可使用的多种行文方向。"意见"是对工作情况与公务处理谈看法、见解及处理方法的,为此,不管哪一级的机关部门,都可以使用"意见"去处理工作问题与公务,所以行文方向相对比较灵活,即可上行行文、下行行文,也可平行行文。

(4) 可以启示人们领会不同文种的写作特点。以公告、报告两个文种为例,虽然它们都离不开一个"告"字,都带陈述、告知性的性质,但前一个"告"字与"公"搭配,受"公"字修饰、限制,后一个"告"字,前面有个"报","告"与"报"紧密相联。"公"有"公开"的意思,即面向社会公开有关事项,"报"指向上汇报、告知,把"公"与"告"联系起来,即向社会公开告知的意思,所以公告是面向范围较广的告知性文件,对象是广大人民群众及有关方面。"报"与"告"结合,是表示下级有关方面向上级领导机关或部门汇报、陈述工作事项,所以它是面向上级的陈述文件。请示与报告,从名称看,前者是下级向上级请求指示、批准,报告是下级向上级汇报、陈述情况,两个文种的含义说明属上行文,这是共同点。不同点是:前者对上有请求性的要求,会引出批复这个文种,后者对上没有请示性要求,不需要作出答复意见,所以,它们是两个特点不同的文种。

把握好公文正确行文的"三要素"

公文的传递、运转,即按照什么关系,朝什么样的方向,采取何种方法与形式,让公文在实践中发挥作用,这是公文的行文要研究的问题。要使公文实现效率,就要按照科学、规范的要求,保证行文正确、及时和规范。

要搞好公文的行文,必须把握好行文的"三个要素"。这是正确行文的基础。

1. 行文关系

行文关系指机关、单位、部门之间的组织关系在行文中的表现。行文关系由隶属关系和职权范围去确定。不管是上下级、平行级或非隶属关系级别的机关、单位、部门都有不同的职权范围。关系不同、职权有别,会直接影响行文效果。作为机关单位的组织关系有四种:一是上下级关系。即领导与被领导的关系,直接垂直的组织关系。如国务院与省政府。二是隶属关系。不论机关、单位、部门的级别大还是小,都在同一系列的党政关系内。如某镇人民政府隶属国务院或所在省的省政府、市政府、县政府,他与别的省政府、市政府、县政府主管的镇人民政府就不是直接的隶属关系。三是平级关系。指同样在一个党政系列中的同等级别的机关或部门之间的关系。四是非隶属关系。指不是同一系列的党政组织关系,不发生直接的职责联系的机关、部门之间的关系,这种关系可以是相同组织或不同级别,都处于非隶属关系。

2. 行文方向

行文方向即发文机关的所发公文的运行方向,即向不同机关、单位、部门运转,从中体现了不同的运行方向。行文方向有四种:

(1)上行。公文向上级机关、单位、部门的方向运行。

（2）下行。公文向下级机关、单位、部门的方向运行。

（3）平行。公文向有隶属关系的平级机关、单位或不相隶属的平级机关、单位运行。

（4）泛行。发文的党政机关公文向广泛的方向运行，不管是隶属或非隶属的组织关系，根据公务需要去发文。不少普发性的公文就属这种情况。

3. 行文方式

行文方式指发文的党政机关、部门其所发公文的行文方法与形式。从行文情况看，它有三类：

（1）从行文的机关、单位、部门看，公文有单独行文与联合行文两类。

（2）从公文的行文对象看，有逐级行文（向有隶属关系的直接的上级或下级一级级行文）、越级行文（越过有隶属关系的上级或下级的公文）、多级行文（公文向有隶属关系的上级并呈非直接上级或向有隶属关系的下级并转非直接下级行文）、普发行文（向有隶属关系的各机关、单位、部门行文）、泛向行文（公文向有隶属关系的机关、单位、部门或非隶属关系的机关、单位、部门作泛向性行文），它与普发性行文相似，但行文方向的重点不同。

（3）从确定行文对象的主次看有三类：

第一，主送，即公文向主要受理机关行文。

第二，报送，即公文向上级机关、部门或负责人传送。

第三，抄送。公文原则上主送一个上级机关，除此还要送除主送机关外需要执行或知晓公文内容的其他机关。所有这些行文都与行文对象的主次不同相联系。

四、公文写作

把握好公文行文的理由与依据

公文写作要针对现实生活和公务活动,针对贯彻执行党和政府的路线、方针、政策,宣传法律、法规的要求,针对发文机关搞好各项公务工作的意图去行文,否则,即使文从字顺、格式规范,对现实工作的指导性无从谈起。在这方面,《党政机关公文处理工作条例》(下面简称《条例》)第十三条,第十九条(一)、(二),第二十条(一)、(二)等条款作了反复强调。如第十三条指出:"行文应当确有必要,讲究实效,注意针对性和可操作性"。谈到公文拟制,即公文起草时,《条例》第十九条(二)又强调:公文要"一切从实际出发,分析问题实事求是,所提政策措施和办法切实可行"。公文定稿前要严格审核公文,审核重点有五大方向,其中第一点就是看"行文理由是否充分,行文依据是否准确"。(见《条例》第二十条(一))行文的理由与依据就是看实际工作需要。凡符合国家法律法规和党的路线方针政策,属当前急需解决的现实问题,需尽快处理的公务、有利于开拓与创新工作局面的各种重要活动,都需要公文去处理。

例如,2012年9月6日,国务院批复了《广州南沙新区发展规划》,在国家发展战略层面确立了南沙新区作为"粤港澳全面合作示范区"的发展定位,明确了粤港澳优质生活圈、新型城市化典范、现代产业新高地、具有世界先进水平的综合服务枢纽、社会管理服务创新试验区等五大功能。广州市人民政府作为南沙新区建设的主体、要把南沙新区开发建设作为广州新型城市化发展的"一号工程"来抓。按照《广州南沙新区发展规划》确定的战略定位和发展重点,为了更好推进相关建设项目的组织实施工作,尽快出台了《关于全面贯彻落实广州南沙新区发展规划的决定》,决定颁布后,进一步加强和促进了南沙新区开发建设工作,由于行文的理由与依据充分、正确、操作性强,所以,就能在工作实践中发挥效用。

正确行文要选好公文文种

《党政机关公文处理工作条例》对正确选择和使用文种作了许多严格的规定。比如第五章第十九条谈到公文起草要做到七条要求时,其中第四条提出"文种正确";公文文稿签发前,发文机关办公厅(室)要审核公文,审核的重点有五大方面,第四方面就提出要看"文种是否正确";第六章公文办理第二十四条规定收文办理有七方面的程序,其中第三点"初审"提出"要看文种是否符合要求",第二十五条强调发文办理有四大程序,第一个程序:复核,提出"已经发文机关负责人签批的公文,印发前,除对公文的审批手续、内容、格式等进行复核外,还要复核文种使用正确与否"。

公文要正确行文必须正确选择和使用文种,除了要结合行文目的、发文机关职权与主送机关的行文关系外,还要把握公文文种名称确立的有关要求,了解公文文种之间的使用关系,辨清公文文种用途的异同。

1. 掌握公文文种名称确立的要求

公文文种名称的确立,必须按公文处理的法规文件的统一规定,不能乱起名称或随意组合。比如"请示报告",把两个不同文种的名称合并在一起,就犯了这个毛病。这与批转与转发公文不同,批转与转发,本身体现公文处理的机关权限,使用的是规范的单独公文文种,并没有随意组合或缩并公文。

2. 了解公文文种之间的使用关系

由于公文文种的用途、使用范围、运行方向彼此不同,文种之间分别集合成若干个小群体,形成类别关系。比如,公文可分为指挥性公文、知照性公文、呈请性公文、法规性公文、报告性公文、记录性公文等,不同种类之间的公文不同,每类公文又包含若干个公文文种。如从公文的法规角度看,公文又可分成法定与非法定公文两类。从行文方向看，又可分成上行文、下行文、平行文等类别。

另外，公文文种之间还存在相联关系，即公文文种之间相互关联，相互起作用，关系密切。比如，有请示便有批复，有报告就会产生批示，有计划便有总结……这些公文文种一旦使用，便会产生互为联系共同起作用的情况。

3. 辨清公文文种用途的异同

公文中有些文种、名称、性质与作用，特点相似，但用途有许多不同。要准确选用文种就要辨清它们之间的异同。

以命令（令）与指令为例：

这两类文种的相似点在"令"字，即属指挥性下行文，上级对下级"传令"，指挥权威突出，没有较高的级别与职责不能使用此文种，所以使用者大都是中高级机关。不同点主要有两方面：第一，使用范围不同。命令（令）"适用于公布行政法规与规章，宣布施行重大强制性措施，批准授予和晋升衔级嘉奖有关单位和人员。与2000年颁布的《国家行政机关公文处理办法》（以下简称《办法》）规定比较，这个文种的用途增加了批准授予和晋升衔级"这个用途。删去了《办法》规定的"公布行政法规和规章"这句话前的表述"依照有关法律"。究其原因，主要是为了突出党的机关权责，体现党管"授予和晋升衔级"的批准权限。因为"授予和晋升衔级，"部队，（包含武警）公安和司法部门用得较多。过去不少公文文种未突出这个用途，或多或少会影响这方面的公务处理，现增加这个用途，使命令（令）的使用范围更广，包括党管干部的权责比前突出。

文种用途更明确，语言表述更简洁。因为行政机关能"公布行政法规与规章"，按照"立法法"等法律规定，一般都是依照了有关法律的要求与程序去做的，如再强调此句，不但会造成语意重复，语言不简洁，而且会影响法规与规章理解与贯彻执行，影响命令（令）的准确使用。

指令，按1987年《国家行政机关公文处理办法》（以下简称《办法》）规定："主要用于发布经济，科研方面的指示性和规定性相结合的措施与要求"，属法定公文。它与命令（令）的使用范围不同，重点在经济和科研方面提出指示性与规定性措施与要求，1993年修订《办法》时已删除法定公文行列。再有，拟题方式不同。命令（令）的标题，有时要根据语法结构及语言的自然表达、流畅去考虑。特别是作为命令的简称"令"，一般来说，标题的事由没有命令那么具体。为什么？因为"令"是单音节词，"命令"是双音节词，发布命令时，如事由较具体，由虚词"的"组成的介词结构的句子，作为命令的事由，读起来比较顺口、流畅。如"国务院关于在我国统一实行法定计量单位的命令"。"令"基于表达效果，事由较具体的，标题中较少概括。如"中华人民共和国审计署令"，比"中华人民共和国审计署命令"，读起来更顺口、畅快。指令的标题不存在这个要求。至于"通令"，是命令与通告相结合的文种。如国务院1983年4月13日发布的《关于严格保护珍贵稀有动物的通令》，实际上是通告的内容用命令的形式发布，以显示内容的重要性与执行措施的强制性。这个文种部队用得较多。新中国成立以来，党政机关从未把它列入正式的法定公文，只是偶尔使用，这几年几乎没有用过此文种。

四、公文写作

规范公文正确行文的九大规则

行文规则是公文运行中应遵循的规范与要求，是党政机关、企事业单位的组织关系原则在公文处理中的体现。根据《党政机关公文处理工作条例》（以下简称《条例》），党政机关的行文规则主要有九个方面：

一、行文有必要的规则

《条例》第四章第十三条规定："行文应当确有必要，讲求实效"。公文向上行文，第十五条（六）再次强调："受双重领导的机关向一个上级机关行文"，"必要"时抄送另一个上级机关。公文向下级机关行文，第十六条（五）和第十七条谈到公文的抄送和联合行文时又再次强调"必要"的规则。这些规定比原《办法》原《条例》更为具体、严谨。原《条例》提出行文"行文应当确有需要"，注重实效（见第十一条），原《办法》提"行文应当确有必要，注重效用"，"需要"的词义属性比不上"必要"强烈，"实效"与"效用"虽然意思差不多，但用"注重"去强调，去修饰，比不上"讲求"更周严，更高要求。而且强调行文是否有必要，《条例》提出"针对性"与"可操作性"的要求，即用这两条标准，这两条标准去补充、强调行文有没有必要，公文要针对现实需要制发，此外要具备可操作性，否则，根本就谈不上实效，更谈不上行文必要。这方面，《条例》比原《条例》、原《办法》的规定更完善。

二、政府各部门的行文规则

根据《条例》规定，政府各部门的行文规则必须注意三方面的要求。

1. 向上级主管部门的行文

党政部门向上级主管部门请示报告重大事项，"应经本级党委，政府同意或授权"。（见第十五条（二））这个要求是新增加的。原《条例》第十四条提出"党委各部门应当向本级党委请示问题，未经本级党委同意或授权，不得越过本级党委向上级党委主管部门请示重大问题"。现在没有强调"不得越过本级党委"这个要求。"把请示问题"改为请示报告"重大事项"；原《办法》第十四条规定"一般不得越级请示和报告"，未详细说明什么情况下可以越级请示和报告，现提出党政部门向上级主管部门请示，报告重大事项，经本级党政同意或授权，包括越级，都可以行文，《条例》的行文规则比前明确。

2. 属于部门职权范围内的行文

按照《条例》规定属于部门职权范围内的行文有五种情况要规范。

（1）属部门职权范围内的事项应直接报送上级主管部门。（见第十五条（二））这个事项指一般事项。

（2）党委、政府部门在各自职权范围内可以向下级党委，政府的相关部门行文。（见第十六条（三））（见第十七条）"党政部门依据职权可以相互行文"。

（3）涉及多个部门职权范围内的事务，部门之间必须协商一致才能向下行文。如擅自行文上级机关会责令纠正或撤销。（见第十六条（四））

（4）未经党政授权，任何部门不得向下级党委、政府发布指令性公文或在公文中提指令性要求。（见第十六条（二））

（5）由政府审批的具体事项，政府同意由职能部门行文的，文中要注明已经政府同意。（见第十六条（二））

3. 关于对外行文

党政部门内设机构只有办公厅（室）才能对外正式行文。（见十七条）党政部门内设的办公厅（室）根据党委、政府授权可以向下级党委、政府行文。（见第十六条（二））

三、联合行文规则

关于联合行文规则，《条例》第十七条作了简要、明确、严谨的规定。"同级党政机关，党政机关与其他同级机关必要时可以联合行文"，这个要求说出了联合行文的两种情况："（一）同级党政机关可以联合行文；（二）党政机关与其他同级机关可以联合行文"，但要在"必要时"才行。"属于党委，政府各自职权范围内的工作，不得联合行文。"凡各自职权范围内的工作，即使同级也不能联合行文。这些规定比原《条例》第十二条（四），比原《办法》第十六条的规定简明、严谨。原《条例》没有提职权范围内工作不得联合行文的要求，同级党的机关能否行文的问题。原《办法》第十六条把联合行文的十五种情况作出规定，第十七条提出属部门"职权范围的事务"，可以联合行文，与《条例》强调"不得联合行文"，在规范性方面有所不同。

四、抄送规则

抄送规则根据《条例》规定，有五方面的内容：

（1）特殊情况下的越级行文，"应同时抄送被越过的机关"。（见第十四条）这里所说的"越级行文"，有哪些公文文种可越级行文未明说，只要是"特殊情况"，越级行文，就要同时抄送被越过的机关。

（2）原则上主送一个上级机关的行文，《条例》第十五条（一）规定："根据需要同时抄送相关上级机关和同级机关，不抄送下级机关。"这里特别强调"根据需要"、"同时"，对象是"相关上级与同级机关"，下级机关不能抄送。

（3）凡重要的下行文，《条例》第十六条（一）提出："重要行文应同时抄送发文机关的直接上级机关。"很强调内容重要与否，如重要，应"同时"抄送发文机关的直接的上级机关，

"直接"指政治上、组织上、业务上有直接领导关系的上级。"发文机关"指发出文件的机关,限制前提比以前的法规文件明确。

(4) 受双重领导的机关行文,按《条例》规定有两种情况:一是下级对上级的行文,"必要时抄送另一个上级机关"。(见第十五条(六));二是上级机关对下级的行文,"必要时抄送该下级机关的另一个上级机关"。(见第十六条(五))两种情况下的抄送均看"必要"与否。

(5) 公文有主送受理机关的,要"根据需要抄送相关机关"。(见《条例》第十六条(一))

总之,公文写明抄送机关要区别不同的情况,有的强调"同时抄送",有的要"根据需要"抄送,有的要看是否"必要"抄送。

五、协商一致的规则

《条例》第十六条(四)强调"涉及多个部门职权范围内的事务,部门之间未协商一致的,不得向下行文;擅自行文的,上级机关应当责令其纠正或撤销"。这个规定,比原《条例》、原《办法》的规定不仅扩大了协商的范围,而且表明了违反这一行文规则应有的做法。原《条例》第十四条仅限于向上级的请示事项,"请示事项涉及其他部门业务范围时,应当经过协商并取得一致意见后上报;经过协商未取得一致意见时,应当在请示中写明"。在公文的承办环节(第二十二条(七))强调:"凡涉及其他部门业务范围的事项,承办部门应当主动与有关部门协商办理。"这两方面强调的都是业务范围,针对请示事项与承办环节。虽强调协商,但如协商意见不一致,只是在公文中"写明"而已。原《办法》对协商一致的行文规则,强调的内容较多,如第二十六条提出要明确主办部门,处理有关事项协商时有分歧,主办部门的主要负责人要出面协调,仍不能取得一致意见,主办

四、公文写作

部门要列明各方理据,提出建设性意见,与有关部门会签后报请上级协调或裁定。这个意见在第三十五条中又再重申。原《办法》这两条规定与第十九条意见结合起来,规定的内容与《条例》不同,协商工作需要主办部门带头,包括解决分歧意见,这是普通常识,关键是协商仍不一致,《办法》提出把矛盾上交,这样做,增加了办文的时间与难度,使协商工作更加复杂。《条例》从起草公文开始(见第十九条(六))就提要求,公文涉及其他地区或者部门职权范围内的事项,公文起草单位必须征求相关地区或者部门意见,力求达成一致。(见第十九条(六))接着在公文文稿签发前再次强调要审核公文有无充分协商的问题"涉及有关地区或部门职权范围内的事项是否经过充分协商并达成一致意见",(见第二十条(三))这两方面的把关,再加上第十六条(四)的强调,协商一致的行文规则明确,易操作。而且,《办法》强调业务范围与《条例》所说的"职权范围"内的"事务"是有区别的。可见《条例》的规定明确,易操作。

六、请示规则

《条例》提出的请示规则主要集中在第十五条(三)、(四)、(五)的条款中作出规定。请示一般不能越级,在《条例》第十四条中就明确规定。("一般不得越级行文")在第十五条(一)中提出向上级机关行文,包括请示"原则上主送一个上级机关",请示是上行文,应遵循"原则上主送一个上级机关"的行文规则;第十五条(五)规定:除上级机关负责人直接交办事项外,不得以本机关名义向上级机关负责人报送公文,这里所说的公文包含请示在内。这两方面的行文规则不能违反。它与以前的规定有三点不同:

(1)原《条例》提到向上级机关行文,(包括请示)"应当主送一个上级机关",强调"应当"。(见第十二条(一))原《办法》则强调"一般只写一个主送机关",(见第二十一条)用

"一般"去表述,现《条例》提出"原则上主送一个上级机关",用"原则上"去限制"主送",这个提法比前两种提法不太一样,"应当"语气肯定,一般容易留下"特殊"的空间,行文单位可以用请示事项特殊,主送两个以上机关,弄不好会带来行文上许多不遵守规则的行为。现提"原则"上,既符合党政公文有时会联合行文的情况,又给实事求是处理公文的"灵活"性留有余地。

(2)以本机关名义向上级请示,首次提出应当提出倾向意见后上报,不得原文转报上级机关。(第十五条(三))这个规定,规范了许多不符合行文规则的公文。过去有不少下级的请示,本身不表明对请示事项的意见、态度,就原文转报,把"排球"踢回上级机关,现不允许此种做法,不仅要表明意见,而且很强调意见的倾向性,即态度要鲜明,倾向要明显,这样,上级才能更好处理公文,有利于民主集中的处理公务,使请示事项能尽快批复,加速公文运转,提高公文处理效率。至于请示要一文一事,不抄送下级机关,这些行文规则《条例》作了反复强调,实践中要坚持这些行文规则。另外,附注处要注明联系人姓名与电话这个要求,《条例》虽然没有强调,作为附注的使用要写明"需要说明的事项"写明联系人姓名与电话不违背行文规则。

(3)党政部门向上级主管部门请示重大事项,须经本级党政同意或授权。(见第十五条(二))这个规定是新强调的。重大事项向上请示,要经本级党政同意或授权,即体现了上级党政对重大事项的关注、了解与处理,它可以避免下级部门随意越级请示的状况。

七、报告规则

根据《条例》规定,报告的行文规则除了强调报告中不得夹带请示事项(见第十五条(四))一般不得越级报告,不得以本机关名义向上级负责人报送报告(见第十五条(五))不得以

四、公文写作

本机关负责人名义向上级机关报送报告等规定外，最大的修订意见是报告重大事项，要经本级党政同意或授权，（见第十五条（二））这个规定，既可以避免下级党政部门随意向上报重大事项的情况，又能加强上下两级党政部门对重大事项的重视，保证重大事项的报告处理更加科学、规范。

八、报送规则

根据《条例》规定，报送规则有三方面内容：

（1）部门职权范围内的报送。如一般事项应直接报送上级主管部门（见第十五条（二））。

（2）以本机关名义上报的请示，"应提出倾向性意见后上报，不得原文转报上级机关"。（见第十五条（三））

（3）与机关负责人有联系的行文。第十五条（五）提出："除上级机关负责人直接交办的事项"，不得以本机关名义向上级机关负责人报送公文；"不得以本机关负责人名义向上级机关报送公文"。

九、公开发布规则

按照《条例》第三十一条规定："经批准公开发布的公文，同发文机关正式印发的公文具有同等效力。"这点与原《办法》第四十七条相同，不同的是《条例》没再提"公开发布行政机关公文，必须经发文机关批准"这句。原《办法》强调这句话，易造成语言表达上不简明。现在强调政务信息公开，一般公文的公开发布（即不涉及国家机密的公文）发文机关批准与否都是要公开的，有些公文，发文机关级别不高，它有发文的职权，不一定有公开发布公文的批准权，批准公开发布公文，权限在上级机关。如再强调这点，易引起不必要的争议。现删去此句，保留后一句，意思更简明，"经批准"这三个字，处理起来既原则又灵活，更易结合公文实际。原《条例》第二十七条的规定与原

《办法》相同,《条例》都作了删去前一句话的做法。

公开发布的规则除注意此要求外,还有两点内容要结合起来考虑:

(1)涉密公文公开发布前应当履行解密程序。(见《条例》第三十一条)经这个程序后,公开发布的时间,形式和渠道,由发文机关确定。按《条例》第九条(二)规定,涉密公文的涉密程度有三种:绝密、机密、秘密,密级不同,保密期限不同,公文中分别作了标注,要公开发布,要按国家保密法规的要求做好解密程序。

(2)电子公文的公开发布按电子公文处理工作的具体办法去做。按《条例》第三十八条规定:党政机关公文含电子公文。电子公文与书面公文只要"经批准"发布,同样与发文机关正式印发的公文具有同等效力。以电子公文用印为例。2004年8月,我国通过了电子签名法,即首部"真正意义上的信息化法律"正式诞生。随着这部法律的出台与实施,电子签名获得了与传统手写签名和盖章同等的法律效力,意味着在网上通行有了"身份证",同时承认电子文件与书面文件具有同等效力。电子签名是通过密码技术对电子文档的电子形式的签名,并非是书面签名的数字图像化,它类似手写签名或印章,也可以说是电子印章。除此还有保密条码的运用等,这些都能保证与正式印发的公文有同等效力。

四、公文写作

要严格把握公文处理程序

公文处理程序,指公文处理环节的先后安排次序。要正确行文,必须按公文处理的法规文件规定的程序去做。

《党政机关公文处理工作条例》(以下简称《条例》)与原《条例》、原《办法》比,除第一、二、三、四章与最后一章的章节安排内容相同外,从第五章起,不仅章节名称与内容作了较大调整,具体的条款要求也不一样。原《条例》第五章公文起草、第六章公文校核、第七章公文签发、第八章公文办理和传递、第九章公文管理、第十章公文立卷归档、第十一章公文保密,连同第一、二、三、四、十二章内容共有40条规定。原《办法》第五章起,按发文办理、收文办理、公文归档、公文管理的顺序安排章节结构,与第一、二、三、四和第九章计,共有57条规定,《条例》从第五章起,其章节安排按公文拟制、公文办理、公文管理的顺序展开,连同第一、二、三、四、八章内容,共有42条具体的条款。互相比较,《条例》比原《条例》具体条款多2条,比原《办法》具体条款少15条。除具体条款有变化外,行文程序与内容作了较大调整。主要表现在三大方面:

1. 重视公文拟制程序,抓好公文签发前的处理工作

《条例》把原《条例》第五、六、七章的处理程序:起草、校核、签发合并为第五章的内容,即突出公文拟制,(除把校核改为审核外)程序,原《办法》把三大处理程序放在"发文办理"的环节,(把草拟改为起草)现把这些内容提前强调,即规定公文的行文规则后突出这三大程序,并在内容上作了许多新的规定。

比如"起草"环节,即第十九条(一)、(二)、(三)、(五)、(七)的规定是原《条例》、原《办法》未提出或强调得不够的内容。原《办法》在公文起草未强调"准确体现发文机关意图","并同现行有关公文相衔接",公文拟制"要一切从实际出发,分析问题实事求是",此要求在原《条例》中,有些也未强调;要求公文"内容简洁,主题突出"原《条例》和《办法》未提出此内容。

在"审核"环节,《条例》提出:"需要发文机关审议的重要公文文稿,审议前由发文机关办公(厅)室进行初核",(见第二十条(五))并把"审核"的重点从行文理由、内容、文种、格式等要求,概括成"12个是否",所有这些,都是原《条例》、原《办法》未很好强调的内容。

在公文"签发"阶段,《条例》提出:"重要公文和上行文由机关主要负责人签发",(见第二十二条)原《办法》第二十八条只提上行文才这样做。"党委、政府的办公厅(室)根据党委、政府授权制发的公文,由受权机关主要负责人签发或按照有关规定签发。"(见第二十二条)这条规定与原《条例》第二十一条比,作了新的修订,原《条例》提出"党委办公厅(室)根据党委授权发布的公文,由被授权者签发……",提法不够严密。再有签发公文,原《条例》、原《办法》均未提到"签名"也视为同意的要求,现《条例》增补了这个规定。

2. 实事求是完善环节,使处理程序更具科学的操作性

为提高公文处理效率,《条例》在行文程序方面作了许多实事求是的增、删工作。

以收文办理为例:

《条例》第二十四条规定,收文办理主要程序共有七个环节:签收、登记、初审、承办、传阅、催办、签复。与原《条例》比,由10个环节变为7个环节,其中"拟办"、"请办"、"分发"、"核发"、"印刷"这5个环节不再强调,新增加"初审"与"答复"这两个环节,"传阅"排列在前的环节改为"承办"在前,即先有承办后有"传阅";与原《办法》第三十条规

四、公文写作

定的六大环节：签收、登记、审核、拟办、承办、催办相比较，未提"拟办"，把"审核"环节改为"初审"，"承办"之后增加了"传阅"，"催办"之后增加"答复"的环节。这些程序的增删很有必要。一方面体现了收文办理的科学流程，另一方面使办理程序更有重点与简明。比如收到文件要登记与审查，这个审查是初步的，后面还要再审核；文件承办过程必然有传阅，看看承办的过程与结果是否符合公文实际，而不是没有办理就在传阅，这样公文运转时间必然会延长。过去只强调"催办"，没有重视"答复"环节，客观上易造成文件办到最后没有结果，从而影响文件在现实工作中的作用。至于"拟办"、"请办"、"分发"、"核发"等程序，属众所周知的工作，把它们作为收文办理的程序，会增加办理程序的烦琐，忽视重点环节的内容。

发文办理也有这样的情况。《条例》规定发文办理的主要程序（见25条）有四个方面：答复复核、登记、印制、核发。与原《条例》规定的程序——起草、校核、签发、登记、印制、分发等比较，《条例》简化了程序，除保留"登记"、"印制"这两个环节，把"分发"改为"核发"外，"登记"之前的"核发"改为"复核"，其余程序作了删除，个中原因是公文的"起草"、"审核"、"签发"这三个环节已作为"公文拟制"的内容，提前作了表述。这样处理让人觉得程序简明而有重点。文件发出去之前要保证质量，为此发文办理开头有复核（包括答复）最后还要核发，这与收文办理仅提"初审"不太一样。

《条例》与原《办法》比，发文办理的主要程序由8个减少为4个。为什么？（见原《办法》第二十四条）因为"草拟、审核、签发"已提前合并到公文拟制中去强调了，"缮印"、"用印"本身就是"印制"的内容，这两个程序完全可以并入"印制"中，使程序减少。原《办法》仅提"分发"不够严谨，现《条例》用"核发"代替，即审核之后才发出，这样才能保证公文不出差错。所有这些都是实事求是处理公文程序的体现，实践中要严格执行。

3. 增补准确规范的提法，用原则去保证处理程序不走样

《条例》第五条提出：公文处理工作应当坚持实事求是、准确规范、精简高效、安全保密这四大原则。这个要求完善了原《条例》、原《办法》的内容。特别是"准确规范"的要求，是原《条例》第四条、原《办法》第四条没有突出强调的，现《条例》把它列为公文处理的原则之一，由此可见它的重要。公文处理的程序要按规范的要求去做，规范化是实现公文处理的目的要求之一，但规范必须要在准确的基础上去做，这个规范才是高标准的，准确为规范提要求，规范要体现准确的内容，两者互相联系，共同作为公文处理的原则之一，原则是行动所依据的法则与规定，是行文规则与程序的具体要求，《条例》增补这个内容，不但强调行文规则要准确、规范，而且要求行文程序要科学，不走样。否则，公文运转会受到影响，实现效率会成为空话。

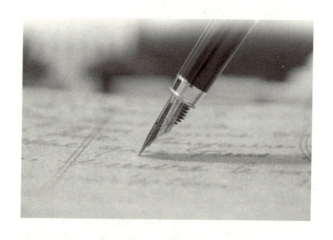

四、公文写作

公文写作有常用的习惯用语

习惯用语是在长期的公文写作实践中,结合行文关系与公文处理程序的需要,经语言实践,逐步成型的规范化、定型化的专门用语,它言简意赅,庄重大方,能准确、严谨地为公文的格式与内容服务,使用恰当,能增强公文简练、庄重的语体风格。它主要有十个类别:

(1) 称谓用语:本(局)、你(处)、该(室)、我(部)等。这四个称谓,不是指个人,而是指单位,使用时没有等级色彩,上下级均可使用。

(2) 开头用语:"根据、按照、依照,为了、关于、由于、随着、兹有"等。在行文时使用它,能自然引出开端的公文内容。

(3) 承启用语:"综上所述、上述、据查、为此"等,写作时可起到承上启下,引导过渡,紧密衔接内容的作用。

(4) 经办用语:"经、业经、兹经"等,此用语说明工作处理过程的已然状态,表明工作的处理经过。例如,"经召集有关部门研究……"、"××条例业经国务院批准"、"关于××问题,兹经调查……"。

(5) 引叙用语:"前接、近接、收悉。"引叙用语是引叙来文时的用语。如:"前接你处来函"、"×关于××月×字×号报告收悉。"

(6) 期请用语:"即请查照、希即遵照、请、拟请、希。"此用语用来表示请求、期望。"即请遵照"一般用于同级机关之间发出了解、存查或办理事务时,放至函的末尾表示期望;"希即遵照",上级指示下级办理某件事并令其执行时,文件末尾要用此词;"拟请",提出协商的语气;"请、希",上下级可通用。

(7) 表态用语:"照办、同意、不同意、可行、不可。""照办、同意、不同意",用于上下级之间依照行文要求表态;"可行、不可",多用于上级机关对公务活动内容的分析与判断。

(8)征询期复用语:"当否、是否可行、可否、妥否、是否同意"等属征询用语;"请批示、请核示,请回复"等属期复用语,这两种用语往往放在一起使用,用于请示、报告的末尾。如"当否、请批示。"

(9)综述过渡用语:"为此、对此"等一般用于公文开头的总叙之末,用以连接公文的分叙内容,起过渡的作用。(如:开头总叙了"对××问题应如何如何……对此,特提出如下几点意见"。)

(10)结尾用语:"为要、为盼、为荷、特此函告、函复、函达、通报等。""为荷、为盼",前者带感谢意思,后者带盼望的意味,一般在平行机关或不相隶属机关行文时表示客气时用。"为要",用于平行机关,行文带期望、加强语气的意思,不表客气。"特此函告"、"函复"等,只是加强语气,告知情况。

以上10类习惯用语,是公文语言体系中不可缺少的内容,使用时要按照行文需要,让它们发挥各司其职的作用。

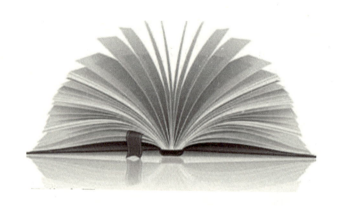

四、公文写作

公文的语言要求及常见的语病

公文,作为文章的一种,其语言要求与一般文章相同,即需要准确、鲜明、简洁得体的语言。但由于公文具有本身的特点,尤其是写作目的的专指性、思想内容的政策性、表现形式的规范性和解决问题的实用性等,决定了它的语言要求具有不同的特点:即必须做到准确、明晰、简朴和庄重。

一、准 确

准确,是公文语言的基础,它集中体现在用词、造句、构段等方面。要恰如其分地分析说明问题,表达思想。语言要准确,其中,最基本的就是词语的分辨与选择问题。

刘勰在《文心雕龙·章句》中说过:"夫人之立言,因字而生句,积句而成章,积章而成篇。篇之彪炳,章无疵也;章之明靡,句无玷也;句之清英,字不妄也。"一个人写文章,总是用词造句,积句成章、合章成篇的。如果写作中不注意词语的辨析与选用,其结果就会像清代刘淇在《助字辨略·自序》中所说,因为一字之失,而影响一个句子,甚至一个章节。想写好文章的内容是不可能的。恩格斯曾经讲过:"海因岑先生'由于不善于选择恰当的词汇,结果使他写的语句软弱无力,到最后败坏了原想把它看作自己著作家的党派的名声'。"(《共产主义和卡尔·海因岑》,《马克思恩格斯全集》第四卷,第314页)。公文是用来传达贯彻党和政府的方针、政策,发布各种法律、法令、法规、规章,施行各种各样的管理措施,请示和答复问题,指导、布置和商洽工作,报告情况,交流经验的重要工具,如果语言不准确,不仅会影响内容,妨碍公务的落实,而且会影响发文机关的形象和威信。为此,《党政机关公文处理工作条件》在公文起草中明确规定:公文用词、用字要准确、规范。

四两拨千斤——写作老师教你如何提起笔

锤炼公文词语，力求语言准确，除了要认真分辨词类外，精心辨析词义，善于选用正确的词语去表达一个基本意思，也是非常重要的。例如：

（1）接上级的文件，从××××年起，凡在国家机构工作的人员，都要参加公务员考试。（××市《关于举办公务员考试的通知》）。

（2）遵照×××发〔2003〕2号文件和清理整顿驻港澳机构工作座谈会精神的要求，经我们进一步研究，决定撤销我省驻港机构与港资合办的5个公司（××市人民政府《关于撤销我省驻港机构在香港与港商合办的5个公司的请示》）。

例（1）的"国家机构"应改为"国家机关"，因为这两个词虽然含义相近，但在概念上有差别。"国家机构"是国家机关体系的总称，是统治阶级用来实现其阶级领导、组织或干预经济生活、文化教育工作的工具，其主要组成部分有军队、警察和法院等。"国家机关"是国家机构的一个组成部分，是行使国家权力的机关（也叫政权机关），主要有立法机关、行政机关、审判机关、检察机关等。按国家规定，只有在行使国家职能的所有机关工作的人员才叫公务员，所以例（1）不能用"国家机构"。例（2）的"港资"应改为"港商"。因为"港资"的含义是"香港的资金"，联系上下文，驻港机构是不能与资金合办公司的。出现这种错误，都是与撰稿者未能分清词义与用法有关。

法国大作家福楼拜说过："我们所要表现的东西，这里只有唯一的字眼可以表示它；说明它的动作的，只有唯一的动词；限制它的性质的，只有唯一的形容词。我们一定要搜求这以唯一的名词、动词和形容词，直到找到了它们为止，只是发现了近似的字眼，是不能满足表达需要的，而且不能以为这事困难，就马虎了事。"（原载《文艺学习》1956年第2期）要使公文语言准确，就应该像福楼拜所说的那样，精心辨析和选用最恰当的词语。

二、明　晰

明晰，就是让受文者清楚明白地理解公文内容。

公文是写给别人看，并让人理解和贯彻、执行的，如果公文的语言写得不明确、含糊其辞、似是而非，人家不了解你说的是什么，就会影响公文的效果。叶圣陶先生在《公文写得含糊草率的现象应当改变》一文中说过："公文不一定要好文章，可是必须写得一清二楚、十分明确、句稳词妥、通体通顺，让人家不折不扣地了解你说的是什么。"叶圣陶先生强调的"一清二楚，十分明确"和"让人家不折不扣地了解你所说的是什么"，正是对公文语言要明晰的具体要求。

凡写得好的公文，语言都是明晰的。例如：

关于职业病诊断有关问题的批复
卫监督〔2005〕129号

广东省卫生厅：

你厅《关于职业性轻（中、重）度听力损伤是否属于职业病问题的请示》（粤卫〔2005〕48号）收悉。经研究，答复如下：《职业性听力损伤诊断标准》（CB249—2002）中的听力损伤分级是依据噪声所致听力损伤程度确定的，职业性轻度、中度、重度听力损伤及噪声聋均为职业病。

卫生部职业病监督司（章）
二〇〇五年×月×日

这个批复先把如何确定听力损伤的分级的依据明确写出，然后再把造成职业病的两种因素一清二楚地表明，为了让受文单位更好把握听力损伤的程度，批复把三种情况加以概括，这就使公文内容更加明晰。

与此相反，有些公文却不注意公文语言的明晰。例如：

　　王人和，原任西旺璋煤矿治安科科长。××××年×月，"吕成国团伙盗窃"案发。王的好友李克刚经调查曾作案5起，盗窃价值35000多元。11月20日，县公安局决定逮捕李克刚。王为开脱李的罪责，利用职务之便，擅自以治安科的名义向县公安局出具公函，说李曾在案发前投案自首，并交出全部非法所得和盗窃之物，对破案起了积极作用，建议对其从宽处理，不要追究其刑事责任。王还指使治安队员私放了吕成国，并篡改了讯问李克刚的笔录。（摘自《××县关于给王人和党纪、政纪处分的通报》）

　　看了这一段话，使人疑窦丛生。王人和的好友李克刚究竟与"吕成国团伙盗窃案"有无牵连呢？如果没有，王为什么要指使人私放他呢？李犯罪事实已定，公安局只是"决定逮捕"他，王为什么要在"致函公安局"时说他"在案发前曾投案自首"，并篡改讯问笔录呢？所有这些都说得很模糊，令人费解。公文的语言，如果都像上文这样去表达，会妨碍公文的有效执行。

　　语言是思想的现实，公文语言要明晰，除思想要明晰外，不要生造词语，注意选用含意确定、规范，且自己理解的词语，非常重要。鲁迅说过："倘要明白，我以为第一是在作者先把似识非识的字放弃，从活人的嘴上，采取有生命的词汇，搬到纸上来，也就是学学孩子，只说些自己能懂的话。至于旧话的复活、方言的普通话，那自然也是必要的，但一须选择、二须有字典以确定所含的意义。"（见《且介亭杂文二集·人生识字糊涂始》）写公文，一定要在这方面下功夫，注意运用通俗易懂、明白晓畅的语言，只有这样，才能使正确的内容得到明晰的表达。

四、公文写作

三、简　朴

简朴，就是简明扼要、朴素平易、简洁干净、要言不烦，陈述问题时抓住要点，分析事物时画龙点睛，用较少的话去说丰富的内容。

刘勰在《文心雕龙·议对》中指出："文以辨法为能，不以繁缛为巧；事以明核为美，不以深隐为奇。"孔安国也说："凡事莫于实，辞达则足矣，不烦文艳之辞。"写公文也是如此，如果不是实话实说，而是兜圈子，追求浮华、繁冗的语言，不仅会严重损害公文的本色，而且会给公文的批阅和执行带来直接影响。像下列《关于申请验收普及初等教育先进单位的批复》就存在这个问题：

各市、县人民政府及有关厅（局）：

　　在《中共中央关于教育体制改革的决定》精神鼓舞下，在各级党政部门的正确领导和广大教育工作者的积极努力下，我省××××年初等教育的普及工作的形势大好。"喜鹊唱枝头，校园传捷报。"到目前为止，已有90%的市、县、企业办学单位基本实现了初等教育的普及。我省的教育工作一年上一个台阶，明年又会有大发展。

　　各地根据××市〔××××〕3号文的精神，非常自觉且干劲十足地大抓了初等教育的普及工作。经过一段时间的狠抓落实，省普及初等教育检查验收领导小组，按国家规定的标准，派人下去验收、检查，经评定，并报省政府批准：××市、××县、××地质局等58个市、县、企业办学单位为××××年普及初等教育的达标单位，省政府和教委届时会给这些单位给予必要的奖励和热烈的祝贺。

四两拨千斤——写作老师教你如何提起笔

希望实现了普及初等教育的单位,百尺竿头再进一步,采取措施,继续努力,再创成果,加速教育体制改革的步伐。尚未普及初等教育的单位则要加强领导、创造条件、调整做法,尽心尽力地为提高教育质量,实现初等教育的普及作出贡献。

××省教育委员会
××××年××月××日

这个"批复"写得冗长繁杂,不少地方在卖弄文笔。什么"喜鹊唱枝头,校园传捷报"、"一年上一个台阶,明年又会有大发展"、"非常自觉且干劲十足"、"届时……给予必要的奖励和热烈的祝贺"、"百尺竿头再进一步",等等,根本就不是直陈其事的简朴的语言。按照批复的写作要求,批复要针对下级机关的请示事项,给予简明扼要的答复。上述批复针对下级机关关于申请验收普及初等教育问题给予答复,只要写明是否同意就行了,但撰稿者却写了三大自然段:第一自然段完全是工作总结,第二自然段大写验收经过,第三自然段又在提希望与要求。本来几句话就可说完的事,撰稿者却写了一大篇,不少内容完全是多余的、节外生枝的空话、废话,这样的公文如发下去,既浪费纸张和传阅者的时间,给公文执行带来妨碍,又会给有关方面撰写公文的文风带来影响。

党中央在1951年2月发布的《关于纠正电报、报告、指示、决定等文字缺点的指示》中指出,"凡文电必须认真压缩……在写请示文电或写报告时,必须注意文字的简明扼要"。还特别指出:现在有许多文电,既嫌冗长,又嫌杂乱,结果领导没法看,等于白写。同样的意思,邓小平同志说过,要谈的问题确定以后,就要"话不离题。议这个问题,你就对这个问题发表意见,赞成或反对,讲理由扼要一点;没有话就把嘴巴一闭"。(《邓小平文选》(1975—1982年),人民出版社1983年版)。《党政机关

四、公文写作

公文处理工作条件》反复指出，写作公文，在情况确定、观点明确后，一定要"条理清楚，文字精练……篇幅力求简短"。我们一定要这样做。

四、庄　重

公文的语言要庄重，这是公文公事公办在写作上的要求，是公文强烈的权威性和行政约束力在语言方面的体现。"公"字，按韩非子的解释是"背私为公"，即公事公办，公往公来。由此可见公文是一种背私之文。背私之文的语言不能随便、戏谑，更不能凭意气用事，它要求端庄、郑重、严肃。例如，国务院《关于进一步加强知识产权保护工作的决定》（下称《决定》）中的开头：

> 保护知识产权是我国改革开放政策的组成部分，是促进科学、技术和文化事业繁荣发展，保障社会主义市场经济正常运行的重要制度。为适应国际科技经济一体化的趋势和加快恢复我国关贸总协定缔约国地位的客观要求，近年来，我国加快知识产权立法，先后公布了《中华人民共和国商标法》、《中华人民共和国专利法》、《中华人民共和国技术合同法》、《中华人民共和国著作权法》和《中华人民共和国反不正当竞争法》等法律，并且初步与国际标准接轨，对推动我国改革开放和现代化建设起到了积极的作用。由于我国建立知识产权制度的时间不长，全社会的知识产权意识还比较薄弱，有的地区和部门对保护知识产权的重要性缺乏足够认识，一些严重侵权行为不仅侵害了产权所有人的合法权益，而且损害了法律的尊严。为了切实加强知识产权保护工作，保障法律的贯彻实施，特作如下决定：……

这段话，围绕保护知识产权工作的重要性、在现阶段的作

四两拨千斤——写作老师教你如何提起笔

用、存在的问题,以及为什么要作出保护知识产权工作的决定等内容,表明发文机关对处理这一问题的态度与看法,其立场是正大光明、严肃庄重的,它与《决定》的第十一条条款,集中体现了公文用语端庄、郑重的特色。

公文的语言要达到庄重,有两方面要特别注意:

第一,用规范的书面语言客观述说。公文不像一般的记叙文,为增强内容的生动性,有意采用口语和方言。更不允许撰稿者在公文中写进个人趣味、倾向等主观性的东西。陈望道:"说明文要注意客观地说明事物,应全然抛离作者自己的趣味、倾向等个人色彩,全然站在公平无私的境地。"这一要求,对公文同样适用。因为,书面语与口头语尽管在意思上没有什么差别,但前者要比后者来得端庄、郑重。客观述说问题,更能体现公事公办的原则,增强庄重、严肃的色彩。

第二,结合写作需要恰当使用专用语。专用语是在长期的公文写作实践中,结合行文关系与公文处理程序的需要,逐渐形成的基本规范化、定型化的习惯用语。它言简意明、庄重大方,能准确、严谨地表述公文内容与格式,使用恰当,能增强公文庄重的语体风格。比如,开头用语:"根据、按照、依照、为、为了、关于、由于、随着、兹、兹有、查、奉"等,在行文时用它,能自然引出公文内容的开端。承启用语:"综上所述、上述、据查、为此"等,能承上启下、导向过渡,衔接好内容。结尾用语:"特此函告、并希见复、即希查照、为荷、为盼、为要、此致敬礼"等,能帮助收束全文,使结尾简明有力。期请用语:"切盼、恳请、希望、拟请、提请"等,能在语意上表示发文者的某种期望、强调。这些,运用得好,都能体现严肃、庄重的效果。

公文语言要准确、明晰、简朴、庄重,这四个方面互相联系、互为影响,并集中体现在公文的内容中,写作公文时,要把它们结合起来考虑与安排,切勿顾此失彼,只有这样,才能使公文的语体风格更鲜明、突出。

四、公文写作

公文语言要准确、明晰、简朴、庄重，写作中仍然有不少人不大注意这一要求，经常出现用语方面的毛病，除前面所举的一些例子外，现举八种类型的语病加以说明。

一、表意不清

（1）截至 2015 年 8 月底，参加自学考试报名者多达 16952 人左右。（××市组织自学考试工作的报告）

此例中的"月底"究竟是指那一天？不能写得那么模糊，尤其是日期，一定要写清楚。"多达 16952 人"既然统计出这个数字，就不能加"左右"两字。

（2）2015 年××市粮食平均亩产 1300 斤以上，但水果亩产不足 300 斤左右。（××市农业工作报告）

此例用"1300 斤以上"这种约数表达数量是不清晰、不规范的。"不足 300 斤左右"，这里用"左右"显然多余。

（3）各镇的镇长，接到通知后，请携带有关文件，于 8 月 2 日前来市府招待所报到。（××县的会议通知）

此例表意很不严密。是要求出席会议的镇长在"8 月 2 日"那天"前来报到"呢，还是要他们在"8 月 2 日前"来招待所报到？两种解释都可以，出席会议的对象就很难准时报到了。

二、误用词性

（1）西安机床厂出品的车床，2015 年打入国际市场。（××市关于企业改革工作会议纪要）

此例中的"出品"是动词误用，改为"出产"或"生产"，整句话才通顺。

（2）今年我县克服了雨多、低温、病虫害等不利因素，充分调动广大农民的积极性，夺取了农业大丰收。（××县关于农业工作的报告）

公文经常用联合词组作句子成分，用得好，可以使公文简洁、明确。此例中的"雨多、低温、病虫害"是联合词组,但没有用好。"雨多"属主谓结构,"低温"是偏正结构,"病虫害"是合成词,词性和结构不一致,彼此不能并列应用。因使用联合词组,彼此应有一定联系,或属同一性质、或属同一过程、或按一定的逻辑顺序等,这样才显得结构严密。此句应改为"雨水偏多,气温偏低,病虫害严重"。

三、搭配不当

(1) 执政党的党风是否端正是一个单位搞好整党工作的重要标志。(摘自××县整党工作简报)

此例属主宾搭配不当。应改为"党风是否端正是一个单位整党搞得好不好的重要标志"。

(2) 到9月12日止,我县的夏粮入库基本上完成了85%。完成了上级下达的任务。(××县关于商请派车运粮的函)

此例属附加词与中心词搭配不当,既然完成了85%,就不要用"基本上"。

(3) 市领导通过深入实际,现场办公,圆满地解决了群众的许多要求与难题。(××市关于搞好市内交通的报告)

此例属主谓搭配不当,"要求"不能用"解决",只能是"达到"与否,"问题"才能用"解决"。

四、颠倒词序

(1) 通过这次的整党学习,使我们县的党员树立了决心,振奋了精神,树立了信心,鼓舞了干劲。(××县整党工作简报)

此例中"树立了决心……鼓舞了干劲"这四个分句放错了位置,逻辑顺序不当,应当先说精神,后说"树立信心,增强决心,鼓舞干劲"才符合逻辑顺序。

(2) 在我县,群众性的体育运动掀起后,篮球、排球、水

球和高尔夫球对农民都十分感兴趣。(××县关于认真搞好群众性体育运动的通报)

此例的主体是"农民",按上面表述,应改成"农民对篮球、排球、水球和高尔夫球都十分感兴趣"才不会犯主宾颠倒的毛病。

五、不合逻辑

(1) 自行车厂改革开放以来,认真解决了工人住房等困难,2015年生产任务完成得很好。(××企业公司关于2015年工作报告)

此例上下句之间跳跃性大,一个意思未说完,马上又说另一件,缺乏逻辑联系,如中间补充一句"充分调动了大家的积极性",句子就通顺,结构就不会混杂了。

(2) 我站自成立以来,在有关部门的大力支持下,各方面的工作开展很顺利。但有些工作由于经费不足,已处于瘫痪状态。(××站关于计划使用办公经费的通知)

此例属前后句自相矛盾。前句说"各方面的工作开展很顺利",后句又说有些工作"处于瘫痪状态",前后不一致,违反矛盾律。

六、滥用简称

(1) 加强精神文明建设以来,我单位的职工积极开展四查四比四对照活动,全公司出现了"四多四少"的新气象,公司领导也做到了"三带头"。(××公司关于加强精神文明建设的报告)

此例滥用简称,好像在做文字游戏。什么是"四查四比四对照"、"四多四少"、"三带头",文中未写清楚,让人难以理解。

(2) 全厂通过学习54号文件,开展了轰轰烈烈的"五四三"活动,单位的面貌大为不同。("543"办公室关于开展爱国

卫生运动的通知）

此例与上文相同，一看"543"几个字，人们不知道什么内容，通知把"五讲四美三热爱"随意简缩。按公文的语言要庄重、严肃的要求，这几个字应写全称。

七、语不对体

（1）你们收到此函后，务必在12月5日前派员前来洽谈，不得有误，否则，一切后果我们不负责任。（××公司关于调动×××来本单位工作函）

此公函结尾用"务必"和"不得有误"这种命令式的语气，与公函这种文体的写作要求是不一致的。公函作为相隶属或不相隶属机关之间相互商洽工作、询问和答复问题，向有关主管部门请求批准的公文，语言表达要有礼貌，要以诚恳合作的态度平等待人，不可盛气凌人。此例的语言未用平等协商的语气，语言不得体。

（2）本市人社局制定的《关于外出劳工的管理办法》，经市人民政府同意，现发给你们。此通知当否，请各地在执行中提出具体意见。

此例通知结合内容分析，应该是发布性通知。发布性通知的一个特点是带指导性，尤其是发布法规、规章、部署布置工作，批转和转发文件等，一方面需要明确阐述处理某些问题的原则与方法；另一方面要说清楚做什么事、怎样做、达到什么要求等，意见要明确，有关方面才知道怎样执行。这里把"当否"与"执行"、"提出意见"混在一起使用是不恰当的，因此通知既要求"贯彻执行"、"提出意见"，又问"当否"这种写法，违背了"通知"这个文种的写作要求。

八、随意修辞

（1）蜘蛛在我县粮库的每一地方张灯结彩，老鼠看见人来依然在游行示威,麻雀在屋顶、粮仓门前尽情唱歌跳舞,蛀米虫在集结队伍不甘示弱地在大米上显示它的力量。(××县粮食保管问题的通报)

此例用了夸张、拟人的修辞手法,像文学创作那样,这是不符合公文语言要求的。写公文要真实、客观地反映情况,切忌夸张、描写,否则,与公文的写作要求相违背。

(2)为了使人民真正体会到"天大地大不如党的恩情大",深刻感受有中国特色的社会主义制度的无比优越性,为了早日让山区脱贫致富,过上天堂式的幸福生活,我们不怕智叟式的人物讥笑,决心像愚公一样,发动群众,大打一场通向县城的筑路战争。现在我们正组织群众捐资捐物,充分调动大家搞好社会主义建设的积极性。可是,"巧妇难为无米之炊",一张白纸难以描绘社会主义蓝图,无钱是建不成社会主义大厦的。经计算,我们可以集资5万元,还差15万元左右,才能把线路长、坡度大的筑路工程完成,现请求县人民政府及有关部门拨款15万元,协助我们实施这一筑路计划。(××镇关于要求拨款修筑公路的请示)

此请示的语言同样犯了上例的毛病。向上级机关请示事项和提出要求,要把理由、根据,顺理成章地写出来,切忌含糊、笼统,表现在语言上要求把理由、根据、情况交代清楚就行了,不必像上例这样写。什么"天大地大不如党的恩情大"、"不怕智叟讥笑"、"决心像愚公"、"巧妇难为无米之炊"、"一张白纸难于描绘社会主义蓝图"、"无钱建不成社会主义大厦",这些带有修辞色彩、华而不实的语言,用在请示中不恰当。不是说这些话有错,而是请示没有这些语言,或改换成另一种朴实的语言,请示事项照样可以成立,不会影响上级机关审批请示的态度。既然如此,这些话应该删弃或修改。

以上是公文写作中最常见的八种语病,除此,还有题文不符、开头与结尾的语言不一致等毛病,这些不管属于哪方面的语言表达问题,都要在写作中注意。

公文写作需要模糊语言

作为国家机关、企事业单位、人民团体在公务活动中所形成的具有法定效力和规范体式的公务文书，在使用简洁和准确语言的同时要用到模糊语言。模糊语言是在一定的语言环境下的准确语言，处理公共事务时认识事物的模糊性和精确性，决定了公文写作离不开模糊语言。模糊语言的合理使用，可以使公文的旨意表达得更严密、更准确、语体更加庄重老练，委婉得体，它们与准确语言一起共同为公文写作内容服务，以保证公文发布的权威性、执行的严肃性，以及文件效力的显著性。

1. 客观事物的不确定性影响了公文要运用模糊语言

模糊语言是一个反映客观事物中那些在内涵和外延上的不确定性的语言概念。它的最大特点在于客观事物的模糊与语言本身在内涵和外延上的模糊相对应而形成的实物准确性。世间万物的特性都是千变万化的，而人类的认识虽然在不断进步，但也存在对自然界许多陌生和变化着的事物的不确定认知。当人们面对模糊事物时自然也无法使用精确的语言去逐一表达或者形容某一事物的维度和状态。这一点与公文处理公务活动时，人们认识与分析不断变化的公务活动的情况相类似。公文反映的内容大多是运动变化发展着的客观事物，这些运动变化着的事物有些碍于种种情况的限制，一时无法用精确的语言去精准的认识与表述，有时甚至无法将事物发展的过程做个精确的切割。此时，模糊语言就派上了用场，它可以对处于模糊状态的事物和现象起准确的诠释作用。

为了说明问题，我们以党的十八大会上的报告中的一段话为例："本次大会的主题是：高举中国特色社会主义伟大旗帜，以邓小平理论、'三个代表'重要思想、科学发展观为指导，解放思想，改革开放，凝聚力量，攻坚克难，坚定不移沿着中国特色

四、公文写作

社会主义道路前进,为全面建成小康社会而奋斗。"当中的"全面建成"就是模糊语言。众所周知,全面建设小康社会的道路很长且不断发展和变化。究竟什么情况下才算"全面建成",它会碰到什么情况,有哪些"全面建成"的标准,当时是不可能马上认清并准确的表达的,如果运用模糊语言既可以防止把原本变化着的事物绝对化,又能让人相信小康社会是可以全面建成的。又如:"当前,世情、国情、党情继续深刻发生变化,我们面临的发展机遇和风险挑战前所未有",这里的"继续深刻发生变化"就是用来描述世情、国情、党情的模糊语言,究竟这"三情"如何深刻变化与继续发生,人们很难用具体精准的语言或数据来表示,因为"世情、国情、党情"这三个客观的事物在发展过程中具有不确定性,暂时无法用更准确的语言去说明,用"继续深刻发生变化"去界说,既与事实相符,又让人相信这种表达。"前所未有"这个模糊语言的使用也有类似的情况与作用。

客观事物的不确定性,促使人们在描述客观事物时一时无法用具体准确的语言,如使用了模糊语言,它不会也不可能妨碍读者对客观事物的认识与理解。例如,2015年10月26日召开的党的十八届五中全会通过了《中共中央关于制定国民经济和社会发展第十三个五年规划的建议》,其中有一段论述:"今后五年,要在已经确定的全面建成小康社会目标的基础上,努力实现经济保持中高速增长等新的目标,实现'十三五'时期发展目标,破解发展难题,厚植发展优势,必须牢固树立并切实贯彻创新、协调、绿色、开放、共享的发展理念。"其中"破解发展难题,厚植发展优势",就是模糊语言。究竟有多少"发展难题",要如何去破解?有哪些"发展优势"应怎样去"厚植"?作为《建议》,没有很具体阐述,因为还有许多不确定性,只有结合形势发展需要,才能进一步明确与提出,但它并不妨碍我们对实现"十三五"发展目标,树立与贯彻五大发展理念所作努力的深刻理解。这就是模糊语言的作用。

2. 公文的语言要求决定了内容表达要运用模糊语言

公文写作的语言要准确、鲜明、简洁、庄重和概括,它们在公文内容的表达方面各有各的作用。要使公文的内容易为读者理解,在工作实践中发挥效率,除了要正确使用这些语言外,还要让这些语言表达结合公务处理实际、机关职权以及机关之间的行文关系,否则不可能取得最佳的语言表达效果。另一方面我们还要看到语言是一种音义结合的符号系统,符号的意义是人们赋予的,同一语言符号可以指称不同的事物;同一事物也可以用不同的符号去表达,究竟用哪种符号去表达,关键看写作需要。

"语言的模糊性的存在,是客观事物自身内在的模糊性和人对客观事物自身内在的模糊性和人对客观对象主观认识的有限性和不确定性在语言表达中的反映。"因此,人类运用语言去表达丰富的客观事物和公务活动时,其语言运用总是有限的,当客观事物不可能用绝对精确的语言去表达时,运用模糊语言反而会取得最佳效果。特别是当自然界语言和人类语言的局限性与事物的丰富性和多边性产生矛盾时,运用模糊性语言,可以巧妙地将矛盾解决。用一份公文中的一段话为例:"经济持续健康发展、人民民主不断扩大、文化软实力显著增强、人民生活水平全面提高、资源节约型、环境友好型社会建设取得重大进展。"表明事物的程度与目标,作者完全可以使用其他准确的语言,之所以用"健康"、"扩大"、"增强"、"提高"、"重大进展"等模糊语言,是考虑了语言最佳的表达效果。第一,假如用其他准确、具体的语言去表述这五大方面取得的成绩与效果,语言和篇幅可能会拉长,这样做不符合公文写作语言要精练、篇幅要简短的要求;第二,用这些模糊语言去表达这五方面的情况,并不妨碍人们对它们的理解,符合公文的语言要简洁、概括的要求;第三,使这五方面情况的表述留有发挥的余地。因为公文作者写这五方面的成绩与效果时,可能有一些具体的数据有待掌握或事物仍在发展中，不便一下子把话讲满。所以公文写作的语言要求，决定了它要使用模糊语言。恰当地运用模糊语言是使公文语言准确、简明、概括的关键所在。

3. 公文执行的现实效果需要公文作者运用模糊语言

党政公文在现实生活中的执行效果是由公文写作本身的功用决定的，"公文的现实执行性这一本质属性，就其内涵而言，包含这样两层含义：一是指公文的执行性，在职责权限范围内，公文一旦制发，就必须贯彻执行；二是指公文在一定的时间内有执行性，也就是现实执行性。一份公文随着事项的处理完毕，它的执行性也就完结了"。公文不管是上级下发的，还是下级机关或部门对上级的行文，或是平级机关、部门互相商议、询问与答复问题的行文，作为这两方面的执行性，公文内容不同，执行的重点不一样，有的通过知照与沟通去体现执行。有的通过教育和规范，或领导与指导等去实现执行性。公文除非不撰拟，不颁发，一旦按规成文，向有关方面颁发，就必须实现公文的效率。

另一方面，我们还要看到公文的执行性要紧密结合实际，根据公务活动的具体情况采取不同的做法，特别是上级下发的指挥性公文，面对的地域、机关、部门不同，工作中的实际情况不同，如要求这些机关、部门不结合本身实际去执行上级文件的精神，效果可能会适得其反，在这种情况下，公文就不能把工作要求、做法、措施一刀切地规定得太死，要留有执行原则内容的灵活性，就要用上模糊语言。

比如党的十八大报告提到"要加快确立人才优先发展战略布局，造就规模宏大，素质优良的人才队伍，推动我国由人才大国迈向人才强国"时，中央提出工作要求与执行的措施："统筹推进各类人才队伍建设，实施重大人才工程，加大创新创业人才培养支持力度，重视实用人才培养，引导人才向科技研究一线流动。"这段话里的"统筹推进"、"实施重大"、"加大创新"等，都是模糊语言，至于如何统筹推进"人才队伍建设"，怎样"实施重大"人才工程以及"加大创新"创业人才培养支持力度……此段话没有讲得很具体,需要各地各单位根据本身的人才培养实际,制定做法,取得效果。这就是原则性与灵活性的密切结合。

  在现实生活中,不少公文为了公务处理的需要,经常会提出原则性的要求,至于如何贯彻执行,需要留下灵活的执行空间,这时会用到模糊语言。有些公文为了更好处理工作上的"面"与"点"的关系,在陈述"面"上工作时会用到模糊语言,这样,可以给"点"上工作留下处理的灵活性。总之,公文作为人们处理公务的重要工具,为了实现工作中的执行效果,需要运用模糊语言。

四、公文写作

模糊语言在公文中的三种表现

模糊语言在公文中的表现,根据写作内容、表达需要和语境条件的不同而不同。大体来说,在三种情况下模糊语言用得较多。

1. 揭示依据与中心时

与一般文章不同,公文开头要开门见山地揭示行文的依据,让有关方面知悉公文的重要,从而提高执行效果。行文依据往往又与公文的中心紧密联系在一起。这时公文一般都会用到模糊语言。

比如《国务院关于加强抗旱工作的通知》开头:"党中央、国务院高度重视抗旱工作,经过多年努力,我国水利基础设施建设不断加强,抗旱服务体系进一步完善,水资源调度与管理日益规范,节约型社会建设逐步推进,抗旱减灾取得显著效果。但是随着全球气候变暖,干旱缺水问题日趋严重。为进一步做好抗旱工作,预防与减少干旱灾害损失,经国务院同意,现就有关事项通知如下"这份通知在说明抗旱工作取得显著成绩时,用了"不断加强"、"进一步完善"、"日益规范"、"逐步推进"、"显著成效"等模糊语言去分别说明抗旱工作的成绩及不同情况,然后针对抗旱工作的不足,提出发通知的必要。开头这段话,既是行文的依据,又是体现通知中心的所在,用了模糊语言,不但未妨碍人们对抗旱成效的认识与理解,反而觉得这样概括是准确的,有助于人们提高对抗旱工作重要性的认识。

2. 分析形势与问题时

公文写作需要分析形势与任务时,模糊语言用得较多较明显。比如党的十八大报告讲到过去五年的工作形势,其中说到人民生活水平显著提高时,有段话是这么概括的:"人民生活水平显著提高。改善民生力度不断加大,城乡就业持续扩大,居民收入较快增长,家庭财产稳定增加,衣食住行用明显改善,城乡最低生活保障标准和农村扶贫标准大幅度提升,企业退休人员基本养老金持续提高。"这段话中的"显著提高"、"不断加大"、"持续扩大"、"稳定增加"、"明显改善"、"大幅提升"、"持续提高"等是模糊语言的使用,用在表述人民生活提高的各个方面,是恰如其分的。这既是对形势的概括,又是准确语言的另一种表达,即运用了模糊语言。

分析工作中存在的不足与问题时,公文亦常用模糊语言。比如党的十八大报告分析前进道路上还有不少困难与问题时,写道:"发展中不平衡,不协调,不持续问题依然突出,科技创新能力不强,产业结构不合理,农业基础依然薄弱,资源环境约束加剧,制约科学发展观的体制机制障碍较多,深化改革开放和转变经济发展方式任务艰巨,城乡区域差距和居民收入分配差距依然较大……"这段话中的"依然突出"、"依然薄弱"、"约束加剧"、"障碍较多"、"依然较大"等是模糊语言,分别用来说明存在问题与困难的性质与范围,不同的情况与问题分别用不同的模糊语言去陈述,表达的效果很好。为什么?因为不少问题在实践过程中正不断地加以解决,问题的性质有些正不断发生变化,党的十八大报告不可能也不必要对困难与问题进行量的具体的说明,用模糊语言照样能准确回答问题,作为读者也会认同这个说法。

3. 提出要求与决断时

针对公务活动的顺利进行,解决现实工作中迫切需要解决的问题,有关方面要通过公文提出要求及解决的措施,表明态度,有些要求,作为上级机关的文件,如前所述,还要考虑如何结合各地各部门的具体情况,给贯彻执行要求及创新工作留下机遇或空间,为此,提出的要求与工作决断意见有时会比较原则。比如:"会议要求,最高人民检察院要全面贯彻落实党的十八大精神,高举中国特色社会主义伟大旗帜。以邓小平理论、'三个代

四、公文写作

表'重要思想、科学发展观为指导,牢固树立社会主义法治理念、忠实履行宪法和法律赋予的职责,依法独立公正行使检察权,深化司法改革,规范执法行为,加强人民检察院队伍建设,提升执法能力,充分发挥检察机关的职能作用,为维护社会公平正义、促进经济持续健康发展和社会和谐稳定提供有力的司法保障。"(第十二届全国人民代表大会第一次会议关于最高人民检察院工作报告的决议)这里的"全面贯彻、牢固树立、忠实、深化、规范、加强、提升、充分发挥"是表述会议的要求,提出今后工作意见的内容,都用了模糊语言去强调,这些模糊语言有的表示范围,有的表示程度,这样的表述,有利于有关方面灵活执行上级要求。

不少文件要分析工作中的情况,或者提出做好某项公务活动的重要性,为了使有关方面取得共识,提高执行文件、开创工作新局面的自觉性,有时要对面临的工作、任务或公务进行分析、提出论断。比如:"智慧城市建设投资更加理性、特色更加鲜明。2012年各地政府在智慧城市建设过程中,更注重借鉴国内外智慧城市建设的成功案例,汲取先进经验,紧密结合城市定位,冷静把握建设重点和方向,在做好前期规划的基础上不断改善投资环境,优化投资结构,将有限的资金投入到具有最高产出的智慧城市建设上,不再单纯模仿其他智慧城市的建设,而致力于打造独具特色的城市品牌,以获得更好的城市竞争力。如北京将'文化智能传承'作为其智慧城市建设目标之一,就充分体现了北京作为全国文化中心的需求。"(2012年关于全面落实"十二五"规划各项工作目标的通知)。这段话分析各地在建设智慧城市中的做法、创新以及北京的工作经验,让人看后既有宏观的认识,又有微观的认同,中间用了不少模糊语言。如"更加鲜明"、"更加理性"、"冷静把握"等都是具有一定程度意义的模糊语言。这些模糊语言与其他准确语言结合在一起,相得益彰,让人既了解了各地政府在建设智慧城市中的做法,又认识了北京在这方面的创新。文件在分析中下论断，告诉我们应该怎样做，有哪些好的经验与典型，它对执行好文件精神是有很大帮助的。不少文件在碰到此种情况时常会使用模糊语言。

四、公文写作

公文运用模糊语言要注意分寸

公文要用到模糊语言，但使用时要注意分寸，不可滥用。尤其是三个方面要严格区分。

1. 注意模糊与含糊的界限

在词典里，同样是"糊"，但"模糊"与"含糊"不同。"含糊语言"不是准确语言。"含糊"在《现代汉语词典》里面有三层意思，即："不明确，不清晰；不认真，马虎；示弱。"（《现代汉语词典》，商务印书馆出版，第494页）由此可见，含糊语言是指话语不清楚不明朗的语言。《党政机关公文处理工作条例》明确规定："制定公文要符合国家法律法规和党的路线方针政策，完整准确体现发文机关意图……"内容简洁，主题突出，观点鲜明，结构严谨，表述准确，文字精练。（见第十九条）

公文不允许含糊其辞的语言存在，否则，公文的执行效果会大受影响，弄不好还会被别有用心者钻空子。而模糊语言是准确的语言，它在公文表述不确定的事物时或者该事物没有必要具体精准说明的时候，或者客观事物不断变化，一时难于给它下定义时，都会用到它，它与其他语言一起从整体上体现公文内容的准确性与完整性。撰写公文一定要把模糊与含糊的界限弄清楚。

公文是在代机关立言，而非表达自己的主观意见，撰写公文不可用含糊其辞、模棱两可的语言，从文稿的观点内容到措辞都要用准确语言，必要时才用模糊语言。

2. 注意语句与语境的关系

在公文里，同样是"语"但"语句"与"语境"不同。这里所说的"语境"，是指党政公文写作的语言环境。"公文写作的语境，一般指语言文字在表达主题、主旨、思想观点时特定的背景因素、时空条件、行文内容、发文目的、行文关系等。"模糊语言是适应特定语境的产物，公文写作中模糊语言的运用，必须符合发文目的和内容，符合受文对象和行文关系，符合公文语体。

公文的语句是构成公文内容的形式，一个个合符语法、修辞、逻辑以及语言表达要求的语句，组成了公文的内容。语句不管有多少表现形式，作为公文要按准确、鲜明、简洁、庄重的要求去组织与表达，而语境是作者表达内容或写作目的时形成的语言条件。它与一个个完整表达意思的句子相连，共同为文章的中心服务。模糊语言在公文写作中有时以模糊词语出现在语句中，有时以整段话的形式去体现。不管哪一种，作为体现在语句中的模糊语言，绝不能孤立去表达，它必须联系整个语境，注意句与句、段与段之间的联系，只有这样去使用模糊语言，才不会妨碍公文内容的准确表达。

为了说明问题，我们以一篇重要公文中的一段话为例："我们必须清醒地认识到，我国仍然处于并将长期处于社会主义初级阶段的基本国情没有变。""只要我们胸怀理想、坚定信念，不动摇、不懈怠、不折腾，顽强奋斗、艰苦奋斗、不懈奋斗，就一定能在中国共产党成立一百年时全面建成小康社会。"根据上下语句的意思，前面一句用模糊语言"必须"、"清醒"来表述我国将长期处于初级阶段的基本国情，它为下一句提出号召力的工作要求相衔接，所以下一句出现的"一定"和三个"不"即：不动摇、不懈怠、不折腾这样的模糊语言，如果不结合上下文的语句，不结合整段语境，模糊语言的使用与理解会受到影响。因此，用模糊语言表达一定意思时，一定要联系公文中的语言环境及表达需要。

3. 注意频度与适度的使用

在公文里，同样是"度"，但"频度"与"适度"不同。由于事物都具有两重性，凡事皆有度，适度则有利，过度则有弊，公文中模糊语言的运用也是如此。尽管模糊语言是另一种意义上的准确语言，在公文中也要适度使用。这里所说的适度是指不妨害公文中心及公务处理需要为原则，合理而有分寸的使用。如果

四、公文写作

一篇公文不看写作内容与表达需要，高频度使用模糊语言，不仅不能发挥模糊语言的作用，还会把公文的内容弄得不够清晰，最终会妨害公务的处理。

例如，某机关在一份《公告》中写道："在上级领导和相关部门代表的支持下，在有关领导的亲自指挥下，经调查核实某部门的工作人员不遵守单位规章制度。因私事外出时用公车出行，这样的行为给单位集体和群众带来了不良的影响，也给国家公共财产造成不必要的浪费。"这里原本要表达政府反对"三公"行为，以某某工作人员所犯错误去加以强调，但模糊语言使用不恰当，不该用而用，给人们的感觉是内容冗长且不够清晰。所以，模糊语言要与精确语言一起使用才能体现表达的意义。模糊语言是不能替代精确语言的，如果一篇公文高频度使用模糊语言，最后给读者的感受是语义模糊、内容模糊，所以要根据需要适度地使用模糊语言，恰当把握好模糊语言使用的频度。

模糊语言的运用，目的不是模糊语义而是为了更加准确且弹性地表述内容。模糊语言要根据公文表达的需要和客观事物情况，有针对性运用那些自然语言中带有模糊性的语言，从而达到语言表述上的准确性；俗话说："适可而止，过犹不及。"公文在运用模糊语言时，也要把握好分寸。应本着该用则谨慎用，不该用则坚决不用，切忌滥用的原则。滥用模糊语言势必会损害公文内容的表述，降低其实际的表达效果。

公文要运用模糊语言，模糊语言在公文写作中有许多表现形式。正确把握模糊语言的使用分寸和应注意的问题，一方面可以有效提高公文内容表达的准确性，另一方面还能促进公文处理，使公文的效率发挥更好。

违反公文处理科学化的表现

公文处理科学化在现实生活中有很重要的作用。新时期党政机关的广大干部紧密联系全面建设小康社会的实践,针对改革开放发展中的重大问题、群众生产生活中的紧迫问题、党的建设中的突出问题,运用公文这一处理公务和依法行政的重要工具,创造性地开展工作,在公文处理科学化方面做了许多工作,取得了管理和服务方面的许多成绩。但是,由于不少党政机关、单位的领导还存在官僚主义、本位主义,由于各个职能部门所处的位置及面临的利益不同,由于每一个公文处理人员的思想认识、工作态度、工作作风、工作能力、思维方式等素质上有差异,再加上管理工作、规章制度、工作职责等方面出现的毛病,致使一些单位和部门在运用公文处理政务时始终存在公文处理不科学的问题。

1. 脱离现实,违背客观实际的公文依然存在

结合现实,坚持按客观实际去处理工作中的问题,这是公文处理科学化的基本前提。正如公文处理法规文件所说:"草拟公文要根据实际需要"、"情况确实,观点明确、表达准确",否则,公文不但不能在现实生活中起作用,而且会给工作带来负面影响和严重损害。

以国家重点扶贫的四川省万源市为例,头几年市有关部门发文,准备在全市开展"弘扬红军精神,纪念万源保卫战"胜利70周年的活动。按理,此活动如组织得好,对弘扬革命传统、促进改革开放、带动经济发展有很大的促进作用,但市领导和一些部门的负责人,却不是按科学的方法、正确的方向去搞活动,而是把它当成一场表现政绩的机会。为扩大"做秀"的影响,有关方面筹备和策划了一场大型文艺晚会,用公款请来许多名歌星、影星捧场;因晚会承包给一个文化公司举办,公司要追求经济效益,干部和群众没钱看演出,市领导便指示有关方面用公款

四、公文写作

购票分发,强令干部群众参与娱乐,并几次下发红头文件加以强调。仅两天就花掉国家财政72.83万元,贫困市很快变成"欠债市",导致许多干部、教师的工资发不出,老百姓怨声载道。类似这种超越现实、违背客观规律的瞎指挥,在现实生活中并不少见。比如哈尔滨市为平衡出生人口性别比例,出台了一个通告:"人工流产必须经政府行政审批,否则任何医院不能接受。"公文一出台便遭到人民群众的强烈反对,许多想做"人流"、不想生小孩者,因羞于审批,做不了"人流",最后被迫把孩子生下来,结果增加了该市的人口出生率,影响了计划生育工作。万源市的领导利用职权,借助红头文件,搞不切实际的庆祝活动,给当地经济、社会带来严重影响;哈尔滨市对计划生育实际情况、相关工作不调查、不咨询、不听证,不听群众意见,便出台通告"限制人流",使工作走向反面。这些例子说明:脱离现实,违背客观实际去处理公文的现象在当前始终存在。有关方面如不加以注意,尊重客观实际落实科学发展、搞好经济建设等工作就是一句空话。

2. 利用权限,谋取局部利益的公文常有出现

公文处理要结合职权范围,这是搞好公文处理科学化的重要条件。为此公文处理的法规文件"党政机关公文处理工作条例"有许多条款专门强调这问题。在符合职权范围的前提下,公文处理机关"要始终把实现好、维护好、发展好最广大人民的根本利益作为一切工作的出发点和落脚点","尊重人民的主体地位","保障人民的各项权益",做到发展为了人民,发展依靠人民,发展成果由人民共享。只有这样的公文,才能在实践中起开拓进取,推动科学发展的作用。近几年许多机关、单位按照党与政府的有关要求,"权为民所用,情为民所系,利为民所谋",运用公文这一重要工具为人民谋利益,坚持全心全意为人民服务,想尽办法造福人民大众。但始终还有少数机关、单位、部门为了一己之私利,运用人民赋予的职权,搞"权力寻租",利用文件

"走私"、"贩私"，谋求少数人的利益。

前不久，广州××区政府出台一份文件《关于支持××新城金融商务区发展的意见》，提出：为发展本地的金融业务，凡××新城CBD（中央商务区）金融机构的员工子女在本地任何一间学校上学，择校费可打6折；各金融机构的高级管理人员来本地金融机构工作可享受各项优惠医疗的服务。文件一公布就受到许多人的非议，不少人认为：××区吸引金融精英落户本地，为发展本地的金融业务，打造金融一条街的品牌，用许多优惠政策的动机是好的，但问题是有关方面动用教育、医疗等资源来吸引人才和资金这种做法，讲到底还是为金融机构少数人的利益服务，因为仅对CBD员工子女读书优惠，CBD外的民众子女不优惠，本身就有失公平。教育、医疗的资源是人人共享、不分身份等级的。按文件规定来执行，只能对少数人有利，对大多数人无益。

这种情况与前不久新华社曝光的事例相似：河北沧州市东江县教育局为了照顾县城党政机关在编干部子女能读上名校，下发红头文件，要该县办学条件最好的实验小学、中学修改招生简章，一定要录取在编干部子女入学。老百姓知道后唱起了顺口溜：父母不吃皇粮，子女难上学堂；教育公平发展，全是纸上闪光。这是典型的以文件"走私"的例子，我国实行义务教育，倡导教育公平，东江县教育局把手上掌握的义务教育的权利、资源、配置给有身份、享有特权的干部职工，把老百姓的子女拒之门外，打着红头文件的旗号，为少数人谋利益，这种行为要坚决反对。

3. 违反法律，不讲法治理念的公文时有抬头

国务院法制办负责人曾在一次重要会议上透露：现全国各省、自治区、直辖市和国务院各部门报送国务院备案的行政法规、规章等规范性文件共2248件，其中有3%（即89件）存在违法和不讲法治理念的问题。主要表现为：

（1）违反法律、行政法规的规定，擅自设定行政许可、行

政处罚和行政强制性措施。

（2）违反上位法规定，增加管理相对人义务。这些有问题的行政法规与规章，经过几年的普法宣传和法治教育，现仍然没有"销声匿迹"。

前几年，江苏省宿迁市出台了《关于制止大操大办，树立文明新风的决定》（以下简称《决定》）的红头文件，要求城乡居民凡遇上新房落成、乔迁、生日、子女上学、参军等喜庆活动，一律不得宴请，如要宴请，每次不准超过8桌，超过部分每桌罚款400元，党员干部宴请每次不得超过5桌，收受礼金每人不得超过100元，对违反决定者，处于超出部分每桌1000元的罚款。对此，老百姓意见很大，认为该文件不讲法制理念，违反有关法律规定。表现在：

（1）制定红头文件的依据有问题。《决定》开头说其制定决定的依据是《中国共产党党内监督条例》、《中国共产党纪律处分条例》、《中国共产党党员领导干部廉洁从政若干准则》、《中华人民共和国行政监督法》和《公民道德建设实施纲要》等文件。但从这些文件中找不到针对城乡居民宴请要罚款的依据。《决定》用党的纪律条例为根据去约束非党员、干部的城乡居民，从立法的角度看是有问题的。作为公民道德建设的文件《公民道德建设实施纲要》，对公民道德建设旨在倡导，并没有"强制"，以它作为罚款的根据完全站不住脚。

（2）违反了《行政处罚法》。《行政处罚法》提出了一项关于现代法制社会的基本准则：凡对公民、组织的权利作出限制性的规定，或者要求公民、组织履行一定的义务，必须有法律明文规定。法律没有明文规定公民、组织必须履行的，公民、组织就没有必要履行义务。同时也不得因此受到任何处罚。《行政处罚法》还规定了何种国家机关、哪一级行政部门可以设定何种行政处罚，如该法第九条到十四条明确规定：非法律、法规不能设定行政处罚，规章也不能离开法律规定去设定行政处罚。宿迁市公布的这个《决定》显然是违法处罚,或者说是穿着执法的外衣,干违法的事情,严重侵犯了公民对合法生活方式的选择。

(3)违反了当前我国倡导的"扩内需、保增长"规定。一个普通的公民在宴请的人数和桌数上,无论如何是不能,更不应该被强制限定在某一规模或档次之内的。只要公民的收入、消费合法,任何机关、单位都不能横加干涉。这个例子说明:现在仍然存在违法文件在戏弄民众。

联系起前不久报上刊登的新闻《太原禁止乙肝孕妇到普通医院生产》:山西省太原市卫生局出台文件规定乙肝孕妇只能到指定的"定点医院"——一家传染病医院检查、诊断、生产,不得到其他医院联系医疗等业务,其他医院绝不能收治乙肝及其病毒携带者的孕妇,更不得对此类人群接生。人们对卫生职能部门的"红头文件"公开歧视孕妇,公开剥夺此类病人在普通医院看病、生产的权利,很有看法。有些人口口声声强调要建立法治社会,要依法治国,要构建和谐社会、科学发展,实践中却不去执行正确的法律法规,甚至把公文处理科学化的问题当作"耳边风",这种现象,值得我们注意。

4. 顾此失彼,管理搞一刀切的公文比例不少

近年来,我国围绕民生问题如房价、医疗、教育频频出台文件,颁布新的政策。但这些民生"新政",在实践中的执行效果却不太理想。比如前几年,国家针对房地产市场出台的政策最多,国6条、国15条细则,落实新建住房结构比例要求,建立土地监察制度,限制外资准入,对二手房交易征收个人所得税等一系列文件相继出台。原本想通过这些文件,让飙升的房价降下来。结果却未能如愿。据国家发改委和国家统计局调查,本年度的房价在全国70个大中城市中同比上涨了5.7%,其中深圳、广州位列前四名;药品市场亦是如此。国家发改委发出了18种药品降价令后,药价不但没降,许多地方的药店仍然我行我素,变相加价;教育部门明文规定不得择校,但每到新生入学,择校费

四、公文写作

照收不误。为什么这些民生"新政"在实践中会失灵呢？原因可能很多，但其中最主要的是有关方面在关心和管理这些民生问题时缺乏整体把握，考虑问题过于单一、片面，犯了"头痛医头，脚痛医脚"的毛病，顾此而失彼，没能辩证考虑解决问题的方法。比如解决老百姓"看病贵"的问题，有关部门的政策是一再降低药价，并推出18批降价药品。有关方面并没有看到，药品成千上万个品种，相互之间的替代性很强，你降了此药我用彼药，不辩证地综合解决药价问题，药品费用是降不下来的。又如央行实行几次加息，想以此平抑房价，但加息后贷款成本上升，购房者减少了，缓解了需求压力，开发商却把由此增加的开发成本打入房价，再为高房价推波助澜。所以，管理社会热点问题，出台公共政策，颁布施行文件，任何时候都要结合现实，辩证考虑，切勿过于理想，看不到客观事物发展的诸多因素。这方面，在不少地区、不少行业的管理中仍然不太注意，如湖南省民政部门出台文件规定：凡家中养了宠物的不能作为低保对象。许多群众为了不失去低保户的资格，将家中饲养的用来防鼠、防盗的家猫、家狗等设法送到野外，一时间造成许多地方的街道上多了很多流浪猫和狗，不但妨碍了道路交通，还影响了市容市貌建设。有关方面把家养的猫、狗和宠物简单地画上等号，对待低保户，管理上搞一刀切，根本不考虑实际情况，犯了简单化的错误。有关方面可能这样认为，有了这个规定，低保户的标准统一了，管理容易了，但有些人没有想到"按下葫芦浮起瓢"的道理，表面上解决了一个矛盾，实际上引起了更多的矛盾。许多人非议这项政策，说它犯了顾此失彼、管理片面的低级错误，文件后来根本执行不了。以上例子，进一步说明了公文处理科学化的重要性，任何机关、单位在运用公文搞好各项管理活动中，不但要结合公务处理实际，而且要考虑客观生活中不断变化的各种因素，并把它们综合起来辩证地加以认识和处理，只有这样，文件才能在实际中更好地发挥作用。

从大学生哑言法规文件说起

2014年9月,媒体报道了这样一件事:有关方面为了科学,规范高等院校学生的实习与毕业见习,制定了《高等院校学生实习与毕业见习条例(草案)》(以下简称《条例》)。《条例》提交省人大审议通过前,有关方面找了一些大学生代表座谈,看有什么修改意见与建议。结果到会大学生对《条例》哑口无言,提不出任何意见。

实际上《条例》有三点不足之处:

(1)题文不相符合。《条例》名称是谈高等院校学生实习与毕业见习,但内文对中师、中技等学校学生的实习与毕业见习也作了许多规定;而中师、中技不属于高等院校范围。

(2)有些提法片面。比如《条例》规定:实习单位不得安排大学生从事矿山井下、有毒有害、易燃易爆等方面的实习,忽视了学生学习的专业范围与必须提高的业务技能。因为大学的专业范围很广,为了提高学生的能力,学地质的要结合实际到矿山井下了解情况,学医的要提高业务技能就不能不接触有毒有害的物品,研究化学的接触易燃易爆物品也在他的专业范围内。我们一方面要保证大学生的实习与毕业见习安全,另一方面不能把要求规定得太窄、太绝对。否则会影响大学生能力的提高与将来就业。

(3)个别规定模糊。比如《条例》规定:大学生在实习单位顶岗实习,实习单位应不低于同岗位职工工资的80%的标准向大学生支付实习报酬。非顶岗实习的大学生,高校要与实习单位或见习单位要求与学生在实习协议中约定补助有关事宜。何谓"顶岗实习",《条例》写得不够具体、明确。这些不足,有关方面想听听大学生的意见后再作完善的修改。但没有一个大学生对《条例》存在的问题提出看法。

这件事说明什么呢？就大学生而言，起码可以说明三个问题：

（1）大学生平时对自己切身利益的事情关心不够。如何搞好实习与毕业见习，大学生是最有发言权的。对《条例》提不出意见，说明对这个问题平时缺乏了解、思考、体验和总结。

（2）对法规文件的用途、使用、制定程序知道得太少。《条例》作为对一定范围内的工作、活动和事务作出约束力的行为规范、实践中有重要作用。有关方面制定《条例》过程中之所以征求大学生意见，实际上是接纳民意、按程序、重科学的表现。大学生应有高度的责任感，协助有关方面把《条例》制定得更好，让它在实践中发挥指导作用。大学生对《条例》毫无反应，说明对法规文件的重要性认识不足。

（3）写作知识的学习与分析文章的能力有待提高。如前所述，《条例》中表现出来的题文不符、分析片面、表述不清等毛病。作为学过应用写作的大学生应能分辨出来。面对存在问题哑口无语，说明应用写作知识的学习不够，分析能力有待加强。

早在1939年，毛泽东就说过："我们队伍里面有一种恐慌，不是经济恐慌，也不是政治恐慌，而是本领恐慌。"要避免"本领恐慌"，作为高校的学生，在校时就应抓紧学习，多关心时事政治，设法提高自己各方面的能力，否则，面对高素质的人才需求，严峻的就业形势，真的会犯本领恐慌症，我们千万不要忽视这个问题。

四两拨千斤——写作老师教你如何提起笔

要重视建议书的写作

建议书是个人或单位为完成某项工作任务,向政府或有关部门提出意见时所使用的一种应用文体。在封建社会,臣民要向君王提意见,一般都用奏、议、书、疏等形式。比较有名的,如赵充国的《屯田奏》、贾让的《治河议》、李斯的《谏逐客书》、贾谊的《论积贮疏》等。它们分别从屯田垦荒、治理水利、广开才路、积贮粮食等方面去向封建君王提意见。奏、议、书、疏也就成为我国最早出现的建议书。

现在我们所用的建议书,是在第二次国内革命战争时期,我党建立了革命根据地之后才正式发展起来的。特别是抗日战争时期,党外人士李鼎铭先生向党提出了"精兵简政"的建议,得到毛泽东同志的肯定和党中央的采纳后,建议书便作为我党依靠群众,团结群众,贯彻群众路线的一种普遍使用的文体。

今天,全国人民从事各项改革,有许多合理化的建议需要我们去提出,建议书更有其不可估量的重要作用。

在中学语文教学中,正确引导学生学习和掌握建议书的写作,发动学生多提各种合理化建议,是一个很重要的方面。千万不要认为建议书不是中学生所要掌握的知识,因而忽视这种文体的练习。有一年高考,有些学校因不注意应用文体的写作,结果造成许多考生就学校的环境污染的问题向光明日报社写信都不会,这个教训值得我们记取。

建议书,一般说来有三个部分:一是标题。二是接受建议的机关、单位或人的名称,行款格式与书信基本相同。三是正文。它包含三个方面的内容:①写清楚建议的原因或出发点。②写明具体建议的内容。这部分为了使人一看就明,具体建议可采用分条开列式。③提出希望。④表示敬意的结语、署名及年、月、日。这点与书信差不多。

要写好建议,除掌握结构特点外,在写法上还必须注意几个问题:一要以主人翁的态度,用认真负责的精神提出建议。二要建议的内容要结合实际,切实可行,才有利于促进工作。三要注意语气的分寸,言简意明地把建议的具体内容、办法、措施如实地写出来,不必搞过多的分析论证。只要建议能做到合理、可行、有益,在现实条件下行得通,文字上朴素、平实一些即可。

四两拨千斤——写作老师教你如何提起笔

关于报告的撰写

报告的体裁很多，这里谈的是日常党政机关和事业单位工作中较常见的一种应用文。

下级单位为了让上级主管部门及时了解本单位的情况、以便取得上级领导的指示与帮助，把开展工作的情况、问题以及意见写成书面材料向上级汇报，这就是我们通常说的报告。

不要小看报告这种应用文，要写好它得认真对待。前不久，中央一位领导同志讲过这样的事：今年初，国务院领导同志曾批评国家×××部，说他们几次向中央送交的报告不讲格式与要求，被有关单位退回去，这是不可思议的事，希望他们认真研究包括报告在内的一切应用文写作。这件事发人深思，说明不花功夫、不认真对待应用文写作，不利于工作的开展，甚至会闹出笑话。

一般说来，较常见的报告有三类：情况报告、回复报告和送交文件（物件）报告。情况报告是向上级反映、汇报有关情况的报告。按内容分，此类报告有较全面反映情况和问题的综合报告，以及以一事一文为基本形式的专题报告。回复报告是下级机关或所属单位为回答上级领导询问某一事项而写的报告。送交文件（物件）的报告是下级机关向上级机关送交文件（物件）时随之而发出的简短的报告。

报告的格式大体有三部分。第一部分是标题。应写在第一行居中位置。为了使人一目了然，一般不用文艺通讯式标题。如重要的报告，一般不用文艺通讯式标题。如重要的报告，还要在标题的右下方编上号，这样便于日后查考。第二部分是正文。这是报告的主体，由报告的起因、报告的内容两部分组成。起因要写明为何要写这份报告。报告内容则要按报告的要求及主要情况去撰写。如果报告某项工作，则要将这一工作的进行情况、取得的成效及主要经验作为重点来写；如果是拟定某种办法，则要把该办法的具体内容写清楚；如果是回答上级提出的问题，则要按上级提出的要求去写。总之，不论写哪些种报告，都要突出重点，有针对性。第三部分是收束与具名。报告到最后常常用"特此报告"去收束，一般另起一行空两格，不用标点。写报告的机关、团体名称时，如第一部分没写日期，还要在具名之后写上，并加盖公章。

写报告除了要掌握一定的格式外，还要注意以下一些问题：一要严格执行真实性的原则，不允许有任何虚构或作假的行为。二要注意文字的朴实简练。报告以概述为主，一般不用夸张、拟人、比喻等修辞手法，也不要随意发议论。三要与请示区别开来。请示是国家规定的单独使用的一种公文文种。在报告中比如在收束用语中是不能带上具体的请求含义的，否则就把报告写成请示了，这样做不符合报告的写作要求。

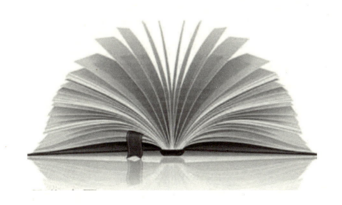

把握好决定与决议的写作

决定、决议两个公文文种的相似点在"决"字，即属决策性文件，都是上级机关对某些重大决策与重要事项作出研究部署，要求下级机关贯彻执行，属下行文。

不同点主要有四方面：

1. 写作内容不同

同是重要事项，有关方面对它进行研究后作出决策与部署，用决定行文，决议所讨论的事项，本身就是与重大决策相联系的，两者形成文件的内容重点有所不同。决定，相对"决议"而言，研究的内容多且具体，除对重要事项作出决策与部署，还要对奖惩有关单位及人员，变更或撤销下级机关不适当的决定事项行文，写作范围与内容比决议广。

2. 成文程序不同

决定可以由党政机关根据职权范围研究作出，可以由一定的会议讨论后形成决定意见并加以部署。"决议"一定要经会议讨论通过，其形成过程有一定的法定程序，与会议上的民主集中统一的意见联系密切。

3. 具体写法不同

决定的正文一般由三大部分组成：决定缘由、决定事项与执行意见，除了经会议研究通过的决定，成文日期要居中安排在标题下外，由党政机关作出的决定，成文日期一般标注在正文后。

决议由于与会议讨论通过相联系，成文日期必须写明经什么会议，在何时间讨论通过，并居中安排在标题下。另外，决议因与会议有关，这就造成了它的正文每一部分的内容，开头必须有段首语去承接所写内容。如"会议听取了……"、"会议审议了……"、"会议认为……"、"会议强调……"、"会议要求……"、"会议号召……"等，决定虽然也有分段或分部分用小

四、公文写作

标题去安排正文的,但有不少决定是分条表述的;即写了决定缘由这个内容后,用"经研究,特作如下决定……"、"现决定如下……"等祈使用语,分条陈述决定所有事项。写法比决议灵活多样。

4. 执行要求不同

决定与决议相比,前者议决的事项比后者多,执行要求相对而言比较具体,规定性与指令性突出,决议偏重于会议讨论通过重大决策事项,它有较强的执行性,除此,原则性与指导性很突出。不少决议,经会议讨论通过后提出贯彻执行的指导性原则,具体怎样做,还要结合实际去灵活变通,"决定"一经作出,就要按决定部署去执行,指令性明显。

四两拨千斤——写作老师教你如何提起笔

决定与规定写作的异同点

决定与规定这两个文种的相似点都有"定"字,"定"可以理解为"特定""定案""敲定",指上级领导机关对某项工作或事项作出一致的意见、看法,要有关方面贯彻执行或遵守。"规定"在2012年前列为法定公文,提出"用于对特定范围内的工作和事务制订具有约束力的行为规范",它与具有约束力的规范性决定,很相似。

不同点有三个方面:

1. 写作内容不同

决定对重要事项作出决策与部署,具有奖惩、变更和撤销下级机关不适当的决定等用途。"规定"用于"对特定范围内某项工作和事务作出具有约束力的行为规范,"偏重于对工作和事务作出约束力的行为规范,而且是特定范围的制定,写作内容与范围比不上决定。比如《中共中央国务院关于加速科学技术进步的决定》与《国务院关于职工工作时间的规定》,后者的内容限定在工作时间上应执行的行为规范方面,其写作目标比决定小。

2. 执行对象不同

"规定"制定出来的具有约束力的行为规范,针对特定范围,接近更为具体细致的工作与事务,趋向大众化,执行对象明确,范围相对较小。如《广东省关于免收军车通行费和加强军车管理的若干规定》,针对军车通行费的收取与管理作出规定,执行的范围明确。"决定"面对重要事项作出决策与部署,奖惩,变更与撤销不适当的决定,其执行对象与"规定"比,范围大些,广泛一些。

3. 文种归属不同

"规定"原是法定公文,《党政机关公文处理工作条例》颁布后未把它列入法定公文范围,把它与章程、办法、细则、规则

四、公文写作

等文种一起列入规范性法规文种。现不少行政机关、社会团体、企事业单位经常用它,它与决定作为法定公文不同。

通知与通报写作特点比较

通知与通报这两个公文文种的相似点都有一个"通"字,"通"即"贯通"、"沟通"、"疏通",有情况、有公务要与有关方面"沟通",了解或执行。"知",是"告知"、"知悉","报"是"汇报"、"报告",都含让有关方面了解与认识有关情况与问题的意思,都属告知性文件,是自上而下传递公务信息的下行文。

通知与通报这两个文种不同点有三方面:

1. 写作范围不同

通知的写作范围,《党政机关公务处理工作条例》(以下简称《条例》)对旧条例与旧办法中的规定作了较大修订,删去了旧条例中"发布党内法规、任免干部,传达上级机关指示"这三方面的用途,把"发布要求下级机关办理和有关单位共同执行或者周知的事项",修改为"发布、传达要求下级机关执行和有关单位周知或者执行的事项"、在"发布"之后添加"传达"功能,把"要求下级机关办理"改成"要求下级机关执行",把要求"有关单位共同执行或周知的事项",调换"周知"与"执行"的表达顺序,先说"周知"后说"执行",删去"共同"二字,使句子表达更为简洁。对"旧办法",《条例》删去"任免干部"的用处,精简了"批转"与"转发"公文的对象。《条例》把通知的使用范围集中在六个方面:"发布、传达、周知、执行、批转和转发",前四个针对通知事项,后两个围绕批转、转发公文。它与通报"适用于表彰先进,批评错误,传达重要精神和告知重要情况"的使用范围不同。与"旧条例"规定的通报比,把"沟通"改为"告知",使通报的用途更准确,"重要情况"是不能用"沟通"去配搭的。旧办法中的情况用"传达"去配搭情况也不太通顺,现改为"告知重要情况",用语更准确，用途更集中，告知的不是一般情况，而是"重要情况"。

2. 表达方式不同

通知围绕公务活动，发布上级机关意见、看法、指示，传达要求下级机关和有关单位需要周知、执行的事项，批转、转发与实际工作紧密联系的公文，告诉有关单位，人员需要做什么，应该怎样做，不能做什么，意思要很显豁，表现在语言表达方面就是要用叙、议结合方式，用平实、简明的语言去表述公务信息。通报围绕先进、错误展开表彰、批评，要抓典型人物与事件，倾向、发展变化情况去组织内容；要传达上级对搞好某项工作的意见，某些重要会议，重要活动的情况或精神去写作，除了要用陈述这一表达方式外，还要用到说明、议论，有时在语言上要表现一种感情色彩。

3. 制发目的不同

通知的制发，除了有周知作用外，更多的是指示有关单位搞好公务工作，尤其是布置工作，发布指示，批转与转发文件的通知，强调贯彻执行，约束性突出。通报虽然也有执行的作用，比如通过正反典型告诫人们不该做什么，应该怎样做，如何贯彻上级机关为搞好公务工作而提出的重要精神，但通报大多是告知有关方面，引起关注，其提醒、激励、教育、告诫的作用明显。

四两拨千斤——写作老师教你如何提起笔

从写作异同看建议与议案的写作频率

建议、议案这两个文种有"议"字。"议"即"议决"、"商议"、"审议",有关方面对如何更好地搞好各项工作,提出主张、看法、意见,供相关单位、部门审议、参考,这是"建议";"各级人民政府按照法律程序向同级人民代表大会或者人民代表大会常务委员会提请审议事项",这是"议案"。两个文种的共同点都是结合公务工作,建言献策,依照程序提请审议,促使其内容在现实生活中发挥作用。

不同点有三个方面:

1. 使用对象不同

"建议"的使用者除行政机关部门外,可以是人大代表、政协委员、一般群众,只要对搞好工作有看法、意见,都可形成书面文字材料,提交有关方面参考。"议案"的使用者一般是人大代表,不是人大代表不可能在人大会议期间提交议案,政协委员在政协会议期间提交的建言献策的文字材料,是提案。一般的群众可以以当家作主的精神,提工作中的建议,但不能提议案或提案。

2. 形成过程不同

作为政协委员所写的建议,在政协会议期间经有关方面审议、立案,提交大会讨论,再转有关方面参考、贯彻,这是提案的形成与使用。人大代表对搞好公务工作所提的建议,在人大会议期间经有关方面审查、立案,形成大会讨论和审议的议案。两个公文文种都与建议相关,都有一个形成过程。依照一定职责确定的做法不同,文种形成的名称不同。作为一般群众所写的建议,不可能也不需要经过这些法定过程,但建议可以被政协委员或人大代表采纳,作为他们提提案或议案的内容。

3. 提交程序不同

一般群众的建议,其提交、行文可以不按法律程序,行文相

四、公文写作

对广泛、灵活,议案必须严格按法律程序提交给同级人大或人大常委会会议,有不少议案还是以集体名义,即较多人大代表签名同意的形式提交,人大或人大常委会议闭会期间一般不提交议案。由建议变成议案,要经一定的民主程序审查、通过,然后再提请审议,行文程序比较严格、集中。

四两拨千斤——写作老师教你如何提起笔

谈公告、布告与通告的写作特点

公告、布告、通告这三个公文文种的相似点在"告"字，即"告知"，属告知性文种。行文方式较灵活，有时可以不按公文的发送程序去处理，可在报纸、网络、电台、电视台等媒体向大众告知相关内容或在公众场合张贴都行。

不同点主要有四方面：

1. 使用机关不同

公告的制发者主要是级别较高党政机关或部门，布告的使用主要是国家各级司法、公安机关部门，（1987年曾列为法定公文，1993年《国家行政机关公文处理办法》颁布至今未列入法定文种）通告的使用机关或部门，"级别"没有那么严格的限制，国家高级机关、基层行政管理部门、社会团体均可使用。

2. 告知内容不同

公告告知的内容针对重要事项或法定事项，其重要性大于布告和通告。布告按1987年的《国家行政机关公文处理办法》规定：公布应当普遍遵守或周知的事项，通告按2012年4月16日颁发的《党政机关公文处理工作条例》规定，"适用于在一定范围内公布应当遵守或周知的事项"，这两个文种的事项性质都没有公告重要、突出。

3. 公布范围不同

公告是面向国内外宣布重要事项或法定事项时用的，告知的范围最广；布告是面向国内公布有关事项的文种；通告主要针对社会的某一方面，强调"一定的范围"去公布应遵守或周知的事项。三个文种公布事项的范围有所不同。

4. 行文频率不同

公告因宣布重要事项或法定事项，一般情况下不轻易使用，一旦使用，说明事项重要或与法律法规有关。布告针对应遵守或周知的事项，规范性与约束性突出，一般说来讲究公布时机与背景，使用频率不是很高。通告公布的事项，有"一定范围"作为前提，使用机关、部门多，行文频率比公告、布告高。

四两拨千斤——写作老师教你如何提起笔

从三个不同看指示与批示的使用

指示与批示这两个文种的相似点在于"示"字，即上级机关或负责人对下级机关的工作有看法、有意见，"示意"与指点有关方面应如何搞好工作，属指挥性下行文。

不同点有三方面：

1. 针对内容不同

指示在1987年2月18日颁布的《国家行政机关公文处理办法》（简称《办法》）中列为法定公文，规定"对下级机关布置工作，阐明工作活动的指导原则"，用指示，（1993年11月21日修订颁布的《办法》未列为法定文种），批示是上级机关或部门，与负责人对下级来文或所做工作提出的批注意见或看法，布置工作，阐明工作活动的指导原则，针对的内容很重要，一般写得较为综合、简练、概括。

2. 主动程度不同

指示是上级机关根据工作需要主动作出的，主动性与针对性突出，批示是上级机关或负责人对下级呈交的文件或公务工作所作的批注意见或看法，与指示相比，主动程度相对被动。

3. 使用频率不同

指示从1993年之后未列入法定文种行列，原因是使用频率低，用途易与通知、意见的用途等交叉，批示虽不是法定公文，但它的使用频率高。

四、公文写作

辨清公报与公告的写作异同

公报与公告这两个公文文种相似点在于"公"字,即公开宣布,公开告知,都是《党政机关公文处理工作条例》列入的法定文种,属党政机关用来在范围较广的领域公开告知、宣布重要或法定事项的,是很严肃与庄重的公文。

不同点在四个方面:

1. 写作内容不同

公报"适用于公布重要决定或者重大事项",公告"适用于向国内外宣布重要事项或者法定事项",就事项的性质,公报偏重于"重大",公告体现"重要",就内涵而言,"重大"比"重要"强,凡重大的事项亦包含了"重要"的性质,公告除写作重要事项还有法定事项,"公报"除公布重大事项,还要公布"重要决定",这个用途公告中没有强调。"法定事项"的内容没有体现在公报中。

公报在《中国共产党机关公文处理条例》(以下简称《旧条例》)中属第七类公文,现把它列为第四类文种,"级别"升了,用途改变了。旧《条例》规定:公报"用于公开发布重要决定或者重大事件"。与现行《条例》比,改动了三个方面:①删去了原条例"公开"的提法;②把"发布"改为"公布";③把"重大事件"改为"重大事项"。究其原因,是为了规范公报的提法。"公开发布"前后两个词有交叉,重复,一般说来凡发布的内容都是公开的,可见"公开"这个词多余,删去它表达更简洁,句子更精练。"发布"与"公布",虽是同义词,但"公布"显得更庄重、范围更大,特别是"重大决定"与"重大事项",用"公布"更能显示公开程度与范围之广。"事件"与"事项",后者包含的内容更多,前者有特指内容,就是事件,后者内涵与外延较大,事项亦包含事件。这些改动,使公报的用途更明确,更规范与科学。

2. 写作方法不同

公报的内容带有较强的新闻特色,大多以新闻形式公布。它可以公布重要会议的决定事项,公布我国外交工作的成果,公布我国国民经济和社会发展的统计材料,写作上一般较为详细、具体。公告向国内外宣布重要事项或法定事项,内容偏重于事项,写作上比较讲究简明、扼要,不像公报那样采用新闻笔法,并且要求把事项发出的时间、地点、人物、原因等表述清楚,写出导语、主体、背景等。

3. 告知范围不同

公报公布重要决定或重大事项,没有强调面向"国内外"公布,公告不同,强调"向国内外宣布重要事项或法定事项",其宣布的范围比公报广泛;既面对国内也针对国外宣布。

4. 发布形式不同

公报大多以媒体形式公布写作内容,公告除利用媒体刊登外,可以形成文件公布和公开张贴宣传,发布形式比公报灵活、多样。必要时,有关方面还可授权新华社发布重要事项。如我国向公海海域发射运载火箭,就是通过新华社去发布的。

通告与通知写作比较

通告与通知这两个文种的相似点都有告知的性质,"通"即"畅通","沟通"、"通达",即把办理公务的内容、要求、目的、事项等告知人们,让有关方面"知悉"。

通告与通知这两个公文文种的不同点有三方面:

1. 写作内容不同

通告的写作内容针对一定范围内公布应当遵守或周知的事项,通知"适用于发布,传达要求下级机关执行和有关单位周知或者执行的事项,批转、转发公文",虽然通知的事项有许多是要周知或遵守的,有时也会体现一定范围,但通知有许多内容偏重于执行,"遵守"与"执行",从事项本身的约束性看,两者不太一样。从写作类型看,通告主要有两种:法规性的与知照性的通告。前者是用来公布法律法规与群众应遵守或周知的事项。后者提出人们知晓的事项,不直接要求遵守执行。写作内容主要针对这些去组织。通知除了周知性通知,还有许多写作内容是通告的用途未能强调的。

2. 告知范围不同

通告公布应遵守或周知的事项,强调"一定范围",即社会某一领域或公务活动的某一范围有哪些事项需要人们周知或遵守的。通知要求下级机关和有关方面周知或执行事项,虽然有特定的通知范围,但这个范围指下级或有关单位,它与通告说的一定范围不同。

3. 行文方向不同

通告的行文方向比通知广泛。通告的"告"与通知的"知",虽然都有告知的意思,但"告"是向一定范围内的人群或领域公开告知应周知或遵守那些事项,"知",有特定的告知含义,有可能告知所属的下级或单位、人员,也可能是部分下级

四两拨千斤 ——写作老师教你如何提起笔

机关、单位人员,要求有关方面知照办理,两个文种的行文方向有区别。

简述通报与通告写作

通报与通告这两个文种的相似点都有公开告知的性质，"通"可以理解为上下之间有公务信息、公务活动要互相告知、沟通，共同遵守或执行。

这两个公文文种的不同点有三方面：

1. 写作内容不同

通报的写作内容离不开表彰先进，批评错误，传达重要精神和告知重要情况。通告针对一定范围内公布应遵守或周知的事项去考虑内容，两个文种的写作内容重点不同。

2. 发布时机不同

虽然这两个文种都要讲究写作时效，但通报更强调及时、快速。特别是当一种错误倾向蔓延、发展时，如不用通报及时提出批评，对工作的影响会很大。上级机关围绕搞好某项公务工作，有重要情况或重要精神，必须尽快传达，才能促进工作更好发展。通告有许多内容是带周知性的，周知性的事项在时间要求方面没有那么严格。

3. 遵守程度不同

如从约束人们的行为、思想及贯彻、执行的角度，通告比通报更突出。因为通报批评错误，虽也有遵守功能，但大多是引以为戒，起警醒、启发和教育的作用。对"重要精神"强调领会贯彻，遵守方面相对没有那么直接。

谈批复与批示写作异同

批复、批示这两个公文文种的共同点是"批"字,批即批准,批改,用在公文方面,即上级机关、部门或单位负责人对下级呈交的公文、书面文字材料阅后表明同意与否的意见、看法,属下行文。

批复与批示这两个文种不同点有五个方面:

1. 文种来源不同

批复的"复"是答复的意思,既是答复,事先必须有下级机关的请示、要求,否则,就谈不上答复。所以,批复是对下级机关的请求批准事项,有了同意与否的看法、意见外,上级机关答复下级机关的公文文种,没有请示就没有答复。批复的来源是请示。

批示的"示"是提示、指示的意思,批与示合在一起是批准意见,加以指示,即在下级机关报送的公文上表明看法,写批语,或上级机关的负责人看到现实中宣传、报道的书面宣传文字材料中的思想内容、做法、经验,对本机关系统内的公务工作有重要参考、指导价值,在这些文字材料上写意见、谈看法。作为批示的来源较广。

2. 主动程度不同

批复用于答复下级机关请求事项,写作内容限制在请示方面,有请求才有答复,无请示无答复,从办理公文的角度,属被动行文。批示是上级机关负责人在阅审下级报来的文件或有关文字材料,如计划、总结、报告、新闻、参考消息、群众来信等,发现这些文件或材料提出的问题、意见或经验,对工作有指导意义,便在文件或材料上写意见、作批示。从处理这些文字材料的角度看,也有被动性质。但上级机关或负责人对有关文件或材料作不作批示,本身有选择权,从这点看属半主动行文。它与批复处理公文的主动程度略有不同。

3. 行文形式不同

批复一般以机关名义写作，不能用机关负责人的身份去答复请示事项，不允许随意发挥与请示无关的内容，写作强调针对性与格式规范。批示只要能反映批示人对文件或材料的看法，能结合指导工作的需要，内容可长可短，有时甚至可以离开文件或材料本身去议论发挥，写作没有固定的格式。在许多情况下，上级机关负责人对某个事项、某个工作所作的批示，会形成公文文种如通知、意见等，要求有关方面贯彻执行。如中科院王大珩、王淦昌等人提交给中共中央的建议：《跟上世界新技术潮流，迅速发展中国高新技术》，邓小平阅后批示："此事宜速作决断，不可拖延。"批示才一句话，后来中共中央形成《关于加快发展我国高新技术的意见》，要求有关方面贯彻落实，很快又形成了发展我国高新技术研究的计划（简称"863 计划"）。

4. 写作内容不同

批复针对请示事项进行答复，写作内容集中在同意与否方面，意见与态度要鲜明、具体，不能太原则。正文一般由批复根据（批复的起因或依据）、批复意见（对请示事项给予具体明确的答复）、批复尾语三部分组成。批示的写作只要围绕一个中心、一个意见，表达清楚即可，没有批复那样的结构内容。

5. 文种归属不同

批复是正式的法定公文，批示最多只能说"准公文"。上级机关负责人根据文件或材料内容写下自己的看法以及要求下级机关办理的意见，不管是三言两语或一篇文章，本身还不是法定公文，只有经过一定的公文体式处理后，与原文内容一起转发或写入公文中发给有关方面，才是法定公文。它们的文种归属不一样。

四两拨千斤——写作老师教你如何提起笔

公文主旨的表现方法

要写好一篇公文，牵涉的因素很多。比如是否对党和国家的方针、政策、法律、法规真正了解与自觉贯彻执行，是否对工作的实际情况和问题进行实事求是的认识与分析，是否对本机关、单位的工作职权与职责能自觉履行等，除此，明确公文主旨构成及表现技法，亦很重要。

公文主旨与一般文章不同，它是以解决公务活动中存在的问题去体现写作中心的。为了解决公务问题，写作必然会联系到原因与背景，以及写作目的，即通过什么方式去体现写作意图、效益等。说具体点就是通过什么方式去表达处理问题的意见、要求、办法、措施和主张等内容去体现写作目的。如果说公文主旨是核心的话，公文写作的原因与背景是构成的公文主旨的前因，写作目的则反映了公文主旨的期望结果，一般从公文写作的开头就可看出。

为了说明问题，下面以国家财政部办公室下发的《关于参加第十届全国法制漫画动画微电影作品征集活动的通知》（国财办〔2013〕33号）的开头为例：

> 为深入贯彻落实党的十八大和习近平总书记一系列重要讲话精神，全面贯彻实施党中央、国务院转发的"六五"普法规划和全国人大常委会决议，充分运用以互联网为代表的新兴媒体，努力增强法制宣传教育的针对性和实效性，司法部、国家互联网信息办公室、全国普法办公室联合下发了《关于举办第十届全国法制漫画动画微电影作品征集活动的通知》（司法通〔2013〕117号），将举办第十届全国法制漫画动画微电影作品征集活动。
>
> 为在全国财政系统开展好此项活动，现将有关事项

通知如下：
　　一、作品征集时间（略）
　　二、作品形式及有关要求（略）
　　三、报送作品的使用（略）
　　四、报送要求（略）

　　此通知的开头从"为深入贯彻落实"至"将举办……征集活动"，是此份通知的写作原因与背景，把司法部、国家互联网信息办公室、全国普法办公室下发《关于举办……通知》作了内容上的概括，"为在全国财政系统……"至"……有关事项通知如下"，是公文写作的目的，它们共同与公文的中心："搞好第十届全国法制漫画动画微电影作品征集活动"，自然融合在一起，读后让人感到发文机关是针对公文主旨去写作的。

　　公文写作，除了明确主旨构成外，还要注意显旨的技法。其中用得最多的是如上文所说的"篇前撮要"的方法。"篇前"即篇头，"撮"指简短文字，"要"，即要领，全篇的中心思想与基本内容。意思是指一篇公文的开头处，用简明的语言，把公文的观点、中心内容或结论加以概括表达出来，让人未看全文前先得到一个总的了解，一下子抓住全文要领，然后再去掌握全文的内容，以此达到纲举目张、提纲挈领的目的，这是公文写作开头常用的显旨技法。它与新闻写作中的导语写法相似。正如《中共中央关于纠正电报、报告、指示、决定等文字缺点的指示》中所说："一切较长的文电，均应开门见山，首先提出要点，即以开端处，先用极其简要的文句说明全文的目的或结论（现在新闻学上称为'导语'），亦即中国古人所谓'立片言以居要，乃一篇之警策'。"

　　公文不同于文学作品，它的主旨需要作者直接表现，即明显揭示。显旨常见的表现方式有：

四两拨千斤——写作老师教你如何提起笔

一、起句立意、开宗明义

即开头第一句或第一段就要表明主旨，开篇就要明确主要的思想内容及实质、意义。如：国家环保总局、发展改革委、农业部、建设部、水利部、国土资源部、林业局《关于加强农村环境保护工作的意见》的开头：

> 为贯彻落实《中共中央国务院关于推进社会主义新农村建设的若干意见》（中发〔2006〕1号）、《国务院关于落实科学发展观加强环境保护的决定》（国发〔2005〕39），保护和改善农村环境，提高农民生活质量和健康水平，促进社会主义新农村建设，现就加强农村环境保护工作提出如下意见：

此份公文的开头采用了开头采用了开头显旨的方法，向阅者直陈该文制发的目的，依据及中心内容，用"为……"或"为了"这一目的性、条件性介词组成的句子做全文首句，直接告诉有关方面为了更好贯彻落实中央和国务院的两个文件，保护和改善农村环境，提高农民生活质量和健康水平，现要"加强农村环境保护工作"。这种显旨的方法，能达到"唤起阅者注意，使阅者脑子里先有一个总概念，不得不继续看下去"的目的。有些公文的开头不一定使用介词结构组成的句子作为首句或第一段去引出主要内容，而是单刀直入，直接阐述意义、主张及基本观点。许多指令性、法规性公文都用这个形式去表现中心。

二、交代缘由、引出主旨

有些公文没有用起句立意，开宗明义的方式去显旨，而是采用开头先陈述制发公文的缘由，即原因、背景，然后顺着文势、内容，自然引出公文的中心思想，结论或行文的目的、依据、意义等，通过这样去表现公文主旨。如《国务院关于支持农业产业

四、公文写作

化龙头企业发展的意见》（国发〔2012〕10号）的开头：

农业产业化是我国农业经营体制机制的创新，是现代农业的发展方向。农业产业化龙头企业（以下简称龙头企业）集成利用、资本、技术、人才等生产要素，带动农户发展专业化、标准化、规模化、集约化生产，是构建现代农业产业体系的重要主体，是推进农业产业化经营的关键。支持龙头企业发展，对于提高农业组织化程度，加快转变农业发展方式、促进现代农业建设和农民就业增收具有十分重要的作用。为加快发展农业产业化经营，做大做强龙头企业，现提出如下意见：

国务院之所以下发"加快发展农业产业化经营、做大做强龙头企业"的"意见"，与农业产业化和农业产业化龙头企业的重要作用，以及支持龙头企业发展的现实意义紧密相联，"意见"的开头，由农业产业化说到农业产业化龙头企业的重要，再说到支持龙头企业发展的作用，这是制发此份"意见"的缘由、背景，由它去自然引出公文的中心：必须搞好这方面的工作，做大做强农业产业化的龙头企业。这种通过交代缘由去引出主旨的写法，在许多请求性、指令性、告知性公文中经常用到。

三、点轴扇开、综合显旨

有些公文在开端处没有直接显示主旨，如综合性的工作报告、重大问题的决定、重要情况的通报等公文文种，而是采用在开头先用几句话去概括对某一问题、工作、事件的看法或结论，然后，再采用划层点题、分段设题、段头立句等方法，从整体内容的综合上表现全文的主旨。这种写法，就好像打开具有"点轴"的析扇，扇子打开，对扇子内的字、画的格调与质地就看得一清二楚一样。

如《中共中央关于全面推进依法治国若干重大问题的决定》（2014年10月23日，中国共产党第十八届中央委员会第四次全体会议通过），开头高度概括了"为贯彻落实党的十八大作出的战略部署，加快建设社会主义法治国家，十八届中央委员会第四次全体会议研究了全面推进依法治国若干重大问题"这一情况后，"决定"分成七大部分，每个部分开头都有显示层旨的标题：

（一）坚持走中国特色社会主义法治道路，建设中国特色社会主义法治体系；

（二）完善以宪法为核心的中国特色社会主义法律体系，加强宪法实施；

（三）深入推进依法行政，加快建设法治政府；

（四）保证公正司法，提高司法公信力；

（五）加强全民法治观念，推进法治社会建设；

（六）加强法治工作队伍建设；

（七）加强和改进党对全面推进依法治国的领导。

这七大部分分别从法治体系建设、宪法实施、法治政府建设、司法公正、法治社会建设、法治队伍建设、党的依法治国的领导去部署推进依法治国的做法与战略安排，让人看后，更全面与深刻认识《决定》的主旨所在。这种写法通常是在开头用简短的结论性的内容作导引，然后以全文内容去综合显示公文的中心。许多内容比较丰富的决定、决议、意见、报告，由于文字较长、问题较多，既要总的阐述，又要细致说明，既牵涉大政方针，又联系具体的方法步骤，为此，它的显旨方法大多是综合的。

一篇公文只能表达一个中心思想，提出和解决一个中心问题，不能出现多中心的写法。文中的内容必须紧扣主旨，紧紧围绕主旨的需求去写作，半步也不能离开主旨，否则会患旨文不符的毛病，旨文不符在公文中常表现为：旨大意小、旨小意大和旨意分离等情况。这是撰写公文要特别注意防止的毛病。

四、公文写作

从直述不曲看公文写作

"贵在直笔"是公文写作的一条基本要求。所谓"直笔"即直截了当地表达内容,不能转弯抹角,搞隐晦曲折的写法。这与公文讲究实用,追求发文效果密切联系。因为:只有直笔才能让人更好地了解文中所要表达的内容,不至于产生歧义,易于公务活动的处理与执行。为此写作时应把握三点:第一,按公务活动开展情况,过程或公务性质,规律顺序展开写作内容,一般不需要倒叙与插叙。使人看后,很快意识到事情的始末,知道该做什么,不该做什么。第二,语言上要准确、明白、晓畅、浅显外露,既不含蓄,又不意在弦外。第三,表现中心要明显、集中,直陈写作目的,阐述主张,做法要鲜明。像下列的情况报告就违反了直述不曲的要求。

819 库房火灾情况报告

××××:

　　市××仓库819库房在本月6日晚9时失火。火借风力迅速蔓延,一时浓烟滚滚,火光冲天。市消防大队接报后,马上出动6辆消防车风驰电掣般地赶到现场。消防队员跳下车之后,个个都像进入了格斗场的斗士,人人都像山野猴子那样机灵,占了有利位置后立即扑救。十几条水柱就像十几条巨龙扑向大火。经过2小时的争分夺秒的战斗,大火恶魔终于被降伏了。但此时偌大的库房已断墙残壁,一片狼藉,雾气充盈、焦味难闻。储存物资亦化为灰烬、让人痛心。据初步核算经济损失达数百万元。值得庆幸的是无人员伤亡。

　　据查,此次失火原因是819库房保管员李××值班时违反库房管理规定造成的。李××已是40多岁的人了，身体健壮，平时工作肯卖力气，但是马虎随便的毛病较突出。昨天下午他带上5岁的女儿值班。7时多，他在库房门口用炭炉煮饭，8时左右吃过饭后将炭炉移入库房内，随手把一块硬纸皮盖在上面，锁上库房门抱着女儿哼着小调到街上买东西了。约一个小时后，他回到库房，感觉情况异常，将女儿放到一旁后，慌张地打开库房门一看，里面烟雾弥漫、火苗直窜，吓得他瘫在门口地上，连报警也忘记了，女儿见状，哇哇直哭他也不知道。直到总值班员闻讯赶来，才打电话呼救。但此时已大火熊熊，整个库房都已着火。待消防车赶到，虽然扑救得力，但也不能挽回损失了。

　　此次火灾暴露了我们管理上的严重问题。我们的心情非常沉重。我们成立了以仓库主任王××为组长的事故调查小组，有关情况我们会尽快详细汇报。

××市×××仓库管委会
2014年6月8日

　　这篇报告对819库房发生火灾的来龙去脉作了清楚的交代。内容的层次顺序安排恰当，语言也通顺。但是作为报告则不合格。从内容的处理到语言的运用都没有体现公文应有的特点。写报告的目的是让有关领导尽快地了解火灾的主要情况，及时提出有关处理意见。为此，作者要抓住最主要的事实，用准确、简洁、朴实的语言去写。如：火灾的时间与地点、救火的情况、火灾造成的损失、失火原因与经过、责任人以及仓库有关方面对事故处理、反应的态度和意见，等等。其他无关紧要的材料、没有关系的情况则不写。如报告中关于火势蔓延、消防队员救火的形态、消防车救火的描写，都不是报告需要的内容，特别是用词造句的形容、夸饰不是公文写作的表达方法，完全要删去。

　　这篇报告由于表述方法不当，未抓住报告写作要领，致使文

四、公文写作

字增多，篇幅拉长。撰稿者不仅多花了写作时间和精力，也妨碍受文者（领导）尽快了解情况，既增加了报告写作与处理的成本，也降低了工作效率，延误了问题的处理。

公文写作要树立"为办好公务而写作"的意识，写作不能运用文艺笔法去追求内容的生动性与形象性，任何时候都要结合公文文种的特点，影响全局的主要工作，本地区、本单位迫切需要解决的带有普遍指导意义的公务问题去直接分析与写作。按照秉笔直书，直述不曲的写作要求，"819库房火灾情况报告"没有写好，还要认真修改。

四两拨千斤——写作老师教你如何提起笔

五、论文撮要

情暖大众是搞好平安建设的重要前提

党的十八大报告提出了"深化平安建设"的重要任务,要确保人民安居乐业、社会安定有序、国家长治久安,需要我们做许多工作。其中,如何发动人民群众,充分调动人民群众的积极性,主动参与平安建设工作,努力实现国家的综合治理与人民大众的良性互动,加快创立平安建设立体化工作体系,是搞好平安建设这一伟大工程的关键。正如平安广东"四字歌"所说:"平安广东,事关公众,人人参与,努力推动,群策群力,共创建功。"而要人民群众积极参与和支持平安建设,有关方面如何采取切实有效的措施,做好情暖大众工作,显得非常重要。

一、搞好情暖大众工作,才能夯实平安建设基础

平安建设工作重点在基层,在人民群众。各级领导干部,工作人员是不是对人民群众有关爱之情,时刻关心和解决人民群众迫切需要解决的生活与工作问题,密切联系群众,把群众利益放在第一位,全心全意为群众服务,尽心尽力为群众谋福祉,送温暖,创幸福,这既是衡量领导干部有没有宗旨意识的标尺,也是能不能解决社会和谐稳定,搞好平安建设工作的关键。

改革开放以来,随着各项工作的深入发展,各种利益群体互相博弈,出现了不少社会矛盾,各种群众性事件频发,不少矛盾

五、论文撮要

由社会性的利益冲突,指向政府机关,有的即使与政府机关无关系,有些人仍将政府机关作为泄愤对象。社会矛盾有些已由经济利益转变为政治权利,并且越来越复杂,社会出现了失序、失衡、失范现象,社会综合治理与平安建设碰到许多新的问题。再加上一些党员干部这几年放松了要求,不重视党风廉政建设、脱离群众、以权谋私、大搞权钱交易、贪污贿赂、腐化堕落、工作慵懒散奢,使形式主义、官僚主义、享乐主义和奢靡之风蔓延,给客观存在、正需解决的各种社会矛盾带来了"火上添油"的趋势。正如党的十八大政治报告所分析的,党内正面临精神懈怠的危险,能力不足危险,脱离群众的危险,消极腐败的危险。党风不正、党心涣散、政风不正、民心走偏。人民群众看到我们的一些党员干部党风、政风不正,只为自己打算,不为他们谋福祉、送温暖、发红利、表实惠,产生了不少消极因素。这些问题如不解决,有关方面想调动人民群众的积极性,发挥他们的聪明才智共谋平安建设,不太容易。弄不好,还会加大社会矛盾与各种危机。

党中央开展了为民务实清廉为主要内容的党的群众路线教育实践活动和三严三实专题教育后,以上许多问题得到了有效的解决。尤其是通过整治腐败对照检查、整改落实、建章立制等工作,纠正了不少党员干部的"四风"问题。"做焦裕禄式的好干部,做人民群众的贴心人",许多党员干部在各自的岗位上学习弘扬焦裕禄精神,关爱群众,密切联系群众,热心为群众谋利益,扎实为群众谋福祉,劲往惠及民生上使,人民群众看后激励很大。这时要搞好平安建设,人民群众就会义无反顾地站在党和国家的立场,同心同德,积极稳妥地主动协助我们做好工作。

党的十八届四中、五中全会提出了全面推进依法治国,推进五个全面发展的伟大任务,习近平总书记又多次强调要深化中国平安建设,强调"要发挥法治引领和保障作用,坚持运用法治思维和法治方式解决各种社会矛盾与问题……提高平安建设现代化水平"。全面推进依法治国,关系我们党执政兴国,关系人民幸福安康,关系党和国家的长治久安。现在,全面建成小康社会进入决定性阶段,改革进入攻坚期和深水区。我们面对的改革发展稳定任务之重前所未有,矛盾风险挑战之多前所未有,依法治国在党和国家工作全局中的地位更加突出,作用更加重大。而要搞好依法治国,除了要坚持党的领导外,很重要的方面要发挥人民当家作主精神,尊重人民群众在依法治国中的主体地位。

人民群众是搞好平安建设的主体力量。要取得平安建设的效果,有关方面必须尊重人民群众应有的权利,保障人民有知情权、参与权、表达权、监督权,保证人民群众在科学决策、民主决策、依法决策中的重要作用。凡事问政于民、问需于民、问计于民。善于从人民群众的伟大实践中汲取智慧与力量。只要这样,平安建设才能发挥法治的引领和保障作用,真正搞好平安建设中综合治理、源头治理、系统治理,使影响社会和谐稳定的问题得到有效防范、化解与管控,提高平安建设的现代化水平。

可是,实践中还有一些党员、干部还未树立起这方面的法治思维与方式。比如在工作中颠倒主仆关系,心不与群众联系在一起,有事不与群众商量,重要的政务信息不让群众知道,重要活动不让群众参与、表达与监督,瞧不起人民群众的聪明才智,对涉及群众切身利益的决策不充分听取群众意见,对损害群众利益的做法不愿纠正,对人民群众的冷暖安危熟视无睹,麻木不仁,无动于衷,对改革发展的伟大成果不与人民群众共享,凡此种种,影响了群众的情绪,使一些群众对我们的各项工作产生寒心、寡情、冷漠的表现。"民惟邦本,本固邦宁",人民群众是国家执政的根本,是搞好平安建设的根基。平安建设任何时候都不能离开人民群众的主体力量与合法权益,否则,平安建设会失去雄厚的社会力量与扎实的基础。

五、论文撷要

二、以情暖问题为导向，着力解决平安建设软肋

前不久在湖北武汉召开的全国深化中国平安建设会议上强调，"要搞好平安建设，必须坚持问题导向"。近年来，平安建设虽然取得很大成绩，许多党员、干部经过群众路线教育实践活动和"三严三实"专题教育的洗礼和反腐倡廉教育，"情为民所系"，心为民所想，与群众一起想方设法提高平安建设现代化水平，但始终还有不少问题在阻碍平安建设顺利开展。主要表现在：

1. "四难"现象仍未解决

门难进、脸难看、话难听、事难办这"四难"现象在一些政府部门及工作人员的工作态度与作风上始终存在。据广州社情民意研究中心电话随机访问1000位广州市民，超六成广州市民认为政府工作仍存在事难办、脸难看、话难听和门难进的不良政风。其中"事难办"困扰群众最甚。经常遭此现象的人比例达26%，即4人中就有1人。调查中不少群众反映，一些政府部门办事踢皮球、窗口收件推诿、标准前后不一，让不少人跑冤枉路还办不成事。工作人员的服务态度较差，"脸难看"及"话难听"分别为74%和60%。这个问题如不认真解决，不但会影响政府形象，还会造成市民和政府关系不和谐。党的十八大报告提出我们要建设廉洁高效、人民满意的服务型政府，政府部门及工作人员不站在群众利益的高度去改进政风、作风，给社会创造良好发展环境，向百姓提供优质公共服务，人民群众不满意、闹情绪，就很容易产生各种纠纷与矛盾。发展下去会影响社会安定，妨碍平安建设工作。我们绝不能等闲视之。

2. 违责不为问题还很突出

搞好平安建设离不开政治坚定、能力过硬、作风优良、奋发有为的干部队伍。这支队伍任何时候都要把实现好、维护好、发展好最广大人民群众的根本利益作为工作的出发点与落

脚点,在工作实践中严格履行党和国家赋予的、符合法律与法规的职权与职责,正确处理好"法无授权不可为"与"法定职责必须为"的关系。近年来,许多党员干部对前者的认识与处理较好,对后者的理解与践行有许多偏差。特别是反腐倡廉活动深入开展后,看到一些干部犯错被查,受所谓的"干多犯错多,不干无大错"的影响,明哲保身,只求无过,不想作为,违背了应有的职责。

比如,被列入省级水利建设示范县计划项目的广东××县鸡子社水库灌区改造工程,水渠全长约8公里,要求使用混凝土硬化衬砌,水才能畅流与灌溉。主持这项工作的有关人员完成了两端6.2公里工程后便停下来,不去修通中间1.8公里的水渠。当地群众向有关部门投诉、反映,主持该工程的人员强调资金不到位,根本就不想办法去解决。针对群众切身利益的事,政府部门及工作人员"乱作为"不行,"不作为"也不行。正如李克强总理所说,政府乱作为易产生腐败、不作为也是一种腐败。因为人民给予的权利不去为人民谋利益、不去为人民送温暖,本身就是一种腐败行为。这种行为如不解决,就会出现越来越多的"民告官"现象,发展下去势必影响社会安宁与平安建设。

3. 诺不践行状况时有发生

党的十八大报告提出要加强政务诚信建设,这既是社会主义核心价值观的主要内容,又是树立政府良好形象的关键所在。俗话说:"言必信,行必果。"给人民大众干实事、谋福祉、分红利、送温暖,不能停留在嘴巴上,只有唱功、没有做功,正如习近平总书记在中央多次会议上强调的"目标定下之后就要去落实",就要去努力践行,这样工作才有成效。

关于这方面,我们的一些党员干部还存在许多不足,直接影响了商务诚信与社会诚信,危及平安建设工作。例如头几年广东××区为了建设新区,施行三旧改造工程,在拆迁市民旧房子时

五、论文撷要

承诺产权置换的安置房面积"只大不小",让被拆迁人签订了《拆迁补偿安置合同》,并签了字。安置房建好后,被拆迁人摇号选房时才发现安置房面积缩水,有的甚至缩至原房面积的三分之二,房子小到连床都摆不下。几十户被拆迁市民意见很大,闹起了很大纠纷。此事引起有关方面和媒体的广泛关注和重视。不少政协委员与律师认为:这种行为强制剥夺了市民的合法权益,有关部门与单位言而无信,诺不践行。像这种不顾民生,伤害群众利益的做法,在不少地方时有发生,如果不加注意,任其发展,就会影响人民群众安居乐业,危及社会安宁,妨碍平安建设。

三、用"三心"筑情暖平台,促进平安建设创新发展

党的十八届四中全会提出,我们"要审时度势、居乐思危","继续做好改善和保障民生工作,保持社会的和谐稳定"。搞好平安建设我们一方面要坚持法治思维和法治方式;另一方面又要做好维护人民群众切身利益的服务工作,多给人民群众分红利、送实惠、谋福祉。政府情暖百姓,礼待民众,群众就会回报政府,视为亲人,官民良性互动,就能加快创新打、防、管、控为一体的社会治安防控体系,搞好平安建设。正如习近平总书记在中共中央政治局第十八次集体学习时强调的"礼法合治,德主刑辅",法治与德治的密切结合,有助于我们创新发展有中国特色的平安建设道路。

当前要促使平安建设创新发展,用挂心、热心与恒心去构筑情暖大众平台,采取扎实有效的措施去开展工作尤其重要。

(1)挂心。即时刻把人民群众的冷暖挂在心上,不忘"保障人民安居乐业"这一平安建设工作的出发点与落脚点。这方面不少单位做出了榜样。比如广州新跨越社会工作综合服务中心制订了为失独家庭送温暖的"暖心计划"后,时刻不忘为失独家庭送温暖。他们通过个案收集,实地走访,筹集资金,发动志愿

四两拨千斤——写作老师教你如何提起笔

者,为失独家庭送去包括小家电、短途旅游、家居清洁、日常生活照料等为内容的温暖项目。这个做法受到有关方面的肯定与赞扬。广州有大量的流动人口与特殊人群,我们经常给这些容易受到冷漠的对象注入点点滴滴的温暖,让他们感受到社会主义大家庭的真情、和谐,他们就会用行动回报社会,珍惜和拥护、支持来之不易的社会和谐稳定的生活。这样,社会的平安建设就能汇聚更多的力量去搞好。

(2) 热心。即热心做好为人民群众谋福利的每一件事,让惠民生、送福祉的工作落地有声,暖人心脾,感人肺腑,激发力量。在这方面,许多部门和单位做得很好。例如广州开发区、萝岗区,他们在搞好各项深入改革,推行阳光政务,压缩三公经费支出、下放行政审批权、简化便民办事流程,开展"全免费、无门槛、立体式"服务等活动同时,热心为群众办看得见、摸得着、有实效的事:针对群众看病难、出行难和异地务工子女上学难,实施基本药物制度,打造平价医院,实现基本药物及中药零差率销售;对部分身体检查项目,床位进行优惠减免10%~20%。在区内各重要地段设置出租车候客点,新投放50台公交车,增设25个公交停靠点,增设17条公交路线,把异地务工人员子女纳入基本公共教育服务范畴。从2014年起,提高免费义务经费补助标准:小学每人每年1100元,初中每人每年1850元。与此同时,创新社会管理服务模式,推行网络服务管理员与群众直接沟通并解决实际问题,打造"一村(社区)一法律顾问"惠民模式……像这种热心惠民、情暖百姓的举措,必然会赢得人民群众的赞许和支持。政府热心为民,人民拥戴政府,长治久安的政治局面有了人民群众的支持、拥护,一定会维护得越来越好。正如党的十八大报告所说:"党同人民保持了血肉联系,国家就繁荣稳定,人民就幸福安康。"

(3) 恒心。即以永恒的心态与行动,做好密切联系群众的工作,坚持不懈为人民群众谋利益、搞好各项服务。坚持以人为

五、论文撮要

本、执政为民、永远与人民群众一起,全心全意为人民群众服务,时刻想着人民群众的利益,这是检验一切活动的最高标准。为百姓送温暖,架设幸福桥的工作永无休止符,工作永远在路上,只有下恒心,坚持不懈的努力,才能达到目的。

实践一再说明,为人民谋利益,给百姓送温暖,一时容易做到,长期则要恒心。尤其是中国经济进入"新常态",改革开放进入"深水区",社会进入转型期时,由于社会问题的复杂性与一些利益团体功利性等因素的介入,常常使这个工作永无穷期,不太容易解决"最后一公里"服务和给老百姓送温暖的问题。

据报载,2014年9月14日,国务院总理李克强赴天津滨海新区考察调研,为体现中央政府对简政放权的高度重视与雷厉风行,当场封存了束缚和折腾了许多市民办事难的109枚公章,要求"用一颗公章管审批",体现了中央政府对简政放权方便群众,提高办事效率的改革力度。此事经媒体宣传后,许多民众还是担心此项改革会卡在"最后一公里"上。因为封存了公章后,领导的签字审批权还在,穿上"服务马甲"的审批权还未绝迹。据媒体披露,××市政府及30个市直部门(不含重复)实施的与老百姓切身利益相关的公共服务事项共有400多项,其中就有200多项不同程度穿上"服务马甲"的审批权没有下放给人民群众。一些部门贪恋权力,让审批穿上"服务的马甲",收取费用,实际上是在抓住权力不想做惠及百姓的送温暖工作,想以此留下寻租的空间,达到少数人不可告人的目的。此举是在拉长为民众服务的距离。由此可见,惠民生,为人民群众谋利益,还有许多改革工作要做,它永远没有尽期,切不可以某一阶段取得了成绩而沾沾自喜,要坚持不懈的努力,下恒心把这个工作继续做好,否则,平安建设会影响人民群众的永远支持,想创新发展平安建设,简直就是空话。

试论丘逢甲的教育思想

丘逢甲不仅是清末民初的爱国志士,而且是热心教育的社会活动家。长期以来,他为了振兴国家、民族,培养和造就一代新人,把主要精力放在教育事业上,积极创办新学,为近代中国的教育事业作出了一定的贡献。他的教育思想,是他爱国主义思想的重要组成部分,也是我国近代教育史上一份难得的遗产。

丘逢甲的教育思想是怎样产生的?它包括哪些具体内容?在当时产生了什么作用与影响?本文拟就这些问题,略作记述与探讨。

一

李大钊同志在谈到五四新文化运动的思潮是怎样产生时说过:"一时代的思潮,不单纯在这个时代所能凭空成立,它是由许多'过去'时代的思潮凑合而成的,无限的'过去'都以现在为归宿,无限的'未来'都以'现在'为渊源。"① 作为一个历史人物——丘逢甲的教育思想也是这样,它的产生,有着深刻的历史和现实的根源。

丘逢甲出生于富有爱国爱乡传统的家庭。其二世祖创兆是民族英雄岳飞的曾孙女婿,曾跟随文天祥抗元,有过一段反侵略斗争的历史。祖父丘学祥艺高胆壮,为人好打抱不平,有"任侠之风"。父亲丘龙章学问渊博,刚正清朴,毕生从事桑梓教育,具有高度的正义感和强烈的爱国精神。处在这样的家庭环境中,丘逢甲从小就受到了爱国主义的思想熏陶。尤其是从17岁起到25岁中举前随父"佐教兼读书",的经历,使他的思想受其父亲的影响很大。其父重视庭训,总是抓紧一切机会启发和教育丘逢

---

① 《李大钊选集》,第96页。

五、论文撮要

甲。他对丘逢甲的悉心培育,不但使自幼就天资聪颖的丘逢甲成才很早,在知识上长进很快,少有才子之名,而且从青少年起就确立了爱国忧民的思想。加上丘逢甲"平日好学,手不释卷,新刊旧著,瞬即读破。报章译述,亦涉猎极广博"[①],关心国内外大事,注意学习爱国志士,尤其是民族英雄郑成功收复台湾的感人事迹,这更促使他幼负大志,"毅然以天下为己任"。他在台湾先后写的《穷经致用赋》、《全台利弊论》、《何以安置余勇》等富有远见卓识、深为台湾有识之士所器重的文章,就可看出他"少抱改革之志"的阔大胸怀及其强烈的爱国之心。

19世纪后半叶至20世纪初,是国际资本主义向帝国主义过渡的时代,也是中国变革思潮逐渐兴起的时期。帝国主义者为了夺取殖民地,把侵略矛头集中到东方各落后国家,特别是中国,台湾更是首当其冲。从1867年美国军舰侵入台湾琅峤(今恒春)起,台湾就接二连三地受到日本、法国等帝国主义国家的入侵,民族矛盾十分激烈,中国正面临亡国灭种的深重灾难。在这样的形势下,台湾许多较早接触西方社会政治思潮的知识分子,萌发了变法图强的思想。从小就胸怀大志的丘逢甲也不例外。他一方面极其关心祖国的前途和民族的命运,经常提醒大家做好反侵略斗争的准备;另一方面他抓紧机会"博览群书","日益留心中外事故及西方文化",经常"为大吏陈国家大计","慨然有维新之志"。由于他关心国事,满腹经纶,"能会中西之通",因此,博得了当时以福建台湾道唐景崧为代表的洋务派官僚的赞赏。他们对丘逢甲的有意栽培,使丘逢甲在政治上和学业上都得到了不少的进步,其爱国主义的感情不同程度地融入了洋务派所提倡的图强自救的思想。这种思想到了1889年较为集中地表现出来。这一年,丘逢甲赴北京会试,联捷中进士,钦点为工部虞衡司主

---

① 丘念台:《岵怀录》,刊于《仓海先生丘公逢甲诗选》,商务印书馆1935年版。

四两拨千斤——写作老师教你如何提起笔

事。随着丘逢甲"闻见弥广,阅历愈深",他深为国家民族的危机而担忧,"亟思展其夙所抱负以为国家用"。但是,当看到清廷昏聩腐败,帝国主义列强又虎视眈眈,他对台湾的局势更为萦念。本来就对仕途不很在意的丘逢甲,此时更无心在京城做官,直接为清朝服务。青年学子成才的经验、他自己在台湾帮父教书的实践,使他看到了用新知识去启发青年学子的重要。于是,他想通过教育去开创台湾的新风气,培养更多的爱国青年,借此去达到图强自救、守卫疆土的目的。基于这样的认识,他在皇帝接见后便告假返回台湾。在台湾,他谢绝了唐景崧的邀请,执意不愿做官,决心"专意养士讲学"①,用教育去实现他与当时的洋务派观点完全不同的为国为民建功立业的强烈愿望。

1894年甲午战争的爆发,给中华民族带来深重的灾难和巨大的耻辱,也给正在台湾从事乡梓教育、平时就关心国家命运的丘逢甲的思想以很大的震动。他预感到"天下自此多事矣",发出了"日人野心勃勃,久垂涎此地,彼讵能恝然置之乎"的感慨!特别是在他倾家财、组义军、动员群众参加的"抗日护台"斗争失败后,使他在精神上受到很大的刺激。他逐渐意识到只有强祖国才能驱仇复土的道理。

1895年6月,丘逢甲挥泪内渡回到大陆。他看到甲午战争后列强入侵、国弱民愚、危机日迫的现实,心情十分悲痛,发出了"思之应下哀时泪"的感叹,更加憎恨侵略者的贪婪野心与投降卖国的清廷当权者。"遗民痛贻祸,恨欲食其肉,至今乱未已,东望为痛哭"②。在百感交集中,他曾经徘徊过,但他最终没有消沉意志。受当时国内维新思潮的影响,他深感要挽救中国

---

① 丘念台:《岵怀录》,刊于《仓海先生丘公逢甲诗选》,商务印书馆1935年版。

② 丘逢甲:《岭云海日楼诗抄》,上海古籍出版社1979年版,第368页。

就得维新变法,培养和造就人才。"乾坤苍莽正风尘,力挽狂澜仗要人"①。他在总结了抗日护台失败的原因后,从切身的体会中更加认识到搞好教育,培养和造就人才的重要:"人民缺乏教育,不知国族关系"②,想自强其国是一句空话。只有兴学启民智才能强祖国。"能强祖国则可复土雪耻",认识提高后,丘逢甲婉言谢绝了粤省巡抚许仙屏要他出仕的劝告,抱着"从头整顿旧河山"的坚强信念,刚回大陆不久,又"继续担任教育事宜",重新走上了兴教育才的艰难征途。

1898年9月,随着维新运动的失败,丘逢甲在实践中感到光靠资产阶级的改良主义教育而不唤醒民众、广开民智、振奋民气,是不能拯救国难的。"遍呼黄帝诸孙起,莫作华胥国里人"。1900年3月,他利用惠潮嘉道沈絜斋要他"与王恩翔一起到南洋各地宣扬朝廷设立保商局保护出洋及回国华商事"③的机会,前往新加坡、马来亚等地,详尽地观察研究了西方一些国家的文化教育事业,并借此机会向华侨筹集办学经费(捐得十余万元)。与此同时,他在香港接触了梁启超、康有为、唐才常等保皇会和兴中会的志士,在新加坡会见了著名爱国学者容闳。回国后他看到各地由戊戌变法而兴办的学校,使民智大开,民气大振,更加强了对兴办新学重要性的认识。在他看来,判定一个国家强弱的标准是民力的强弱与民智的高下,而强祖国的关键在于兴学校、启民智、育人才。"国何以强?其民之智强之也;国何以弱?其民之愚弱之也。""欲强中国,必以兴起人才为先,欲兴起人才,必以广开学堂为本。"④他把从西方国家借取的国民

---

① 丘逢甲:《岭云海日楼诗抄》,上海古籍出版社1979年版,第368页。
② 丘念台:《岵怀录》,刊于《仓海先生丘公逢甲诗选》,商务印书馆1935年版。
③ 据1900年3月19日新加坡《天南新报》。
④ 江琮:《丘仓海传》,上海古籍出版社1979年版。

教育理论摄合在自己的教育思想中，顺应当时的历史发展潮流，同年夏在汕头明确地提出了广兴学校以开民智的主张，并把它作为救亡图存的措施广为实践，"以内忧外患日急，益积极兴学"①，下决心立校培养人才。

1905年孙中山领导的资产阶级第一个革命政党同盟会成立后，在革命派的影响下，丘逢甲随着感情上逐渐倾向革命，他的教育思想又有了新的内容。他对人说：孙中山的民主革命学说是"吾志也。吾欲行民主于台湾，不幸而未成。今倘能成于中国，余能及身见之，九死所无恨也"②。他不但作诗赞扬和支持孙中山领导的革命斗争，而且还把教育看作实行民主革命学说的主要内容，更加致力于创办新学。

由于丘逢甲创办新学作出了成绩，1906年他被两广总督岑春煊聘请为两广学务处视学及广府中学堂监督。从此他更加积极推进教育工作。1908年，他被教育界同人公举为粤省教育总会会长，受聘为两广学务公所议绅，不久又被中国同盟会推举为岭东盟主，任广东咨议局副议长。他同情革命，庇护革命党人，"暗护志士保持新学"③，借此去发展教育力量。1909年，他兼任广州两广方言学堂监督，聘请同盟会的重要领袖朱执信为该校监学（即教导主任）。同年9月，他又引荐日本留学生、同盟会员古应芬入咨议局任书记长，另一同盟会员邹鲁任议事书记。他还与同盟会领导人黄兴、赵声、胡汉民等人"深相结纳"，并以自己的社会地位，掩护他们的活动。对于"清廷官吏屡以革命嫌疑逮捕之类，君居间调护，保全实多"。1910年，倪映典发动广州新军起义失败后，省巡警道查出邹鲁等人与起义有关，丘逢甲知

---

① 丘念台：《岵怀录》，刊于《仓海先生丘公逢甲诗选》，商务印书馆1935年版。

② 江琼：《丘仓海传》，上海古籍出版社1979年版。

③ 丘瑞甲：《先兄仓海行状》，上海古籍出版社1982年版。

五、论文撷要

道后从中庇护，使邹鲁等人免予被捕。黄花岗起义中幸免殉难的忠勇青年，如姚雨平等也是丘逢甲出面调护才得以脱险……这些实践，把丘逢甲的教育思想推进到一个新的阶段。

丘逢甲的教育思想与资产阶级改良派的教育思想是不完全相同的，改良派以教育图改良，而他却从解决民族危机出发，着眼于"培本荣枝"，强祖国而兴教育才。如果说丘逢甲在前期较多地接受了资产阶级改良派的教育思想，那么，到后来他能看到广开民智、兴办新学的重要，顺应历史发展潮流，以同情和支持革命的态度去从事教育，从而形成资产阶级的民主革命教育思想。这一点，是应该充分肯定的。

二

丘逢甲的教育思想包括哪些具体内容？有什么特点？归纳起来主要有三个方面。

1. 把讲学与创办新式学堂结合起来，在抓好学校教育的同时，注意社会教育，主张出国留学及入陆军学校深造。这是丘逢甲实现其教育思想的主要途径与方法

丘逢甲致力于教育事业，讲学是其中一个重要方面。他早年就在台湾台中府衡文书院、台南府罗山书院、嘉义府崇文书院主讲。内渡大陆后，1897年，他应潮州知府李应彬敦聘为韩山书院（今韩山师范学院校址）院长，开始了他的讲学活动。接着又在1898年至1899年冬，在潮阳东山书院、澄海景韩书院主讲。1900年丘逢甲出游南洋，又在新加坡、马来亚和北加里曼丹的坤甸讲学。除讲学外，他还积极创办新式学堂。在台湾，他创办了新竹山庄书院；在潮州，他在当时任德、比、日诸国参赞，精通西语的梁诗五和杨永愚的支持下，在镇平同乡会馆内创办了一所新式的"东文学堂"。在此期间，他还写信给新加坡《天南新报》的总主笔邱菽园，倡议南洋华人兴建新式学堂，受到南洋华人的热情拥护和支持。不久，他又与汕头以及粤东人士温仲和、何寿朋、温丹铭等几位志同道合的朋友创办岭东第一间民办学校——岭东同文学堂,并自任监督(今校长)。1904年3月,他回到镇平故乡,先在桂岭书院(今蕉岭中学)办学,以后,为培育师资人才,又在镇平县城创办了"镇平初级师范传习所"。这年冬,他又以族田收入作办学经费,创办了员山、城东两间"族学","开了粤东族学之先河"。同年,他又"派宗人子弟前往闽之武平、上杭、邻之平远、嘉应(梅县)、兴宁等邑为同族及异姓筹办族学,皆得先后成立"①。1906年,他"所创办的镇平初级师范传习所毕业,改办县立中学堂",又在员山村倡办"创兆学堂"(今蕉岭文福中心小学校址),并设立师范传习所。他还亲撰一联于校门:"创新学界,兆大人文",表示其对家乡教育的重视和对学界的锐意创新。为帮助乡中生活贫苦和年事已长不能入学者,他除创设"自强社课"外,还创办了一间启蒙小学和夜学。

　　丘逢甲在讲学和创办新式学堂时,很注意搞好学校教育。"欲开民智张民权,非主张精神教育不为功"②。为了实现其教育学生的目的,他对收取学生作了严格的规定:"来学生徒,总以超远大志者为上。以性情浮滑,立心卑贱者,概不收纳。到堂后如有酗酒、嗜烟,不从教规者,即行辞退。③"学生入学后,他"管教整肃严明",要求教师上课用欧洲新法教育青年,不要以古训去束缚学生的思想和行动,认真做好教育工作。教师不但要"博学",还要"心明",既明白教学内容,也明白所教育的学生,只有这样,才能达到搞好教育的目的。学生则要勤奋好学,努力唤起自己的学习兴趣。每日读何书,要日日不辍。各门

---

①　丘念台:《岵怀录》,刊于《仓海先生丘公逢甲诗选》,商务印书馆1935年版。
②　丘复:《仓海先生墓志铭》,上海古籍出版社1982年版。
③　丘逢甲未刊书稿:《创设岭东同文学堂缘起》。

五、论文撮要

功课都要设学习札记,随时记下学习心得。学习中"切莫人云亦云",要认真钻研,碰到疑义,先独立思考,不懂再问师长,做到"以道义相砥砺、以学问相切磋"。通过这样的学习,使青年学生奋发向上,自觉地把学习目的与国家前途、命运结合起来,"树捍卫国家民族之勋业"。他还注重言传身教、以身作则。平时,他注意自己的气度严肃刚正,待人诚敬有礼,对学生像对待亲友那样慈抚恳诲、严教笃爱。学生中出现了哪怕很小的问题,他都不轻易放过,一定严加教育。1909 年,他由广州返镇平探亲,路经镇平中学驻宿时,"闻学生喧嚣",就马上召集大家严加训诲,帮助学校树立良好的校风。1907 年,他主持的广府中学堂在"管教整肃严明方面",成绩显著,被学部徐视学评为广东第一,谓他"是以兵法管教者"①。

对社会教育,丘逢甲也很重视。远在台湾讲学时,他除传授课文外,还经常向青年学生阐明中外历史事态,宣讲列强窥视中国的阴谋,传播西方文明,灌输爱国思想。内渡后他又为列强瓜分中国而忧心忡忡,为收复失土台湾而奔走呐喊,用台湾人民"碧血纵埋非汉土,赤心不死尚唐年"的精神教育学生。用外国列强瓜分中国的惨重现实提醒青年:"我国今日大患……乃在东西列强"②,并告诫其子孙及青年学子:"台湾同胞四百万尚奴于倭,吾家兄弟子孙当永念仇耻,勿忘恢复。"他还把自己居住的淡定山村改为"念台精舍",把儿子丘琮的名字改为"念台",时以雪耻复土为念。他自己每年寒暑假回里,必多购报章杂志,积极引导青年"勤阅报章,以广见闻"。遇有国内外不佳消息则转告青年。当孙中山先生为首的革命党人先后在各地发动武装起

---

① 丘念台:《岵怀录》,刊于《仓海先生丘公逢甲诗选》,商务印书馆 1935 年版。

② 丘念台:《岵怀录》,刊于《仓海先生丘公逢甲诗选》,商务印书馆 1935 年版。

义，以推翻清王朝为目标的革命声势越来越大时，丘逢甲更积极向青年学生宣讲民主革命形势。"横纵海外灌海内，已似洪流不可绝"。他在作诗盛赞当时的民主革命形势的同时，积极教育和勉励自己的学生投身革命洪流。戊戌变法失败后，他反对康有为保皇派的主张，1906年，他在嘉应务本学堂（今梅州中学）对该校监督讲述前途时指出："至保皇之说，非不稳健，但时机已过，人心已去清室，康有为等无能矣。"到了晚年，他还勉励和教育自己的学生、同盟会会员李次温等人"成革命事业，须汝辈自己奋起耳"。要广州诸义士及青年人"促同志速进行革命"，以"男儿要展回天策，都在千盘百折中"和"倒海浇天，剖云行日"的壮举去开辟新的天地，为振兴中华而奋斗。

丘逢甲还主张学生出国留学，直接接触日本和西方国家的富国强兵之道，认为它是开发智力，培养人才的重要途径。"日本所以能侮我者，由学术胜耳，欲复仇而不求其术何济？"① 他经常把自己考察别国风土人情和政治得失的体会向青年学生宣传，动员和鼓励他们出国留学，深入实际研究别国的经验。据统计，1903年以来，经丘逢甲劝导和鼓励去日本留学的粤东青年就"达数十人"②。

丘逢甲还注意引导青年学生入陆军学校学习。他认为中国之所以四夷交侵、国力衰弱，其中一个主要原因是兵力不强。要使兵力强盛，就要"使民知兵"，在学文的同时，"求军学以为国备"。"其后革命必先练十万学生军"。因此，他极力主张青年学生"尚武"，投考陆军学堂，到军校学习强兵之道。"黄龙旗飐东风急，待看雄军起国民。"他看到长乐（五华）青年踊跃入陆军学校学习，非常高兴，作诗勉励曰："今日推翻古人局，要看

---

① 《台湾通志·革命人物志·丘逢甲》。
② 丘琮：《仓海先生丘公逢甲年谱》，刊于《岭云海日楼诗抄》，安徽人民出版社1984年版，第489页。

时势造英雄。"从他们身上,他看到了新的希望。

2. 革新教学、反对封建的科举制度与旧文化,提倡中学为体、西学为用,贯彻学以致用的原则,这是丘逢甲教育思想的主要内容

封建的科举制度与旧文化,是愚弄和禁锢人们思想的重要罗网,是中国封建社会中教育的主要内容。丘逢甲认识到,要开民智、育人才,首先就要从教学内容上进行改革,对封建的科举制度与旧文化进行认真的批判。早在台湾讲学时,他就经常向青年学生宣传"括帖之无用",不能匡时济弊,培植人才,要青年"毋为科举所累"①。以后在潮州、潮阳、澄海、汕头、广州等地,又坚持与封建的传统教育及旧文化挑战。他曾经三次碰到较大的波折都未能动摇他的坚强意志。第一次在韩山书院。由于他坚持"以实学训士",在课文外兼讲科学,勇于抨击科举,大力宣传新思想,在当时"风气未开"的情况下,这些行动"未免骇俗"、"受当道忌"。为此,封建顽固势力把丘逢甲"目为异端",千方百计地打击他。丘逢甲毫不屈服,宁可辞去旧书院,也"不变其讲学立教之旨"②。第二次是在同文学堂创办过程中,戊戌政变后,"清廷方复旧制,使民疲精于八股"③。封建统治者对文教方面的维新措施实行反攻倒算,企图恢复封建的教育制度与旧文化。在这样的形势下,丘逢甲针锋相对,创办新式学堂,对封建的科举制度进行大胆的批判与鞭挞。"古者真英雄,屈指几儒者?"他在亲拟的《创设岭东同文学堂缘起》一文中,就曾尖锐批判八股文、试帖和大卷为特色的科举制度给中国社会带来的祸害。他说:"英人之在香港,以狗与华人并论。俄在旅大,

---

① 丘琮:《仓海先生丘公逢甲年谱》,刊于《岭云海日楼诗抄》,安徽人民出版社1984年版。

② 同上。

③ 丘复:《仓海先生墓志铭》,上海古籍出版社1982年版。

则人与牛马同税。其视中国之人若如此,试问一旦不测,祸在国家乎?抑在民间乎?试问此时八股试帖,大卷白摺之书,其犹用之乎?训诂词章之上其犹重之乎?"认为我们国家上至王公大臣,下至各种执事,"遇交涉则畏首畏尾,值兵索则百战百败,叩以六洲之名茫而不知,询以经世之条,瞠而不答",究其原因,则在于封建的"训诂词章"与"八股取士"造成。倘若我国之人终日"奔走于无用之学,借口于国家之荣途不出于此,几幸于西人之刀锯或不我及,譬犹大厦一区四面起火,坐其间者不思设法补救,尚抚摩室中无足轻重之物,以为火尚未著吾身,姑且待之,岂知待火已著吾身之时,虽悔无可追矣"。而"天下事遂决裂破败而至于今,今则科举废矣……"这些论述,触及了封建科举制度的实质,是对封建阶级旧文化的大胆否定,在当时起到了振聋发聩的作用。尤其是他在创设岭东同文学堂时,勇于冲破封建顽固势力所设置的种种障碍。据1900年他写给新加坡邱菽园的信说,创设学堂一有成议,便受到"四方势力的蠢蠢靡靡",百般阻抑。当时他全力以赴,但却"呼应不灵",各种非议与打击,"纵使古有胆气者,也为之束手"。可见阻力之大。丘逢甲不管这些,他坚持宣传他的办学宗旨,一方面把办学章程及款项等寄到海外,求得海外人士的大力支持;另一方面"竖起脊梁、守定宗旨",与有志之士不避时忌,坚持办起同文学堂。学堂办起后,他学习和模仿天津北洋学堂的分班教学法,大力宣传废除科举取士的重要性。对此,当地官绅对他大为不满。他们"以不肖之名","屡向学堂捣乱",想趁机动摇丘逢甲的办学主张。面对这情况,丘逢甲决不妥协,他坚持斗争。在这一风波"旋即镇定"后,又向省垣发展新教育。第三次是丘逢甲数年来大胆批判旧教育、积极振兴新学作出一定成绩,在粤东声望日重时,不少封建顽固势力的代表,如粤省上层官僚胡湘林、王秉恩等嫉忌和

五、论文撮要

攻击丘逢甲。他们"以革命党魁之名目,公然列之公牍,登诸报章"①,想借此攻击陷害丘逢甲。他们明访暗察,严加监视,但丘逢甲却"处之自若",行为如故,坚决抨击封建的科举制度与旧文化,继续培养教育人才……

值得一提的是,丘逢甲在反对封建科举制度与旧文化的同时,并不否定祖国优秀的文化传统。相反,他认为这些正是"国学"、"国魂"之所在。国人之愚蠢,国之不强,原因之一就是没有重视和学习包括孔学在内的"国学"。所以他主张人们注意学习"国学",不忘中华民族的悠久历史和灿烂文化。与此相联系,他还提倡学习"西方国家的有用之学"。"诗无今古真为贵,学有中西汇乃通。"他所著就的《中国学西法得失利弊论》一文"洋洋万言,能会中西之通"。他认为只有把中学与西学结合起来,才能增见闻,开才智,振兴中华。"夫今日之祸,不特灭国,抑且灭种。何以不灭?则持教,教何以不灭,则持学,学何在?则以中学为体,西学为用;中学为纲,西学为目。"②

这个看法,虽然表明丘逢甲与清末一些有资产阶级倾向的知识分子一样,对包括孔学在内的中国的传统文化及西学在本质上有认识不清之处,思想上受封建主义毒素的影响还很深,在一定程度上还未摆脱洋务派的观点,但在当时的条件下,他说的所谓"中学为体,西学为用",是想借古代圣贤及传统文化来强调西学的重要性,以引起人们重视教育改革,改变学习风气。我们只要联系他的办学宗旨及教学内容,就会发现,他所说的"中学为体",其主要内容是强调"经世致用"。他在阐述岭东同文学堂兴办宗旨时就明确宣称:国之强弱,民之智愚,关键是视其学有用无用。所以在教学内容上,他特别注意设立新式课程,如化学、生理卫生、算学等自然科学以及兵式体操课。尤其重视算

---

① 丘瑞甲:《先兄仓海行状》,上海古籍出版社1982年版。
② 丘逢甲未刊书稿:《创设岭东同文学堂缘起》。

学、外语及兵式体操课。他认为算学所用最广，天文、地理、历律、兵法、制器，一切测量之法，绘图之法，莫不根于算。包括英文、日文在内的外语，学后则可看西人有用之书，尽快了解日本维新和西方的学术。兵式体操课则可以培养学生的"尚武"精神。他在倡议学习西学的同时，极力反对洋务派那种"彝其语，彝其服，彝其举动，彝其议论"的做法①，反复强调要"学其有用之学，非学其教"，以此表明他所主张的中学为体、西学为用与洋务派的观点有本质的不同。为了帮助学生学以致用，他注意聘请品学兼优之士任教。在潮州东文学堂，他特聘日本人熊泽纯之助为教授；在汕头同文学堂，他规定聘中国品学兼优之士一人任中文教习，日本品学兼优之士二人为东文教习，并要求教师用新思想及有用之学课士，帮助"学者窥识维新之术"。除此他还要求学生学用一致，不能死读书，尽量在学了文学以后能激发起人的志气，学了历史以后能知古今治乱兴衰之迹及兴废沿革之由，通过这样"务期造就有用之学"，以为国家所用。这些论述与实践对促进学生的学用一致起了很大的作用，在当时封建闭关锁国的气候下是有其进步意义的。它反映了丘逢甲与封建的传统制度与旧文化之间的矛盾，实际上这也是新学与旧学、西学与中学之间的斗争。丘逢甲教育思想的内容也是带有这种性质的。

3. 坚持为国兴教育才，并为实现这一目的而不辞劳怨、奋斗终生，这是丘逢甲教育思想的基本特点

为国兴教育才，不是一件轻而易举的事，尤其是在当时地方封建保守势力还较猖獗，中国民族处于愚昧落后而又极度缺人乏资的困难条件下，更要付出艰巨的劳动。丘逢甲在其教育实践中，能高瞻远瞩，审时度势地顺应历史发展潮流，坚持为国兴教育才，并一马当先不怕风险地为之努力奋斗。他在台湾掌教于三个书院，天天"从三处往来，备极辛苦"，但为了培养人才，他

---

① 梁启超：《饮冰室文集》卷一，《变法通议学校总论》。

却"乐此不倦"①。内渡后，朝廷冷落他，地方封建势力欺凌他。在丑恶的现实面前，他没有走逃禅归隐的道路，而是继续献身于自己创办的教育事业。在实践中，他不怕波折，敢于向封建教育挑战，主动排除家难和疾病给他带来的种种障碍。1898年，正当他积极兴学时，他的次男琰、四男球、三女廉不幸身亡，接着三弟树甲惨遭鼠疫，继母又相继病逝。接踵而来的家难使丘逢甲的情绪"影响极恶"。为了兴教，他忍住痛苦，排除一切精神打击，未等丧事处理完就投入工作②。在办学过程中，丘逢甲不论草拟章程、布置校舍，还是聘请教员、筹集资金，"种种事务均亲自为力"，经常忘我劳作。据丘琮在《岵怀录》中回忆说："先父于后进，自行束脩以上，未尝无诲。间为族戚乡邻，且纯尽义务。""甲辰（1904年）在乡设自强社课，为族中子弟笔削课艺，常鸡鸣不寐。"又据丘逢甲日记记载，他常为处理各学堂之间的教务，如传见考试优等生，解决教员缺课事，安排各学校课程，回复各学校往来信件等而食宿在学校。其中，1906年9月7日的日记就可说明。这一天，他"一早乘火车回省，（注：头一天被同人黄逢尧等请去佛山祖庙参观并为乡土书写大字）先抵中学堂，10点到学务公所开议绅会议，3点到广府学宫教育会开会，是夕宿公所"。长期的努力奋斗、"繁剧忧劳"的教务，使本来就患过肺病的丘逢甲的身体状况日差。到后来，他因"积受寒湿、痰引感发"，肺病时有发生。但丘逢甲不管这些，照样力任艰巨，积极工作。

1911年中华民国广东军政府成立后，曾积极支持革命事业并"具有相当声望"的丘逢甲被推选为粤省军政府教育司司长。不久他与王宠惠、邓宪甫三人同被选为粤省代表于同年十月初赴

---

① 丘琮：《仓海先生丘公逢甲年谱》，刊于《岭云海日楼诗抄》，安徽人民出版社1984年版。

② 同上。

南京参加筹建中央临时政府会议。会上公推孙中山先生为中华民国第一任大总统，丘逢甲当选为参议院参议员。在他北上赴会期间，丘逢甲带病参加调护粤省北伐军北上的工作，因操劳过度，劳瘁呕血。在扶病告假南归经厦门时，又帮闽省地方当局策划革命大事。回到故乡淡定村后病情加重，但他仍关心国事，"喃喃以南北大局及前敌军情为念"①。听到溥仪退位的消息，他高兴；听到孙中山不当大总统，他感叹说："孙先生上了袁世凯大当，前途不可乐观。"直到2月25日辞世前，他还留下遗言，吩咐家人："葬须南向，曰'吾不忘台湾'。"②丘逢甲为振兴中华、发展教育确实做到了呕心沥血、奋斗不息。

三

丘逢甲致力于新式教育、培养人才，在实践中作出了很大的成绩，在当时产生了很大的作用与影响。

首先，这种教育思想促进了韩江上下游教育事业的发展。

丘逢甲先后共"劝办学校以百数"③，这些学校对促进韩江上下游教育事业的发展起了很大的推动作用。特别是"岭东同文学堂"在这方面的成绩更为突出。由于它"能开风气之先"，注意改革教学，"善于奖诱和汲引学生"，许多学生入学后不久就在"县科各考中均崭然露头角"，取得显著成绩，培养了一批立志改革的新人。许多有志于祖国富强的青年及"后进见者无不敬畏"。他们仰慕丘逢甲，纷纷投书或上门求拜丘逢甲为师，一时出现了"趋之若鹜"的喜人景象。"岭东之兴学，自汕头之同文学堂始"，"故今韩江上下游数百间学风之盛不下于

---

① 刊于《仓海先生丘公逢甲诗选》，上海古籍出版社1982年版。
② 江琼：《丘仓海传》，《岭云海日楼诗抄》，上海古籍出版社1979年版。
③ 丘复：《仓海先生墓志铭》，上海古籍出版社1982年版。

他流域"①。它在开创我国教育事业从未有过的新风貌方面,实可以同当时维新人士康有为于1891年在广州创设的"万木草堂",1897年梁启超、谭嗣同等在湖南长沙创设的"时务学堂",以及1898年陈芝昌在广州创设的"时敏学堂"相媲美。它确实促进了岭东地区教育事业的发展。

提倡师范教育也是这样。丘逢甲于1904年和1906年先后创办了镇平师范学堂和员山创兆学堂附设师范传习所,专门为闽赣地方培养小学教师人才。当时,随着学堂的大量兴办,师资力量严重不足。不少维新人士重视师范教育,认为"欲革旧习兴智学,必以立师范学堂为第一义"②。所以他们主张自己培养师资。丘逢甲能看到这问题的重要,大力兴办师范学堂。这是极其可贵的。1906年,从他创办的镇平初级师范传习所毕业的学生,在促进岭东地区的教育兴盛方面起了不少作用。

倡议兴办女学,丘逢甲也做了一定的工作。"吾国旧而不化而求新以自振,胥男子,女子而学焉是也。"③ 1909年,在他任粤省咨议局副议长、参予咨议局所作出的关于振兴教育事业的九宗议案中,其中就有一宗关于"振兴女子小学"的议案。它提出:"凡府及直隶州均设女子师范一所并附设初等女子小学,某州县不能设立师范者,亦必先设立女子小学以为倡。至已设女子小学一时教员难得者,不必拘定女师,即暂延男师者亦可。"④ 这个意见是和清廷1903年颁布的《奏定章程》(癸卯学制)中排斥女子教育的观点针锋相对的。是对中国历来存在的男尊女卑思想的挑战。它对女学的发展,起了一定的促进作用。

---

① 丘逢甲未刊手稿:《诰封夫人肖母姚太夫人七秩开一筹序》。
② 梁启超:《饮冰室文集》卷一,《变法通议学校总论》。
③ 丘逢甲未刊手稿:《诰封夫人肖母姚太夫人七秩开一筹序》。
④ 《广东省咨议局第一会议报告书》,现存蕉岭文化馆。

其次,丘逢甲的教育思想与实践加速了人们的政治觉醒,促使了一部分青年走上革命斗争的道路,为革命培养了一批知识分子。丘瑞甲在《先兄仓海行状》一文中说:"台人士之有种族思想及知民主政体之乐者,皆先兄之教也。"丘逢甲对西方文化及种族复兴思想的宣传,对民族民主主义的灌输,影响了不少青年学生。1895年,在"抗日护台"的斗争中,有不少奋起迎击日本侵略者的台湾义军将领,是丘逢甲的学生。如姜绍祖、丘国霖这两员大将以及吴汤兴、徐骧等"其中佼佼者",都曾受教于丘逢甲。他们在与日寇浴血奋战中英勇殉国。台湾著名的抗日烈士罗福星(镇平高思乡大地村人)也是在丘逢甲的启发教育下走上革命道路的。1907年,他受当时任广东督学的丘逢甲的委托,前往印度尼西亚、爪哇一带考察华侨教育,联络革命志士,筹集革命经费。第二年,他在河内会见了孙中山先生。1911年,他回国参加了辛亥革命斗争。1912年,他重新渡台组织革命力量,致力于抗日工作。"这一抗日运动的种子,就是丘先生播下的"[1]。后来参加辛亥革命的知识分子,如林鲁传、李伯存、黄慕松、林云陔、丘心容、丘香畴等人,以及粤东北伐军中的一些将领,如林震、姚雨平(1905年以第一名考入岭东同文学堂学习、黄花岗起义领导人之一、辛亥革命后广东北伐军总司令)、邹鲁(1932至1938年任中山大学校长)、林修明(黄花岗七十二烈士之一)、饶景华、李次温等人都曾拜丘逢甲为师。"学者出其门者千余人"[2]。他们曾经接受丘逢甲教育思想的影响,随着思想的觉悟,大多数倾向革命,走上革命斗争的道路,其中有不少是同盟会的骨干会员,后来成了辛亥革命、讨袁乃至北伐运动的中坚力量。

---

① 蒋君章:《台湾抗日民军领袖丘逢甲》,台北中外图书出版社1975年版。

② 江琮:《丘仓海传》,《岭云海日楼诗抄》,上海古籍出版社1979年版。

最后,对民主革命思潮的高涨产生了积极的影响。"台湾民主国"的建立,是民族意识高涨的表现。它与丘逢甲教育思想的影响也有一定的联系。在清廷执意割台、强敌入侵、台湾人民"无主可依"的危急形势下,丘逢甲之所以能较快地与其他有识之士议立"台湾民主国",组建起抗日护台队伍,并受到"忠义之士"的多方赞助,迅速与台湾人民一起掀起抗敌怒潮,其中一个原因是与丘逢甲在台讲学时,经常向台湾人民"晓以民族大义"的宣传教育分不开的。1907年由他创办的蕉岭师范学堂印发张谷山编写的宣传革命的讲义,许多学生参加革命工作;同年4月11日,不少岭东同文学堂的学生勇于参加饶平黄岗起义,致使同文学堂于是年被收归省办。这些,与丘逢甲教育思想的影响也有一定的关联。1909年,革命党人在广东禁赌的行动也是如此。当时广东的赌风十分严重。不少人"亦好赌博,烟管赌具,几视为日用要物"①。封建统治者利用此风大发横财,每年从中抽饷达650多万元,并把它作为束缚人们精神的枷锁和抵制社会变革的武器。人民群众被赌风熏染,深受其害,"大则倾家荡产,小则争攘斗殴"。革命者对这种蹂躏民生的恶风陋俗早已深恶痛绝,要求革除赌风的呼声越来越高。在这种情况下,丘逢甲与进步人士如朱执信、古应芬等人向咨议局提交禁赌的报告,并与进步人士、革命的知识分子一起,与当时两广总督袁树勋等反对派作不妥协的斗争。最后终于迫使当局于1911年3月30日开始在全省禁赌,并同时公布极为严厉的惩治条例。广东人民听到此消息,"纷纷庆祝巡游",无不拍手称快。革命派与进步的知识分子用革除恶风陋俗的方法去促进社会风气和风俗习惯的变化,迎接民族民主革命高潮的到来。这个革命之举,与丘逢甲当选为广东咨议局副议长后,大量引进革命党人与知识分子,并经常对他们进行反满爱国教育息息相关。武昌起义后,不少进步学

---

① 《清稗类抄·风俗类》。

生积极参加策动广东总督张鸣岐宣布广东及各县独立的活动,用革命行动响应武昌起义,掀起民族民主革命高潮,这其中也有丘逢甲教育思想的一定影响。正如丘复在《仓海先生墓志铭》中所说:"十余年来,岭东民力蓬勃发展,国民军起,凡光复郡县,莫不有岭东人参与其间,皆此校(即岭东同文学堂)倡导之力也。"

当然,正如一切历史人物都带有其局限性一样,丘逢甲的教育思想也有其明显不足之处。在前期,由于他在政治上对清朝统治者光绪还存在着一定的幻想,以为只靠教育就可以使国家富强,帮助清朝"重振朝纲",这就使他的教育思想带有一定的历史局限性。对于包括孔学在内的封建主义的文化及西方帝国主义文化,他也没有进行彻底的批判。这就影响了他从根本上去揭示其反动实质。尽管这样,我们也不能轻易得出他的教育功绩不大的结论。无论如何,他为国兴教育才的主张与实践,在当时的历史条件下,是符合社会发展趋势的,代表了近代教育的发展方向。而且教育对于政治来说,还具有一定的独立性。丘逢甲的教育思想不论在当时,还是在以后,它对革命形势的发展,都有相当大的影响。

丘逢甲不愧是近代教育史上一位成绩卓著的教育家!

五、论文撮要

游览山水情犹在,春秋笔铸爱国心
——丘逢甲内渡后所写记游诗的特色

一向热爱乡土,并时刻关注着国家、民族安危的丘逢甲,乙未内渡中国大陆后,不管是在镇平(蕉岭)居住的日子,还是在潮汕、广州倡导新学的时刻,有暇他都要到附近的田园山水、名胜古迹去游览。"吾生寡嗜好,独嗜佳山水"①。"白日看云同报国,青山为我更题诗"②。像镇平的长潭、仙人桥,梅州的铁汉楼、凌风楼、阴那山,潮州的金山、开元寺、大忠祠、韩文公祠,惠州的西湖、罗浮山,广州的白云山、越秀山、南海神庙,南海的西樵山等,他都游览过,并写下了许多对研究其本人思想和诗歌创作都大有帮助的诗篇。今天,我们重读这些记游诗,更加感到丘逢甲是一位伟大的爱国主义者和具有独特艺术风格的著名诗人。

一

丘逢甲在《复菽园》中,批评了一些人写诗只会模仿别人,诗毫无"真气贯穿"的同时,提出了"诗中有我"的观点。"诗之真者,诗中有人在焉。"诗歌不管是叙事还是抒情,总离不开诗人自身,即反映他的思想、感情、愿望、风格,以及所处的时代精神。纵观丘逢甲的记游诗,这一特点非常突出。

---

① 丘逢甲:《岭云海日楼诗抄》,上海古籍出版社 1979 年版,第 279 页。
② 同上书,第 315 页。

四两拨千斤——写作老师教你如何提起笔

我们先来看丘逢甲内渡后写的第一首诗:"海上瀛州已怕谭,浩然离思满天南。西风一夜芦花雪,鮀浦秋痕上客衫。"① 诗人离台内渡到达汕头,想起家乡台湾已沦入敌手,自己因抗日护台失败,离乡背井,携带家眷回大陆。来到鮀江,只见眼前秋色黯淡,感触之心,不能自己,因而赋诗。我们读后,好像看到了诗人回大陆时的悲痛心情。

丘逢甲定居粤东镇平(今蕉岭县)澹定村后,朝廷冷落他,视他为"忤旨"之臣;国内一些不明真相的人"微词"中伤他离台内渡的行动;地方上的个别劣绅又对他挑起是非……;冷酷无情的世事,诸多困扰的现实,使诗人曾有短暂的心灰意懒,想远离尘世。这一思想,在《乙未秋日归印山故居因游仙人桥作》诗中得到了真实的反映。"海上归来意怆然,石梁重自认秦鞭。一庵斜日坠红叶,万嶂秋空开碧莲。家近洞天宜人道,人经浩劫欲逃禅。松楸古墓枌榆社,早结仙家未了缘。"

但是,经历了抗日护台斗争实践的丘逢甲,一看到列强入侵、国破家亡、四方多难,一想起自己誓报家仇、誓雪国恨的愿望未了,心潮再也平静不下来。在这种情况下,他根本无法逃禅归隐,相反,心却时刻挂念着台湾和祖国。"春愁难遣强看山,往事惊心泪欲潸。"② "泰山在望吾终仰,沧海横流孰兴安?"③ "飘零剩有乡心在,夜半骑鲸梦渡台。"④ 即使人在名山游览,也把自己所看到的自然景象,如潮涨潮落、烟笼雾罩、风起云涌、斜风细雨、晨雾晚露等与祖国的前途、命运,人民的苦难联系起来,从中抒发对台湾沦陷后的悲愤和忧民之情。如诗人谒东山杨子仙庙:"秋风天末送归舟,闲共渔樵话钓游。要乞仙人飞渡术,

---

① 丘逢甲:《岭云海日楼诗抄》,上海古籍出版社1979年版,第1页。
② 同上书,第29页。
③ 同上书,第388页。
④ 同上书,第198页。

五、论文撮要

眼前沧海正横流。鳌头龙首总浮名,何事神仙也世情。蝴蝶满天蟾满地,莫将隐语赚书生。"① 杨子仙,盛传灵迹迭著、出语玄远,所说非常灵验,乡人很佩服其仙术。诗人来到古庙,恨不得把仙人的飞渡术要来,飞到台湾去,与台湾人民一起收复失土。所谓"蟾蜍满地走,蝴蝶满天飞,此地当出大魁"的说法,只不过是虚世浮名而已,当前最要紧的是看到沧海横流的现实。忧国哀时,由此可见一斑。

甲午战争后,洋务派经营多年的海防一举败坏。连年的炮火震醒了中国人,也唤起了丘逢甲的深沉思索。诗人痛定思痛,写下了《波罗谒南海神庙》,继而作《前诗多见和者,所怀未尽,复次前韵》,对洋务派吹嘘的海防优势作了辛辣的讽刺:"何人跨海功,海外镂苍珉。赫然一楼船,费数百万缗。一炮数十万,经年工始竣。一往而不复,悯然问水滨。"又在《海军衙歌,同温慕柳同年作》诗中说:"早知隶也实不力,何事挥金置兵仗。战守无能地能让,百万冤魂海中葬。"② 对神州大地蓬勃兴起的维新运动,丘逢甲十分赞同,他认为自己长于教育,应该致力于兴学启民智,为国家培养人才,于是他从1897年起便在潮汕一带走上了兴教育才的道路。这一思想,在《谒潮州韩文公祠》中便可看出。"一疏真教佛可焚,中朝无地得容君。孤臣去国关初雪,逐客呼天狱不云。金石流传鹦鹉赋,风雪趋奉鳄鱼文,寻碑独向城东路,古木萧萧冷夕曛。""千秋道学重开统,八代文章始起衰。北斗声华南斗命,海天来拜使君祠。"不但对韩愈被贬来潮传播中原文化,驱鳄为民除害的业绩,大加称颂,而且对韩到潮后,"先立学校登秀良","止八阅月教泽长",兴中原文化,使潮汕人民"畀易椎结为冠裳"的工作大加肯定,从中激发起自己矢志办学,决心用新思想、新知识去培养人才以拯救国

---

① 丘逢甲:《岭云海日楼诗抄》,上海古籍出版社1979年版,第2页。
② 同上书,第344页。

难的思想。除此，在《韩山书院新栽小松》等诗中也反映了这一抱负。

维新运动失败后，帝国主义掀起了更大的瓜分中国的狂潮。对此，丘逢甲忧心忡忡，更为祖国的前途、命运担心。他写诗揭露帝国主义侵华的罪行，痛斥以慈禧为首的顽固势力："亚洲一片云头恶，群花摧折雌风虐"①，"此时之风雌不雄，月生月死天梦梦。眼看海水忽四立，黑风驱月西向东。"②并慷慨陈词："男儿生当缴大风，（鹥鸟）射妖月，听奏钧天醉天阙。"

1905 年，中国同盟会成立后，中国资产阶级民主革命进入一个新的历史时期，尽管丘逢甲在这段时间里还有许多矛盾的思想，但他在革命浪潮的冲击下，从一位维新派的爱国绅士转变为热情赞助辛亥革命的爱国志士。当辛亥革命风云腾播全国，武昌起义获得成功时，丘逢甲为之欢呼，认为中国从此要走上新生。他激动地说："内渡十七年，无若今日快心者！"当革命军初定南京，准备北伐时，他带着胜利的喜悦冒雪游明孝陵、登扫叶楼，写下了"郁郁钟山紫气腾，中华民族此重兴"，"楼外长江江外山，今日江山方我还"等诗句，③对未来充满了希望。

丘瑞甲在《岭云海日楼诗抄》初版跋中说其先兄"每藉诗以言志……世之君子，不识先兄者，读其诗即可见其为人，知其志之所在。"以上所述，再一次从侧面揭示了丘逢甲的其人其志。说丘逢甲是一位随着时代潮流前进的爱国者，是一位具有独特艺术个性的伟大诗人，是完全正确的。

---

① 丘逢甲：《岭云海日楼诗抄》，上海古籍出版社 1979 年版，第 166 页。
② 同上书，第 85 页。
③ 同上书，第 325 页。

五、论文撷要

二

刘熙载认为:杜诗之美,在于作者"主意拿得定,则开阖变化,惟我所为"。一向写诗善学古人,尤其是学唐李、杜、韩诗歌,并主张诗界革命,"变旧诗国为新诗国"的丘逢甲,所写的记游诗亦有这一特点。

丘逢甲一方面主张写诗要"留心风化"、"以经世为心",反对著空文;另一方面又以热爱祖国,探求真理,要求改革、挽救民族危机为宗旨去开辟诗境,力求做到"不名一格、不专一体","粉碎虚空理","意活笔不死"。

许多诗论家认为丘逢甲的诗七古最有特色,丘逢甲亦有同感。但他的诗友丘菽园却另有看法。认为丘的诗七古"魄力未厚,且有坠小家处。"所谓"小家"者,"通首数十韵竟无一偶句、诗患局驰也。"对丘菽园重音韵和节律的看法,丘逢甲不以为然。他说:"丈夫不作神仙当作豪杰,莫但留名万古将诗传。""请将风雅传忠义,班管重回故国春。"看到大好河山被列强侵占,自己备受亡国丧家之痛,一心要卷土重来的丘逢甲,写诗当然要先考虑传忠义,即宣传爱乡卫国、维新改革和救亡图存的思想。"霖雨苍生在遭遇,何用苦吟珠玉句"。① 这正是丘逢甲效法古人,主张"诗贵真面",从现实出发去写真情、抒真义、发扬现实主义诗歌创作传统的具体体现。

他的记游诗的确如此。我们以戊戌时期写的《莲花山吟》为例。当时帝国主义列强正肆无忌惮地入侵我国,诗人在潮汕一带兴教育才,他抽暇游览了潮阳的莲花山后,对神州大地"胡尘满眼"、"花中世界忽破碎"、"山河历历隆而洼"的现实,十分担忧。"须弥山势趋中华、南来到海奇而葩。不知何年碧海上,变幻出此青莲花。罡风吹花忽山立、山灵直取花为

---

① 丘逢甲:《岭云海日楼诗抄》,上海古籍出版社1979年版,第398页。

家……于是身入莲花里、眼中山势尤盘拿……登山未半全势出,只觉雄秀无能加。天池玉井俨在目,奇石离立如辟邪。"诗人把莲花山状如莲花的形貌、雄秀的山势、奇石玉泉之独有及林木之色等作了一番描绘后,接着用浪漫主义手法写道:"梦神趾离夕引我,洞天仙乐陈皇娲。须臾䌽马碧云顶,山河历历隆而洼。云中缥缈瞰人世,目厌战气腾蛮蜗。愿化莲花作台坐,海上与佛同结跏。"对列强入侵、山河破碎的现实,诗人深表忧虑,对"蛮蜗"腾战气表示极大的愤慨。全诗由"发花韵"写来,中间结合"梭波韵";蜗,读起来虽拗口,但没有这个与倭同音的"蜗",诗人就很难表达对"倭寇"等侵略者的憎恨之情。它说明丘逢甲写诗是先内容后音律的。正如清朝评论家李重华说:"诗以运意为先,意定而征声选色、相附成章;必其章、其声、其色,融洽各从其类,方得神采飞动。"丘逢甲许多记游诗正是这样。

丘逢甲写诗,除"拿定主意"外,对表现内容的手法亦很重视开阖变化。我们先来看两首诗的开头。"满城歇风雨,重九天犹阴。秋阴亦复佳,胜约行相寻。平畴极城西,凉意生秋襟……驾言游长潭,长潭在何许?峡口入滩头,曲折抵十里。日望长潭云,今棹长潭水。樵风送歌声,云水蒙蒙里……""西风震庭树,明月将中秋。侧身城市间,悁悁怀百忧。眷言名俦侣,明发游罗浮……我作罗浮游,如得名画读。初为水墨山,浑浑元气足……舆行山渐近,如画忽易幅。"前者见《重九日游长潭》,后者见《游罗浮》。两诗除游览的背景、时间、地点及篇幅不同外,其感物起兴、即景抒情的方法也不一样。前诗写游览的过程是采取由近及远的流水式手法,通过写镇平长潭的所见所闻,去抒发"九州已无地、一线犹有天"的感慨。后者则通过读名画的方式,由远而近,像电影镜头,一一写来。罗浮方圆五百里之气势、奇峰异岭之壮观、历史传说之久远、甘泉奇石之独有……这一切都通过读名画的形式表现出来。"神州若不保,何况山一

五、论文撮要

隅"。罗浮之美,离不开祖国的强盛,丘逢甲把祖国山水的每一变化,与整个中国联系起来。这就是他为什么"侧身城市间"会"悯悯怀百忧"的原因。整首诗先抑后扬,扬中带抑,它与《重九日游长潭》用笔迂徐舒缓、明练简朴是不同的。

寄托手法的运用也是这样。江山渊说:丘逢甲内渡后,常常把故国之思,以及郁伊无聊之气,尽托于诗。丘逢甲写诗的确很注意"情必极貌以写物",巧借物象去寄托。我们以他凭吊古代忠义节烈所写的记游诗为例。1899年,他来到潮阳和平里,见有九尺高的石碑,碑上写有"和平里"三个大字及"宋庐陵文山文天祥题"九个小字。一向就怀念、仰慕文天祥,并表示要以他为榜样去"同持忠义心""一统兼华夷"的丘逢甲,感慨尤深地写下了《和平里行》:"当时赤手扶天意,誓欲界勿东南倾。五坡岭边鼓声死,丞相北行残局已……南来未尽支天策,碧血丹心留片石。壮哉里门有此观,大书三字碑七尺。字高二尺奇而雄,笔力直迫颜鲁公。旁书九字庐陵某,过者千古怀孤忠……眼前突兀见公书,古道居然颜色照,斗牛下瞰风云扶,愿打千本归临摹,何时和平真慰愿,五洲一统胡尘无。"诗人一方面歌颂文天祥忠义爱国,在艰难困苦的条件下力支残局的壮举;另一方面借"和平"二字去寄托情怀,希望尽早赶走"胡尘",实现五洲的统一,其爱国之心,令人感动! 同是寄托,在《秋日过谒文丞相祠》中的手法又不一样。"石阙苔荒一径深,悲秋怀古此登临。九洲难画华夷限,万死思回天地心。南客旅愁观海大,东山云气压城阴。斜阳照起英雄恨,枯木寒鸦泪满襟"。面对外国列强入侵,"华夷忽易地",界限已难分的惨状,丘逢甲心中悲愤难平,决心为挽回天心,拯救祖国而万死不辞。杜甫当年借孔明的身世去言自己失志伤时的感慨,在《蜀相》诗中发出了"出师未捷身先死,长使英雄泪满襟"的哀叹,丘逢甲借此典故去抒发自己抗日护台失败,未救人民于水火中的衷曲,让人读后悲愁难禁,不同的手法开拓出不同的诗境。说丘逢甲的诗受晚清诗坛拟古诗风的影响,不少诗堆砌典故,缺少诗情,从这首诗中看不出这样的痕迹。

对比手法的运用也显得多样化。如《春日游别峰寺》:"不作参禅客,看山合此行……隔林知寺近,花外度经声……寺小群山合,林深万木春。烟霞僧供养,香火佛生辰。南国多游女,西方拜美人。道旁求布施,凄绝是饥民。"诗人把别峰寺的清静深幽,众多游女虔诚拜佛的情景,与道旁饥民求乞过活的惨状加以对比,让人读后,禁不住产生与丘逢甲一样的同情劳动人民、关怀民生疾苦之心。如果说此诗是以现实生活中悲惨的镜头去对比别峰寺所看到的景象的话,那么,《春暮游揭阳作》则是以客观景物之美去对比诗人心中之愁。"三月春江放棹行,水田漠漠万车声。空山废堞秦人戍,落日平芜汉代城。印铸彻侯封粤令,帆回海道阻闽兵。古怀嬴纵东风目,散尽闲愁看野耕。玉滘潮生打浆忙,绿荫夹道水松凉。北来岭势连山越,南徼民风故陆梁,乔木村居名将冷,落花坟土美人香。江山如画吴中景,愁入昏昏海气黄。"揭阳当地那动人的风物、人们春耕时的情景,以及作者所看到的勤劳、古朴的民风,一入诗人的愁肠,一切景物的颜色都变了。因为诗人还挂念着仍在沦陷中的台湾。触景生情,景因情异,诗人写情写景,善于开阖变化,唯我所用,这点是非常可贵的。

西方意象派奠基人庞德说过:"从思想到诗是一个不容易跨过的山谷。"丘逢甲用各种各样的表现手法,跨过了诗歌的思想内容与艺术形式相统一的路程,给我们留下了许多久读不厌的名篇佳作,说他是"诗界革命一巨子"(梁启超语),是名副其实的。从以上分析的记游诗中也可得到证明。

三

丘逢甲在《谢颂臣科山生圹诗集序》中说:"自古畸人杰士,身登世变,无可如何,往往敛其悲歌感愤之思,为放达过

五、论文撮要

情之举。"向来写诗以悲凉慷慨为特色的丘逢甲,内渡后虽"身登世变",但其没有"敛其悲歌感愤之思",相反,其发自心灵深处的诗歌,随着现实生活的影响而发出更有个性的声音,并且在不同时期释放出不同的诗风特点。他所写的记游诗也是这样。

我们以丁酉年和戊戌年所写的诗为例,丁酉年的中国是"江山满目都非昔,不待人言意始愁"的年代①,当时资产阶级维新派正大声疾呼变革。丘逢甲凭着他早年接触新学的感受及割台后体会到的国破家亡的切肤之痛,对维新变法寄予极大的希望。"谁挟强亚策,同州大有人。愿呼兄弟国,同抑虎狼秦。慷慨高山泪,纵横大海尘。支那少年在,且晚要维新。"② 这些诗深刻反映了丘逢甲对维新变法的态度。他非常渴望中国能像日本明治维新那样实行资产阶级改良运动,使中国强大起来,并能抵挡西方帝国主义侵略。他甚至认为只要光绪皇帝一纸诏书,新政便可推行,国家就能中兴。为此,他致力于在书院讲学,积极为国家兴教育才,用实际行动去推进改良主义教育。"森森高节自分明,莫学胥涛作愤声,大厦将倾支不易,栋梁材好惜迟生。"③ "中原有客正悲歌,事去曾挥指日戈。谁解闻鼙思将帅,誓将倾篑障江河"。④ "仰天愁睇青蒙蒙,但见斗柄春回冬。"⑤ 从这些诗句中可以看出丘逢甲这时期所写的诗大多是慷慨、激励的。后来,维新失败,光绪被囚,"戊戌六君子"惨遭杀害,许多维新志士被追捕下狱、流放,一片恐怖的气氛给丘逢甲的思想以很大的影响,表现在这一时期他所写的诗大多显苍凉、沉郁之调。如"天涯惊

---

① 丘逢甲:《岭云海日楼诗抄》,上海古籍出版社1979年版,第74页。
② 丘菽园:《挥麈拾遗》,见《岭云海日楼诗抄》附录
③ 丘逢甲:《岭云海日楼诗抄》,上海古籍出版社1979年版,第43页。
④ 同上书,第45页。
⑤ 同上书,第49页。

物序，海色入乡愁。"① "旧事翻诗卷，新愁集酒卮。"② "蛮云黯黯愁思阔，聊写新词当麈谈。"③ "无限春愁似春草，到无人处更丛生。"④ 写愁和悲的诗句很多，诗风比前有所变化。这从"戊戌人日"丘逢甲游王姑庵所写的记游诗也可找到例证。诗前丘作序道：王姑庵"二百年来，香火繁盛……称为胜地。每当春秋佳日，士女游观，钗翠照人，车马喧巷，布金输帛，常填积焉，过防事起……事过境迁，旧观难复。东风庭院，燕麦摇春，老尼三五，曝檐话故，盖黯然有今昔之感矣。嗟乎！王姑废兴之慨，异代同符，慧眼以观，何者非幻？大地变灭，尚复无常，区区一庵，藉佛仅存，宁足悲乎！"于是丘逢甲根据他的所见所感，写下了《王姑庵绝句》。"无穷家国兴亡感，诉向莲台佛也愁。"对戊戌后国破家亡的现实，反复无常的世事，发出了无可奈何的悲叹。

考察丁酉和戊戌这两年丘逢甲写诗数量的不同，亦可看出其诗风变化情况。据《岭云海日楼诗抄》统计，丁酉年丘写诗才10首，戊戌年却有50首诗，记游诗也是这一年写得多。究其原因，恐怕与维新运动有关。丁酉年是维新实施阶段，丘逢甲当时正忙于为维新培养人才，无暇外出游览及作诗，故这一年的诗少。后来维新失败，诗人感慨尤深，为排遣心头苦闷，或与诗友酬唱，或外出游览赋诗，因而戊戌年的诗在数量上比丁酉年多。作诗数量上的不同，反映了丘逢甲的诗歌在表现社会生活内容及诗风方面的差别。

丘菽园在《挥麈拾遗》中曾记载丘逢甲在戊戌年写诗的一件事："（王）晓沧尝集其游潮时与仙根唱和之作，自戊戌九月

---

① 丘逢甲：《岭云海日楼诗抄》，上海古籍出版社1979年版，第69页。
② 同上书，第145页。
③ 同上书，第102页。
④ 同上书，第67页。

五、论文撮要

至岁晏,两人得诗二百余首。其中不愿示人者,则化灰和泪吞之。""戊戌九月至岁晏",正是维新失败,"白色恐怖"笼罩中国之时,丘、王所写的诗之所以不愿示人,要"化灰和泪吞之",这些诗恐怕不是绮罗香泽之唱,应该是念沧桑之变的哀时之作。如果把这些诗列入《岭云海日楼诗抄》,丘逢甲这时期所写的诗,其悲愤、沉郁之情调是相当浓重的。

别林斯基说过:"眼泪的渊源越是广阔和深邃,哀歌的内容也就越丰富和重要。"要解释丘逢甲的诗为什么在戊戌多悲愤、沉郁之调,我们除结合丘所处的社会去分析外,还要联系他内渡前在台湾及内渡后至戊戌的情况。众所周知,丘逢甲从小就有爱国心和正义感。11岁时,他跟父亲乘牛车去游淡水,拜文庙,后曾作《牛车北上》七绝一首:"长安消息动轮蹄,柳未成荫草未齐。风雨南来人北上,诗心驻在竹城西。"① 他曾用"风雨南来"去暗指日本人借琉球人遇难事出兵台湾,提醒台人要注意侵台之大患——日本,后来,"割台"事起,他四处奔走呼号,倾家财,作兵饷,组义军,抗日寇,直到弹尽粮绝,孤立无援,被迫内渡。回国后,他徘徊、求索、奋斗,决心用自己的力量去救国救民。但四方多难、奸佞当道、贤才废弃的现实,不可能让丘逢甲实现救国之志。为此,他内渡后当然要悲叹。到了戊戌,他渴望维新的满腔热血又因戊戌变法失败而凉了下来。特别是他看到甲午战争后,俄、法、英、美、日、意等列强的魔爪不断伸向中国,腐朽、没落的清王朝又无能力对付,中国眼看就要亡国灭种,在这种情况下,一向富有爱国心的丘逢甲会流下悲愤的泪水,唱出哀时之调就不奇怪了。正如江山渊所说:丘逢甲"数十年来多颠顿于人事世故,家国沧桑之余,皆足以锻炼而淬砺之,其所为诗尽苍凉慷慨"。而又有"手执干戈","卫社稷之气概"。

---

① 郑喜夫编撰:《民国丘仓海先生逢甲年谱》,商务印书馆(台湾)1981年版。

四两拨千斤——写作老师教你如何提起笔

不可否认,丘逢甲也写过不少清丽恬淡之诗。如他游北溪后所作:"东风双桨打潮忙,漠漠墟烟送夕阳。满载寒香北溪舫,梅花万树过官塘。"即使同在戊戌年与好友王晓沧游西湖山和登金山后所写的诗,其流露出的情调也不一样。如《岁暮与晓沧游西湖山作》"……一角寒岚照碧波,园亭无奈废兴何。七分荒冢三分庙,如此湖山鬼占多。十万人家山作屏,濛濛人望海云青。更无老铁风流笔,冷坐乘风待月亭。"此诗通过写丘逢甲与王晓沧在西湖山所见到的楼空庵破,园荒花残的景象,写出了诗人对家国沧桑的哀叹。而《岁除日与晓沧登金山》流露的却是另一情调:"一年三百六十日,只余此日谁能闲?城人十万闲者两,短衣杖策登金山。寒光万里动西极,青山也作岁除色。中原一发苍茫间,独有雄心除不得。"尽管戊戌政变,神州大地"寒光万里",青山变色,但诗人矢志救国的雄心是不会消除的。诗写得雄浑、慷慨,类似这样的例子还有很多。如《小除日与晓沧游开元寺遂西过叩齿庵傍城根园池抵南门登楼晚眺作》、《潮阳东山张许二公祠为文丞相题沁园春词处旁即丞相祠也秋日过谒敬赋二律》等都是这样。

为什么会出现上述情况呢?除社会生活与客观景物不同外,它与丘逢甲提倡诗歌风格多样化和坚持诗歌创作实践是分不开的。长期以来,丘逢甲注重学习古人诗歌,善于熔铸杜、韩、苏、陆等诸家之诗于一炉,子美的"沉郁顿挫",退之的"以文入诗"、子瞻的"明快动荡",以及许多古典诗歌、民歌、民谣的各种表现手法,他都兼而学之。再加上他提倡写诗既要有一种风格,也应有多种笔墨,并能根据抒情言志的需要灵活运用。"治诗如治民,刚柔合乃美。出入法律中,法律为我使。"① 长时期的诗歌创作实践,使他的诗形成了一种主要的风格:刚柔相济,以及多样化的笔调。而一旦"身登世变",不同的诗歌特色

---

① 丘逢甲:《岭云海日楼诗抄》,上海古籍出版社1979年版。

五、论文撮要

与情调便表现出来。这就难怪他的诗"除却悲歌百不存"外①,既有"宰相有权能割地,孤臣无力可回天"的仰天悲愤,也有"戎马书生豪气在,三台高处望中原"的凌厉豪迈;既有"我与罗浮同不睡,坐看明月进中天"的恬静、淡泊,也有"白日看云同报国,青山为我更题诗"的奔放、雄浑,并具有刚柔合一的艺术特色。

丘琮在《仓海先生丘公逢甲年谱》中曾总结过丘逢甲从乙未、丙申到庚戌,辛亥这10多年来诗歌创作的情况。说丘逢甲内渡后所写的诗,一开始是语多悲凉哀壮、感愤,到最后为兴复宗邦、则判华夷、倡忠义,多揭民族国家精神。它说明:丘逢甲的诗经沧桑之变,一方面是不断发展的;另一方面又在不同时期体现不同的创作特色,而这些特色的集中体现则是诗人的诗歌风格,不看到这一点,就很难正确评价丘逢甲包括记游诗在内的所有的诗篇。

---

① 丘逢甲:《岭云海日楼诗抄》,上海古籍出版社1979年版。